서양의 근대적 통치성

다층적 통치성 총서 **2**

서양의 근대적 통치성

이동수 편

ⓘ 인간사랑

서문

　서양의 근대화는 동양과는 사뭇 다르게 진행되었다. 그러나 서양에 있어서도 각국의 근대화 과정은 서로 다른 경로를 밟았다. 그 이유는 봉건시대 사회의 성격이나 전통과 관습 그리고 국가의 전략과 방향성 선택이 서로 달랐기 때문이다. 즉 서양 근대는 문예부흥과 종교개혁, 대항해 시대와 근대국가의 등장 등을 통해 성립되었는데, 이에 대한 각 국가의 대처가 서로 다르게 나타났다는 것이다.

　먼저 문예부흥은 14세기 레반트 지역과 가장 활발하게 교역했던 베네치아를 비롯해 이탈리아 도시국가들이 이슬람 지역으로부터 그간 기독교의 득세로 인해 잊혀졌던 고대 그리스의 인문주의를 역수입해 새로운 기풍을 진작하면서 발생하였다. 이로 인해 중세사회를 기율하던 가톨릭에 종교개혁이 발생해 기독교적 세계관은 공유하지만, 그 세속적 태도는 달리하는 새로운 개신교 교파들이 등장하였다. 이러한 문예부흥과 종교개혁의 결과 서양은 프랑스, 스페인, 포르투갈과 같은 가톨릭 중심의 국가와 네덜란드, 영국, 스웨덴과 같은 개신교 중심의 국가로 나뉘었고, 신성로마제국 내의 영방국가들은 각자 가톨릭과 개신교를 취사선택하였다.

한편 지리상의 발견과 선박 및 항해 기술의 발달로 인해 펼쳐진 대항해 시대는 기존의 농업중심적 경제활동으로부터 무역과 교환을 통한 상업중심적 경제활동으로의 전환을 유도하였다. 이때 전통적으로 농업을 중시하고 소규모 자영농 체제에 기반했던 국가들과 대규모 토지의 상업적 농업이나 해외무역 위주의 경제활동을 하는 국가들의 근대화 과정도 차이가 생겼다. 또한 17세기 이후 국민국가로 전환될 때 공화정을 수립한 국가와 의회주의를 택한 국가, 그리고 절대왕정을 유지한 국가들의 근대화 경로도 사뭇 다르게 나타났다.

이러한 문제의식 아래 이 책은 서양의 근대적 통치성이 무엇을 중시하고 있는지에 대해, 또 각 국가별로는 어떤 근대화 과정을 겪어왔는지에 대해 살펴보았다. 먼저 1장, 2장, 3장은 서양의 근대적 통치성의 특성을 종교, 윤리, 주권 개념 등을 통해 설명하였고, 4장, 5장, 6장, 7장, 8장은 서양 각국의 근대화 과정을 정치체제, 경제, 농업, 재정 분야 등에 대한 분석과 비교를 통해 그 차이점을 알아보았다.

이 책은 2019년도부터 2022년까지 진행하는 〈한국연구재단〉 인문사회연구소지원사업인 "다층적 통치성(governmentality)과 넥스트 데모크라시: 폴리스, 국가 그리고 그 너머"(NRF-2019S1A5C2A02083124) 프로젝트의 일환으로 출판하게 되었다. 각 장들은 프로젝트에 참여하는 분들과 연구소 콜로키움에서 발표해주신 분들이 함께 담당해주셨다. 모임에 참석해 좋은 발표와 열띤 토론을 해주신 연구자들에게 진심으로 고마움을 느낀다. 그리고 이 책의 출판을 지원해준 〈한국연구재단〉과 사명의식을 갖고 출판을 기꺼이 수락해준 인간사랑 출판사 관계자들, 그리고 책 교정에 도움을 준 〈공공거버넌스연구소〉 조교들에게 깊은 감사의 말씀을 전한다.

2022년 8월
경희대학교 공공거버넌스연구소장 이동수

차례

1장 유한 세계관과 민주주의 문명*

윤원근

I. 세계관의 중요성

이 글의 목적은 유한 세계관의 출현이 현대 민주주의 문명 형성에 결정적 역할을 했다는 사실을 보여주는 것에 있다.[1] 세계관은 말 그대

---

* 이 글은 『동감 신학-기독교와 현대 문명을 말하다』(윤원근 2014)와 『마르크스 vs 베버: 호모 데우스 프로젝트』(윤원근 2021)에서 가져온 자료를 혼합해 작성되었다.

1 세계관 논의는 필자가 제시하는 동감 문명론의 토대이다. 동감 문명론은 인간의 본성에 내재하는 동감의 정서를 중심으로 현대 문명의 문제를 진단하고 그에 대한 처방을 제시하기 위해 구성된 이론 체계이다. 세계관 논의는 필자의 박사학위 논문 「K. Marx와 M. Weber의 사상에 나타난 독일 지적 전통의 공동체 지향성」에서 처음 제시되었으며, 『동감의 사회학-지식인 사회의 혼란 해소를 위한 새로운

로 세계를 바라보는 관점이다. 쉽게 표현하면, 세계관은 안경에 비유될 수 있다. 파란색 안경을 끼면 세계가 파란색으로 보이고, 노란색 안경을 끼면 세계가 노랗게 보이듯이, 세계관은 인간을 포함한 우주 만물을 특정한 관점에서 바라보도록 만든다. 세계의 근본과 삶의 궁극적 문제들에 대한 인지적 신념이 바로 세계관이다. 인지적 신념은 인간과 우주 만물이 '이러저러하다'라고 규정한다. 인지적 신념은 이러한 규정에 근거해 자연 현상과 인간 삶의 모든 측면을 포함하는 삼라만상을 하나의 총체적인 상 안으로 통합하는 역할을 한다. 또 그것은 세상을 의미 있는 실재(reality)로 해석할 수 있도록 해주며, 인간사의 제반 문제를 특정한 방식으로 해결하도록 지침을 제공한다(Copleston 1980, 135).

세계관이 세계의 근본과 삶의 궁극적 문제들에 대한 인지적 신념인 만큼 그것은 반드시 '무한'에 대한 성찰로 나아간다. 인간은 한편으로는 다른 동물들과 같이 '유한한 존재'이지만, 다른 한편으로는 그들과 달리 '무한을 사모하는 존재'이다. 따라서 근본과 궁극을 찾으려는 인간의 노력은 결국 무한적인 것에 이르러서야 안식할 수 있다. 유한한 어떤 것도 근본적이고 궁극적인 원인이 될 수 없다. 고등 문명들에서 무한 개념이 세계 설명의 출발점이 되는 것도 이 때문이다.

물론 무한 개념에 도달하지 못한 문명들도 있다. 자연물 숭배, 정령 숭배, 토템 숭배, 다신론 문명들이 그러하다. 흄에 의하면, 다신론은 서로 다른 신들의 완전성(전쟁의 신, 미의 신, 의술의 신 등)을 인정하지만,

---

모색』(2002), 『동감 신학-기독교와 현대 문명을 말하다』(2014)를 통해 정교하게 다듬어졌고, 박사학위 논문을 토대로 만들어진 필자의 최근 저서 『마르크스 vs 베버: 호모 데우스 프로젝트』(2021)에서도 사용되었다.

아직 무한 개념에는 도달하지 못한 상태이다(Copleston 1991, 461). 무한 개념은 궁극적 실재(Ultimate Reality)라 불린다. 기독교의 신(God), 불교의 공(空), 유교의 천(天)이나 태극(太極), 도교의 도(道), 힌두교의 브라만 등은 모두 무한을 의미하는 궁극적 실재라고 할 수 있다. 모든 종교 경전은 무한의 존재나 상태에 대한 언급으로 시작한다.

예를 들면, 기독교 경전인 『성경』은 "태초에 하나님이 천지를 창조하시니라"라는 말로 시작되고 있다. 모든 유한한 존재들이 무에서 무한한 신의 창조 행위로 비롯되었다는 것을 선언하는 것이다. 이 창조신의 관점에서 인간을 포함한 모든 만물이 정의되고 해석된다. 불교의 주요 경전인 『반야심경』은 "관자재보살이 色(유한한 물질세계)은 곧 空이라는 사실을 깨달은 후, 모든 괴로움에서 벗어났다"라는 구절로 시작된다. 유한한 물질적 존재들과 '텅 빈 무한'인 공은 서로 연속된 동전의 양면이라는 선언이다. 무한한 상태를 의미하는 공을 떠나서 불교 사상은 존재할 수 없다. 유교 경전 중 하나인 『중용』의 첫 구절은 "하늘(天)이 명한 것이 성(性)이고, 성을 따름이 도(道)이며, 도를 닦음이 교(敎)"라고 선언하고 있다. 신유학에서 천(天)은 태극으로 바뀐다. 무한한 하늘의 선한 이치가 유한한 자연과 인간의 본성 속에 새겨져 있고, 이 선한 본성을 잘 드러내는 것이 도이며, 가르침을 통해 도를 닦아야 한다는 것이다. 유교는 만물을 천과 태극의 관점에서 이해한다. 종교 사상 외에도 철학 사상에서 플라톤(Plato)의 선의 이데아, 아리스토텔레스(Aristotle)의 순수 형상, 플로티노스(Plotinos)의 일자(一者), 스피노자(Spinoza)의 능산적 자연, 헤겔(Hegel)의 절대정신, 하이데거(Heidegger)의 존재 등도 일종의 무한을 의미하는 궁극적 실재라고 할 수 있다. 문명은 무한한 궁극적 실재를 공유하는 문화 집단들로 이루어져 있다.

기독교의 신은 누가 만들었느냐, 유교의 태극은 누가 만들었느냐는 질문을 할 수는 있다. 하지만 문화의 논리에서 볼 때 성립될 수 없는 부적절한 질문이다. 왜냐하면, 그 어떤 것도 무한을 만들 수는 없기 때문이다. 무한은 그 자체로 존재하므로 만들어질 수 없다. 기독교의 신도, 유교의 태극이나 천도, 불교의 공도 다 무한이므로 이 무한을 만들 수 있는 그 어떤 존재도 존재할 수 없다.

사회학자 알렉산더(Alexander 1982, 32)에 의하면, 일반적 전제는 '일반성'(generality)과 '결정성'(decisiveness)을 가진다. 일반성이란 "가장 범위가 넓은 일반화된 원리"를 의미하며, 결정성이란 "덜 일반적인 모든 수준의 논의에 명시적으로 또는 암묵적으로 유의미한 영향력"을 가진다는 것을 의미한다. 세계관이 바로 문명의 일반 전제이다. 따라서 문명은 세계관에 따라 분류될 수 있다.

II. 세계관의 유형: 무한과 유한의 관계 설정 방식

각 문명의 세계관적 특성을 다양하게 분류할 수 있겠지만, 이 글은 유한 세계관과 무한 세계관의 분류를 제시한다. 유한 세계관(the finite worldview)은 '유한은 무한을 붙잡을 수 없다'(the finite is not capable of the infinite)고 보는 유형이고, 무한 세계관(the infinite worldview)은 '유한은 무한을 붙잡을 수 있다'(the finite is capable of the infinite)고 보는 유형이다. 즉, 유한한 존재인 인간이 자신의 능력과 의지로 무한한 궁극적 실재에 도달하거나 그것을 성취할 수 있느냐 없느냐 하는 것이다. 무한과 유한의 관계 설정 방식은 인류의 모든 문명과 철학과 사상을 체계적으로 분류할 수 있는 출발점이라고 필자는 생각한다. 이러한 세계관 분류는 신학자 폴 틸리히(Tillich)가 루터(Luther)와 츠빙글리(Zwingli)의 서로 다른 성만찬 견해를 소개한 것에서 차용한 것이다(Henel 1987).

무한 세계관이 권위주의, 전체주의 등과 같은 중앙집권적인 권력 독점적 정치문화를 형성한다면, 유한 세계관은 주민들의 자치에 기반을 둔 권력 분산적인 정치문화를 형성한다. 일반적으로, 전통 문명들이 무한 세계관을 전제로 한다면, 현대 문명은 유한 세계관을 전제로 한다.

1. 유한 세계관

유한 세계관은 인간이 무한을 사모하는 존재이긴 하지만, 유한한 존재라는 사실을 강조한다. 무한을 사모하는 성질 때문에 인간은 자신의 유한성을 더 잘 인식할 수 있다. 무한을 사모하는 성질이 없는 다른 동물들은 자신의 유한성을 인식하지 못하고 단지 유한성에 고착된 생활을 할 뿐이다.

이처럼 인간의 유한성을 강조하는 유한 세계관은 무한의 절대 진리를 추구하기보다는 유한한 경험 세계를 인식하고 분석하는 객관적인 활동을 중요시하므로, 경험 세계에 대한 공정한 관찰을 지식을 획득하는 이상적인 방법으로 여긴다. 하지만 그것은 인간의 이성, 의지, 감정을 유한하고 불완전한 것으로 여기기 때문에 공정한 관찰의 이상이 실현되기 어렵다는 사실 또한 인정한다. 중요한 것은 공정한 관찰이 실제로 항상 가능하다는 것보다는 공정한 관찰을 소중하게 여기는 태도 자체이다. 경험론의 창시자 베이컨은 객관적 지식의 획득을 방해하는 네 가지 우상에 대해 말했는데, 이것은 공정한 관찰을 지식의 출발점으로 삼는 대표적인 예이다. 스미스의 공평무사한 관망자도 같은 예에 속한다.

유한 세계관에서는 서로의 신체가 분리되어 있으므로 개인의 독립성이 사실로 인식되며, 모든 인간은 이러한 불완전한 자아로서 서로 평등하다. 물론 개인들 간에 재능과 능력의 차이가 있지만, 이 차이는 무한과 유한 사이의 근본적인 질의 차이가 아니라 같은 유한 내의 양의 차이이다. 모든 인간은 자유롭고 평등하게 태어났다는 것은 바로 이러한 의미이다. 평등한 독립적 개인은 인간이 입자(particle)로 존재함을 나타낸다.

인간관계는 인간의 불완전성에 대한 깊은 성찰을 바탕으로 권력을 분점(分點)하여 서로 의존하고 견제하는 방식으로 이루어지며, 사랑과 설득, 친절, 관용 등이 가치 있는 덕목이 된다. 따라서 유한 세계관에서는 평등한 인간들 간의 자유로운 자기표현을 통한 자연스러운 동감(타인의 감정 표현에 대한 유사한 감정의 솟구침) 행위로 사회 질서가 유지된다. 서로에 대한 동감의 연결은 인간이 파동으로 존재함을 나타낸다.

유한 세계관의 소유자들은 동감에서 도출된 정의의 도덕(다른 사람의 이익을 자신의 이익만큼 존중해 주는 도덕)과 자혜의 도덕(자신의 이익을 희생해서 불행한 사람에게 도움을 베푸는 도덕)이라는 보편적인 규칙을 근거로 서로의 차이와 다양성을 존중한다. 여기서는 경기에 참여하는 모든 사람에게 똑같이 적용되는 보편적인 경기 규칙을 만들고, 선수와 심판을 제도적으로 분리하여 심판이 경기 규칙을 운영하도록 한다. 이렇게 된다면 선수들은 경기 규칙을 지키는 한에서 서로 경쟁하면서 개인 기량을 마음껏 발휘할 수 있다. 법치에 근거해 국가와 시민사회를 분화시킨 것은 현대 민주주의 문명의 핵심 기제인데, 이는 규칙을 중심으로 심판과 선수를 분리하려는 노력의 결과라고 할 수 있다. 현대 민주주의 문명은 심판과 규칙과 선수의 분화에서 더 나아가 심판 역할을 담당한 사람들을 다시 입법부·사법부·행정부로 나누어 서로 견제하면서 균형을 유지하도록 하는 제도를 만들었다.

또 유한 세계관은 다양한 욕망을 충족시키는 생명체 활동을 존중한다. 유한한 생명체가 삶을 영위하기 위해서는 혼자의 힘으로 불가능하므로 분업을 통한 교환으로 문제를 해결하는 것이 필요하다. 그리고 분업을 통한 교환이 일어나는 장소가 시장이다. 교환과 시장은 인간이 자신의 욕망을 충족시키면서도 다른 사람의 욕망을 충족시켜주는, 즉 이기심과 이기심이 서로 조화를 이루는 활동의 산물이다. 현실의 시장이 이처럼 조화롭게 작용하는 것은 아니다. 불완전한 인간이기에 무수한 문제점들이 나타난다. 그렇다고 시장의 원리 자체가 악한 것은 아니다.

시장의 교환 과정에서 경쟁이 나타난다. 경쟁은 무조건 나쁜 것이 아니다. 물론 경쟁은 나의 이기심을 충족시키기 위해 다른 사람을 이겨야 하는 활동을 포함한다. 그러나 경쟁은 이 이상으로 나의 이기심을 충족시키기 위해서는 다른 사람의 이기심에 더 잘 봉사해야 한다는 사실을 말해준다. 경쟁의 반대말은 독점인데, 독점은 나의 이기심만 생각하고, 다른 사람에게 서비스할 필요가 전혀 없는 상황을 말한다. 이런 점에서 경쟁은 불완전한 인간이 (억지로라도) 서로를 더 잘 사랑하도록 동기를 부여하는 제도적 장치라고 할 수 있다. 그렇다고 경쟁이 무조건 좋은 것은 아니다. 경쟁에서 이기기 위해 수단과 방법을 가리지 않는 무한 경쟁은 인간사회를 파괴한다.

유한 세계관은 부드러운(soft) 유형과 완고한(hard) 유형으로 나누어질 수 있다. 부드러운 유형은 무한의 존재를 인정하면서 그것에 대해 알 수 없다는 입장을 취하는 반면, 완고한 유형은 무한의 존재를 인정하지 않고 경험 세계만을 인정한다. 따라서 부드러운 유형은 유한한 인간이 모든 것을 알 수 없다는 겸손한 고백과 함께 경험 지식으로 풀 수 없는 신비를 인정하지만, 완고한 유형은 이러한 신비를 인정하지 않고 모든 것을 경험 지식으로 판단하려고 한다. 이를 그림으로 나타내면 다음과 같다.

[그림 1-1] 부드러운 유형과 완고한 유형

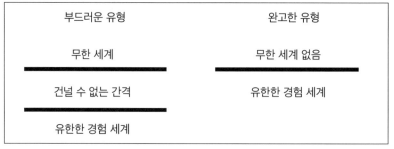

이 둘은 의미 문제를 취급하는 방식에서 두드러진 차이를 보인다. 부드러운 유형은 경험 지식의 중요성을 강조하면서도 다른 한편으로 궁극적 실재와의 관계에서 의미를 추구하는 인간의 욕구도 중요시한다. 무한에 대해 인간은 결코 알 수 없지만, 그것은 유한 세계의 인간 삶에 의미를 부여해 주는 근거가 되며 이 의미를 근거로 인간은 삶을 성찰하고 정화하며 초월하려는 영성을 갖게 된다. 이에 반해 완고한 유형은 무한의 존재를 부정하고 경험 지식만을 강조하므로 초월적 존재와의 관계를 통해 추구되는 삶의 의미와 영성을 부정한다. 성경의 유신론이 부드러운 유형의 유한 세계관이라면, 경험론, 진화론 등은 완고한 유형의 유한 세계관에 속한다.

2. 무한 세계관

유한 세계관과 반대로 무한 세계관은 무한을 사모하는 인간의 본성을 과장해, 인간이 무한을 실현할 수 있는 능력이 있는 것처럼 여긴다. 여기서는 유한 세계와 무한 세계를 연결하는 길을 발견할 수 있다고 보면서 무한의 절대 진리를 획득하는 데 더 관심이 많으며, 궁극적으로는 무한과의 합일을 지향한다. 따라서 무한의 성취가 인간의 능력 안에 있으므로 궁극적으로 신비란 존재하지 않는다.

무한 세계관은 크게 유한이 근본적으로 무한과 연속되어 있다고 보는 유형과 유한이 무한과 근본적으로는 단절되어 있지만, 이 둘 사이를 연결하는 길을 발견할 수 있다고 보는 유형으로 나누어질 수 있다. 이를 그림으로 나타내면 다음과 같다.

[그림 1-2] 연속적 유형과 단절적 유형

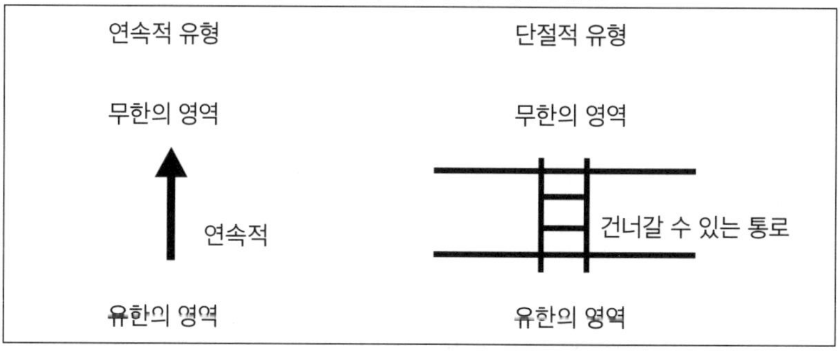

그러나 어느 쪽이든 무한 세계관에서는 무한의 실현을 최고의 가치로 삼으면서 독일 철학자 헤겔(F. Hegel)이 말한 '유한의 비애'를 벗어나려고 한다. 무한은 분리 가능한 부분들로 이루어진 유한한 존재들과 반대로 '분리 불가능한 전체'로 상정된다. 따라서 무한 세계관에서는 항상 전체가 강조된다.

무한 세계관에서 인간의 자아는 유한 세계를 담당하는 '현상 자아'와 무한 세계를 담당하는 '본질 자아'로 나누어지고, 본질 자아가 참된 자아로 인식된다. 모든 본질주의는 무한 세계관의 산물이다. 본질 자아는 경험 세계를 인식·분석하는 객관적인 활동에는 관심이 없고 경험 세계 배후의 무한한 진리를 파악하려는 주관적인 활동에 열중한다. 이것은 객관이 경시되고 주관이 무한화(절대화) 된다는 것을 의미한다. 주관의 절대화는 지성(이성)을 절대시하는 주지주의(이성주의 또는 합리주의), 의지를 절대시하는 주의주의, 감정을 절대시하는 주정주의 등의 다양한 형태로 나타난다. 여기서는 경험 세계에 대한 공정한 관찰이라는 관념 자체가 존재하지 않는다. 모든 인식 활동은 그 자체로 주관적 관념 활동이기 때문에 그렇다. 따라서 사실을 경시하거나 왜곡하거나 과잉 일반화하는 독단주의와 이분법적 흑백논리가 만연한다. 유한 세계관이 사실 세계를 중심에 두는 '지동설적 세계관'이라고 한다면 무한 세계관은 인간의 관념을 중심에 두는 '천동설적 세계관'이라고 할 수 있다.

이러한 자아의 등급화는 인간 사이의 존재론적 차이와 불평등을 당연시하는 신분 질서와 엘리트주의로 나아간다. 한편에는 무한의 절대 진리를 열망하고 실현하려는 신성한 초인간(본질형 인간)이 있고, 다른 한편에는 유한 세계에 집착하는 속된 인간(현상형 인간)이 있다. 따라서 인간관계에서는 무한의 경지에 도달한 인간에 대한 존경, 권위, 명령 등이 가치 있는 덕목이 되며, 이러한 덕목을 중심으로 권력 독점과 지배 행위 원리가 득세한다.

무한 세계관에서 동감 행위는 열등한 삶의 방식이다. 이상적인 삶이란 무한의 경지에 도달한 상태에서 자족성을 누리는 것이다. 감정은 자족성에 심각한 흠집을 낸다. 감정에 휩싸이는 것은 인간의 유한성과 불완전성과 취약성을 드러내는 수치스러운 경험이다. 감정은 깨달음이나 수양과 훈련을 통해서 완전히 통제하거나 소멸시켜야 하는 대상이다. 감정의 통제나 소멸에 성공하느냐의 여부가 무한의 경지에 도달한 위대한 인간과 유한성에 매여 있는 보통 인간 사이의 결정적인 차이점 중 하나이다.

3. 무한 세계관의 하위 유형들

1) 이성주의·구조주의 VS 반이성주의·실존주의

무한 세계관에는 무한을 성취하는 두 가지 상반된 방향이 있다. 하나는 무한의 절대 진리를 이성으로 '인식'하는 것이 가능하다고 보는 이성주의·구조주의 유형의 무한 세계관이다. 이성에 의해 인식된 무한은 영원불변의 보편적인 형식이나 구조로 나타난다. 그래서 이성주의는 구조주의(형식주의)를 수반하고, 구조주의는 이성주의를 수반한다. 이를 그림으로 나타내면 다음과 같다.

[그림 1-3] 이성주의·구조주의 유형의 다양한 형태들

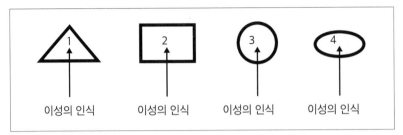

이 형식이나 구조는 영원불변한 것이므로 완전성을 그 특징으로 한다. 완전한 구조나 형식에 대한 인식은 특별한 능력을 갖춘 소수에 의해서만 가능한 것으로 여겨진다. 여기서는 경험 세계를 그 배후의 구조적 통일성으로 환원하고 통제하려고 한다. 그러다 보니 이성에 의해 파악된 구조(사실)가 바로 행위의 당위적 가치가 된다. 사실(이성)과 가치의 이러한 결합은 독단주의와 형식주의를 초래하며, 따라서 인간의 자연스러운 감정과 동감의 정서를 억압하게 된다. 통일성의 추구는 선수 중에서 가장 지혜롭거나 선하거나 힘센 선수가 게임의 규칙을 만들고 심판의 역할까지도 겸하는 방식으로 게임을 운영하는 것(전체주의, 독재정치, 전제정치, 권위주의 등)을 이상으로 추구하게 된다. 모든 선수는 심판을 겸하는 선수의 생각과 의지를 따라야 한다.

다른 하나는 무한의 절대 진리가 이성에 의해 인식될 수 있는 것이 아니고, 의지나 감정의 고양과 실존적 체험을 통해 무한에 참여하거나 그것과 합일할 수 있다고 여기는 반이성주의·실존주의 유형의 무한 세계관이다. 이 세계관에서는 무한에 대한 인식은 소수의 엘리트에게만 가능하다는 이성주의·구조주의에 반발해, 대체로 무한에 대한 참여가 모든 사람에게 가능하다고 주장한다. 여기서 무한은 무제약성을 의미한다. 무한이 영원불변한 구조를 갖는다는 것은 그것이 제약되어 있으

며, 유한하다는 표시이다. 그러한 무한은 참된 무한이 아니다. 형식에 얽매이지 않고 계속 변화하는 무한이 참된 무한이다. 무한의 실현은 형식 해체와 동일시되며, 이런 무한을 포착하는 본질 자아는 형식 해체적 자아이다. 따라서 이성에 의한 분별지(分別智)가 독단으로 경멸되고, 그것을 해체하는 무분별지(無分別智)가 참된 지식으로 여겨진다. 이렇게 되면 이성의 역할은 최소화되므로 사실(이성)과 가치는 별개가 된다. 가치는 행위자의 주관적 결단의 영역에 위치한다. 이성주의·구조주의가 동감의 정서를 억압한다면, 반이성주의·실존주의는 그것을 해체한다. 여기서도 종종 이성 개념이 사용되지만, 이때의 이성은 형식을 주조하는 이성이 아니라 반대로 형식을 부정하는 의미로 사용된다. 독일 철학자들이 사용하는 이성 개념은 대부분이 이런 용법이다. 이를 그림으로 나타내면 다음과 같다.

[그림 1-4] 반이성주의·실존주의 유형

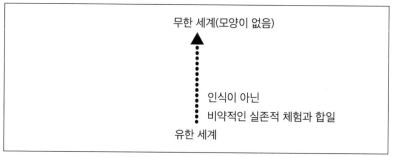

무한 세계(모양이 없음)

인식이 아닌
비약적인 실존적 체험과 합일

유한 세계

반이성주의·실존주의 무한 세계관에서는 경험 세계를 그 배후의 해체적 다양성으로 환원하려는 압력이 존재한다. 이러한 압력은 과격한 인식론적·도덕적 상대주의를 초래한다. 또 다양성의 추구는 통일성의 원리에서 강요되는 엉터리 게임에 염증을 느끼고 모든 경기 규칙을 부정하면서 모든 선수가 심판이 되어 제멋대로 게임을 하는 정치적 무정부주의를 이상으로 추구한다.

2) 반이성주의·실존주의의 변신

흥미롭게도 통일성에 저항하고 다양성을 추구하는 반이성주의·실존주의도 결국은 통일성의 추구로 변화된다. 이성주의·구조주의가 지배 집단이 되는 곳에서 반이성주의·실존주의는 반발심리의 작용으로 개체성과 다양성을 극단적으로 강조하는 해체 쪽으로 흐른다.

이에 반해 반이성주의·실존주의가 지배 집단이 되는 곳에서는 방향을 바꾸어 통일성이 적극적으로 옹호된다. 그 이유는 다음과 같다. 첫째로 다양성을 현실 속에서 곧이곧대로 추구하면 집단이 해체되기 때문이고, 둘째로 반이성주의·실존주의에서도 무한한 일(一)의 상태를 실현하는 것이 이상이기 때문에 통일성을 지지하게 된다. 이때 무한은 각 개인이 주관적으로 체험하는 것인데, 그것은 "아무런 구별들도 보이지 않는, 그 정도를 알 수 없는 깊이, 또는 인간의 이해가 도달할 수 없는 존재의 충만성이다"(Niebuhr and Schweitzer 1990, 45-46). 그 정도를 알 수 없는 충만성이 신적 무한성과의 일체감이라는 통일성의 신비적 토대가 된다.

무한을 성취할 가능성이 모든 사람에게 개방되어 있다는 점에서 다양성 추구는 일견 평등주의처럼 보인다. 하지만 실제로 그러한 가능성을 성취할 수 있는 조건과 자질을 갖추고 있는 사람은 소수일 것이다. 그 결과 그 소수는 깨달은 자라는 이름으로 어리석은 대중을 통치하고 가르칠 수 있는 권위를 획득하는 엘리트주의로 귀결된다. 이것은 무정부주의자가 정권을 잡으면 통일성을 강요하는 독재자가 되는 것과 같은 이치이다.

이러한 변신을 위해 개인의 참된 다양성(개인의 개성)은 공동체적 통일성(집단적 개성) 속에서만 가능하다는 신비적 논리가 개발된다. 일(무한)=다(유한), 다=일의 사고가 이러하다. 이러한 사고에서는 자유는 공동체를 통해 실현된다는 '자유=공동체'라는 등식이 성립된다. 개인의 참된 실존은 전체를 지향하는 집단적 실존이다. 완전한 해체는 완전한 용해와 같다. 극과 극은 통한다는 말이 있듯이, 개체성에 대한 극단적 강조는 오히려 개인을 부정하고 해체해 집단의 통일성으로 나아간다. 이것을 그림으로 표현하면 다음과 같다.

[그림 1-5] 반이성주의·실존주의에서 다양성과 통일성의 신비적 통합

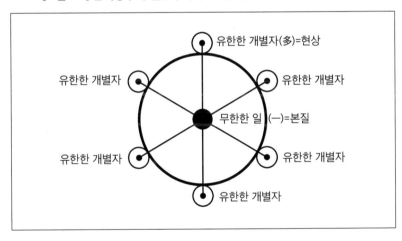

이 그림은 한편으로 유한한 개별자들의 다양성을 강조하면서도 다른 한편으로 유한한 개별자들이 동일한 무한한 일(一)을 공유하고 있음을 보여준다. 반이성주의·실존주의 세계관을 소유한 사람들은 이런

식으로 다양성=통일성이라는 신비적 논리를 개발한다. 이성주의·구조주의 세계관이 불변하는 구조적 배열을 통해 통일성의 원리를 실현하려고 한다면, 반이성주의·실존주의 세계관은 그러한 구조를 개인의 소외로 보고 구조의 해체를 통한 미분화된 일체감으로 통일성의 원리를 실현하려고 한다.

3) 현세 지향 무한 세계관과 내세 지향 무한 세계관

무한 세계관은 또 현세에서 무한을 성취하려는 현세 지향 유형과 무한을 성취하기 위해 현세를 포기하는 내세 지향 유형으로 나누어질 수 있다. 현세적인 태도는 고통, 악, 질병, 죽음 등이 있음에도 불구하고 이 세상을 가치 있는 곳으로 여기고, 이 세상의 직업 활동에서 성공하는 것이 구원을 보장하는 것으로 주장한다. 이에 반해 내세적인 태도는 고통, 악, 질병, 죽음 등이 있는 이 세상을 무가치한 것으로 여기고 이 세상의 직업 활동을 포기하는 데 성공하는 것이 구원을 보장하는 것으로 주장한다.[2]

세계관에 대한 논의를 종합하면, 유한 세계관, 이성주의·구조주의 무한 세계관, 반이성주의·실존주의 무한 세계관은 인간 사고의 기본 유형을 나타낸다. 이 세 가지 세계관을 바탕으로 인간의 사고 분류표가 만들어질 수 있다. 아래 [그림 1-6]에 이 분류표가 제시되어 있다. 린네(C. Linne)가 지구상의 복잡하고 다양한 생명체들에 대한 분류법을

---

2   현세적인 것과 내세적인 것에 대한 설명은 막스 베버(Weber 1968, 541-556)의 종교 사회학 논의에서 빌려 온 것이다.

제시한 것처럼, 필자는 인류의 복잡하고 다양한 사고들에 대한 분류표를 만들 수 있다고 생각한다. 물론 이 사고 분류표는 연구의 결론이라 기보다는 앞으로 계속 검증되거나 개선되거나 혹은 반증되거나 할 일종의 가설이라고 할 수 있다.

일반적으로 가장 많이 알려진 기존의 세계관 분류는 유일신의 존재를 인정하는 유신론적 세계관과 이를 부정하는 무신론적 세계관의 구분이다. 그러나 인간의 사고 유형과 사회 유형이라는 관점에서 보면, 유신론이든 무신론이든 별로 차이가 없다는 것이 필자의 생각이다. 다음의 사고 분류표에서 보듯이 유신론에서든 무신론에서든 유한 세계관과 무한 세계관으로 나누어질 수 있으며, 유신론의 무한 세계관은 무신론의 무한 세계관과 비슷한 사고 유형과 사회 유형을 갖게 되고, 그 반대로 무신론의 유한 세계관은 유신론의 유한 세계관과 비슷한 사회 유형과 사고 유형을 갖게 된다.

[그림 1-6] 세계관에 따른 사고 분류표[3, 4]

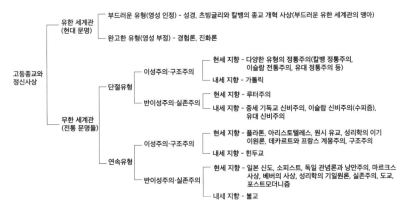

우리는 이러한 사고의 기본 유형을 준거점으로 삼아 지구상의 문명들을 작동시키는 문법을 알아낼 수 있다. 전통 문명들에서는 대체로 무한 세계관에 근거를 두고 이성주의·구조주의와 반이성주의·실존주의가 서로 반발하여 출현하는 경우가 많다. 예를 들면, 힌두 문명의 카스트 형식주의에 반발하여 불교 문명의 형식 해체가 나타났고, 유교 문명의 관료 형식주의에 반발하여 도교 문명의 형식 해체가 나타났으며, 중세 가톨릭 문명의 독단주의에 반발하여 기독교 신비주의의 형식 해체가 나타났다. 고대 그리스에서도 파르메니데스(Parmenides)의 존재 이론과 헤라클레이토스(Heraclitos)의 유전(流轉)이론, 보편자를 강조한 플라톤주의와 상대주의를 추구한 소피스트가 대립하여 출현하였다. 이러한 논지에서 볼 때, 데카르트(R. Descartes)의 이성주의(데카르트는 플라톤주의자로 알려져 있다)와 이를 비판하고 해체하려는 포스트모더니즘 사이의 대립은 새로운 것이 아니라 현대 문명 상황에서 새로운 방식으로 형태 변용을 일으킨 것에 불과하다. 주제는 같고 소재만 바뀌었을 뿐이라는 의미다. 정리하면 다음과 같다.

---

3   힌두교는 해탈을 위해 아트만과 브라만의 신비적 합일을 추구한다는 점에서 반이성주의·실존주의라 할 수 있지만, 카스트를 교조적인 진리 규범으로 보기 때문에 이성주의·구조주의로 분류하였다.

4   필자는 『마르크스 vs 베버: 호모 데우스 프로젝트』(윤원근 2021)에서 마르크스와 베버의 반이성주의·실존주의 세계관을 독일 문화 전통의 계승으로서 자세하게 다루었다.

<표 1-1> 전통 문명과 현대 문명의 문법 차이

전통 문명들의 문법		현대 문명의 문법
이성주의·구조주의 무한 세계관	반이성주의·실존주의 무한 세계관	유한 세계관
형식주의(전체의 통일성)	형식 해체(개체의 다양성)	균형
지배 행위 원리	지배 행위 원리	동감 행위 원리
유교, 힌두교, 가톨릭, 파르메니데스의 존재이론, 플라톤주의, 데카르트주의 등	도교, 불교, 기독교 신비주의, 헤라클레이토스의 유전이론, 소피스트, 포스트모더니즘 등	칼뱅의 종교 개혁 경험론

Ⅲ. 칼뱅의 종교 개혁과 현대 민주주의 문명의 형성

이 장에서는 서구에서 어떻게 유한 세계관이 출현해 현대 민주주의 문명을 형성하였는지를 자세하게 보여줄 것이다. 서구에서 유한 세계관의 출현은 칼뱅(J. Calvin)의 종교 개혁으로부터 큰 영향을 받았다. 로마 제국의 멸망과 함께 시작된 서양의 중세는 통일성의 원리를 지향한 종교 질서(가톨릭)와 다양성의 원리를 지향한 정치 질서(봉건주의)가 불안정하게 종합되어 있던 시대였다. 종교 질서가 도덕적 권위를 가지고 주도권을 잡고 있을 때는 이러한 불안정한 종합이 유지될 수 있었지만, 그것이 도덕적 권위를 잃고 통제력을 상실하면서 중세의 종합은 해체되었다. 중세의 몰락에 대한 반응으로 새로운 질서를 위한 여러 정신 운동들이 있었는데 이후 서구사회의 사고 형성에 가장 큰 영향을 미친 것은 칼뱅의 종교 개혁이었다.

종교 개혁은 루터(M. Luther)에 의해 먼저 시작되었다. 그러나 그의 개혁은 기존의 가톨릭 구조를 허물어뜨리는 데에는 크게 공헌하였지만, 새로운 세계관과 질서 원리를 마련하는 데에는 미치지 못하였다. 중세 가톨릭의 무한 세계관을 돌파하여 유한 세계관을 제시하는 데 중요한 역할을 수행한 인물은 루터의 뒤를 이어 종교 개혁을 완성한 칼뱅이었다. 그는 지구가 우주의 중심이 아니고 태양 주위를 도는 한 혹성에 불과하다는 사실을 발견한 코페르니쿠스(Copernicus)처럼, 인간은 무한을 붙잡을 수 없는 유한한 존재라는 사실을 성경을 통해 발견하였고, 이를 전제로 해서 자신의 신학 사상을 형성하였다.

성경의 세계관은 많은 종교 중 유한 세계관의 잠재력을 가진 유일한 형태라고 할 수 있다. 사회학자 파슨스(T. Parsons)는 구약에 나타난 이스라엘의 사고가 서양 사회의 진화를 위해 기여한 가장 중요한 요인으로, 무한한 신성과 유한한 인간성의 분리를 들었다. 이스라엘에서는 어떤 인간도 신성을 주장할 수 없었고, 또 신성에 참여할 수도 없었다(Parsons 1989, 173-174; Berger 1981, 132 이하). 칼뱅의 종교 개혁은 중세 가톨릭의 무한 세계관을 돌파하여 성경 본래의 유한 세계관을 회복하는 데 중요한 역할을 수행하였다. 이 때문에 이 연구는 칼뱅의 종교 개혁을 세계관의 코페르니쿠스식 전환에 비유하고 싶다.

스웨덴 룬드 학파의 신학자 니그렌(S. Nygren)은 루터의 종교 개혁을 기독교 사상의 '코페르니쿠스 혁명'에 비유하였다(Neve 1965, 347). 그러나 세계관과 질서의 원리 면에서 나는 그의 주장에 동의할 수 없다. 물론 루터가 칼뱅보다 먼저 종교 개혁을 시작했다. 그러나 그의 개혁은 가톨릭의 무한 세계관 내의 한 변종으로 마감되었다.

가톨릭 사상과 루터의 사상 그리고 칼뱅의 사상은 오늘날 서양의 사고 지도를 그리는 데 아주 중요하므로 이들의 세계관이 갖는 특징을 분명히 이해해 둘 필요가 있다. 가톨릭 사상은 프랑스인들의 사고 체계에, 루터의 사상은 독일인들의 사고 체계에, 그리고 칼뱅의 사상은 영·미인들의 사고 체계를 이해하는 데 매우 중요하다는 것이 나의 생각이다.[5] 오늘날 서양에서는 아주 다양하고 복잡한 지식 체계들이 혼란스럽게 얽혀 있지만, 이 줄기들은 대체로 이 세 가지 다른 기독교 사상이 세속화되는 과정에서 생겨난 것들이라고 볼 수 있다.

1. 중세 가톨릭 신학 사상의 이성주의·구조주의 무한 세계관

먼저 중세 유럽을 지배한 종교인 가톨릭의 세계관에 대해 간단하게 살펴보기로 한다. 가톨릭은 무한자인 신을 피조물 뒤에 존재하면서 인간의 이성을 통해 파악되기를 기다리는 최고의 보편적 존재로 이해했다(Watson 1962, 143 이하). 신학자 틸리히(P. Tillich)에 의하면, 중세 가톨릭에서 신은 앎(intellect)으로써 이해되어야 하는 실체로 인식되었다(Henel 1987, 243). 가톨릭 사상을 완성한 토마스 아퀴나스(T. Aquinas)는 앎(이성)을 신의 첫째가는 특징이라고 보았다. 따라서 앎은 당연히 인간

---

5   *The Protestant Ethic and the Spirit of Capitalism*에서 막스 베버도 종교가 국민성을 형성하는 데 결정적인 영향을 미쳤다고 주장했다. "중세 말기의 영국 국민성과 독일 국민성 사이에 … 다른 근본적인 차이를 발견할 수 없었다. 오늘날 우리가 알고 있는 차이를 만들어 낸 것은 다른 어떤 것보다도 종교의 영향력이었다"(윤원근 2010, 102).

의 첫째가는 특징이기도 하다(Henel 1987, 244). 인간을 인간답게 만드는 것이 이성이다. 신과 인간은 같은 이성을 공유하고 있다. 이성적인 신이 이성적인 인간을 만든 것이다. 이성의 최고 목표는 보편적 선을 실현하는 것이다. 보편적인 선은 피조물 안에서는 발견될 수 없고 신(God) 안에서만 찾아질 수 있다. 따라서 이성은 감각적이고 잠정적인 세계를 초월하여 영원불변하는 신적 본질을 명상해야 한다.

가톨릭에서는 이성적인 신이 교회의 위계 구조인 성직 체계 형태로 존재한다. 교회는 신의 거룩한 몸이다. 따라서 가톨릭 사상은 눈에 보이는 교회의 인간적 속성보다는 그 배후의 신적 실체를 추구한다. 교회론의 이러한 특성은 성찬론인 화체설(theory of transubstantiation)에서도 그대로 재현된다. 화체설에 의하면, 성찬용 빵과 포도주는 구별되는 순간부터 신자의 먹는 행위와 관계없이(먹기 전이든지, 먹고 남은 것이든지 간에) 속성(현상)에서는 감각 대상인 유한한 물질로서 빵과 포도주로 있지만, 실체(본질)에서는 감각할 수 없는 무한한 신성을 가진 예수의 살과 피로 변해 구조적으로 영속한다. 이것은 이성주의·구조주의 유형의 무한 세계관이다.

철학사에서는 가톨릭이 지배하던 유럽의 중세를 '이성이 신앙의 시녀 역할을 한 시대'로 규정한다. 얼핏 보면, 그런 것 같지만 좀 더 자세히 들여다보면 교황의 '대이성'(Reason)이 신앙을 지배한 시대라고 할 수 있다. 이성의 능력을 강조하게 되면 필연적으로 뛰어난 이성과 열등한 이성, 큰 이성과 작은 이성 사이에 차별이 이루어지게 된다. 중세 가톨릭 왕국은 기독교 신앙을 전면에 내세웠지만 실제로는 플라톤과 아리스토텔레스의 고대 그리스 사상을 빌려와 그 뼈대로 삼았다(McGrath 1998, 80). 아우구스티누스의 사상은 플라톤 사상을, 토마스 아퀴나스

사상은 아리스토텔레스 사상을 토대로 한 것이다. 플라톤과 아리스토텔레스는 인간을 이성적 존재로 규정하면서 무한성과 완전성을 성취할 수 있는 이성의 능력에 대해 깊이 신뢰하고 있었다. 플라톤의 선의 이데아(idea)와 아리스토텔레스의 순수 형상은 모두 이성에 의한 무한성과 완전성의 실현에 대한 열망을 반영하고 있다.

아리스토텔레스(Aristotle 1979)는 완전성(무한성)을 성취할 수 있는 이성의 능력을 바탕으로, 『윤리학』에서 이상적 인간을 인간적인 삶을 넘어 신적인 삶을 살아가는 존재로 보았다. 신적인 삶을 사는 인간이 바로 행복한 인간이다. 자기충족(self-sufficiency)은 신(무한)의 중요한 특징인데, 아리스토텔레스는 행복을 자기충족으로 정의하였다. 신적인 삶이란 바로 자기충족적인 삶이다. 그는 신을 '부동의 동자'(Unmoved mover)로 정의하였는데 이 정의 속에 신의 자기충족이 잘 드러나 있다. 부동의 동자를 '관조'하는 것이 가장 신적인 삶이고 가장 행복한 삶이다. 가톨릭의 신은 인간에 의해서 파악되기를 기다리는 부동의 동자이다.

소크라테스는 델피의 아폴로 신전 입구에 새겨져 있는 "너 자신을 알라"라는 말을 '너의 무지를 자각하라'는 의미로 해석한 것으로 알려져 있다. 하지만 박종현의 『헬라스 사상의 심층』에 의하면, 소크라테스는 '너 속에 로고스(신성)의 능력이 있다는 사실을 깨닫고 그것을 적극적으로 활용하라'라는 정반대의 의미로 사용했다. 신적인 삶을 사는 것에 대한 플라톤과 아리스토텔레스의 추구는 스승 소크라테스에서부터, 아니 그 이전의 피타고라스 학파 때부터 이미 시작된 것이다. 피타고라스 학파는 "신적인 우주와 재결합하는 것"이 인간 삶의 궁극적인 목표라고 보았다(박종현 2001).

가톨릭 사상을 떠받친 실재론(realism)은 모두 플라톤과 아리스토텔레스의 이성주의에 근거한 것이다. 실재론은 강한 실재론과 온건한 실재론으로 나누어진다. 강한 실재론은 플라톤의 이데아처럼, 보편자가 개별적인 사물들보다 먼저 존재한다고 보는 것이며, 온건한 실재론은 아리스토텔레스의 형상론처럼 보편자가 사물 안에 존재한다고 보는 것이다. 강한 실재론이든 온건한 실재론이든 중세 가톨릭 사상은 실재론에 근거하여 이성을 통해 진리인 보편자가 인식될 수 있다는 견해를 갖고 있었다.

물론 가톨릭은 아리스토텔레스와 달리 인간이 이성만으로는 완전한 행복에 도달할 수 없다고 여긴다. 완전한 행복은 은혜를 통해서 주어진다. 그리스도 안에서 주어지는 행복은 인간 본성 이상의 것이며 은혜를 통해 첨가되는 것이다. 이 은혜의 도움으로 우리는 초자연을 지향할 수 있게 된다. 같은 논리로 아퀴나스는 인간의 문화 활동이 이성에 의해 발견되는 자연법에 따라 이루어지지만, 자연법 외에 또 다른 법이 있다고 보았는데, 그것은 신법(divine law)이다. 이 신법은 복음을 통해 계시된 법으로 초자연적인 법이다. 자연법은 국가가 주관하며 신법은 교회가 주관한다. 따라서 교회가 국가 위에 있다. 이런 식으로 그리스도의 대리인인 교황을 정점으로 하는 중세의 계층적 신분 구조가 성립된다. 가톨릭은 '은혜가 자연을 완성한다'라는 관점을 갖고 있다. 가톨릭은 은혜가 인간 이성의 완전성을 더욱 완전하게 한다고 본다. 이러한 견해에서 교황 무오류설이 생겨났다고 할 수 있다. 이러한 완전성의 등급 질서를 그림으로 나타내면 다음과 같다.

[그림 1-7] 가톨릭의 완전성 등급 질서

초자연(은혜) =	완전한 행복	= 복음(신앙) = 교회 = 신법 = 교황
자연(본성) =	보편적인 완전한 선	= 이성(철학) = 국가 = 자연법 = 황제

이러한 관점에서 가톨릭은 신의 말씀이자 진리의 근거인 성경이 교회에 의해서 만들어졌고, 성경의 해석권도 교회에 속한다고 주장했다. 그런데 가톨릭교회는 교황을 정점으로 하는 위계 조직이므로, 결국 교황이 성경의 궁극적인 해석권을 갖게 된다. 따라서 교황의 대이성(Reason)이 진리의 척도이고, 다른 사람의 이성(reason)은 교황의 이성에 복종해야 한다. 이것은 교황의 대이성을 중심에 두는 교황 중심 천동설이다. 모든 사람은, 심지어는 신조차도 그의 주위를 돌아야 한다. 천동설은 교황의 권위를 정당화하는 우주론이라고 할 수 있다. 우주의 중심은 지구이고, 지구의 중심은 바티칸 교회이며 바티칸 교회의 중심은 교황이다. 중세 가톨릭이 지동설을 억압한 이유가 바로 이 때문이라고 할 수 있다.

　　가톨릭의 이성주의·구조주의 세계관은 프랑스 문화 전통 형성에 큰 역할을 하였다. 프랑스는 중세 가톨릭 사상의 초기 발전을 주도했을 뿐만 아니라 16세기에 이르기까지 신학과 철학 연구의 중심지였다(McGrath 1998, 57). 이러한 특성 때문에 칼뱅이 프랑스인이었지만 그의 종교 개혁 사상은 프랑스에서 격심한 박해를 받았다. 프랑스의 대표적인 계몽 사상가 볼테르(Voltaire)는 칼뱅 신도들에 대한 가톨릭의 박해(장 칼라스 사건과 성 바르톨로뮤 대학살 사건)를 보면서 유명한『관용론』을 썼다.

　　프랑스 혁명이 과격하게 진행된 이유도, 또 혁명 이후 프랑스가 민주주의 정치 제도를 확립하는 데 큰 어려움을 겪은 이유도 가톨릭의 이성주의·구조주의 무한 세계관 때문이라고 할 수 있다. 가톨릭은 자신의 사상 체계가 완전하다고 여겼으므로 모든 새로운 변화에 대한 열망을 억압하고 그 완전성을 수호하려고 하였다. 가톨릭의 완전성 수호 태도 속에는 당연히 왕권신수설도 포함되어 있었다. 가톨릭의 이러한 보수적 완고성 때문에 프랑스 혁명 세력들은 왕과 귀족보다도 그들을 정당화해주는 성직자들을 더 혐오하였으며 혁명 이후 기독교를 공적 영역에서 완전히 추방하려고 하였다. 그러나 혁명의 주도 세력들도 가톨릭의 이성주의·구조주의 유전자를 고스란히 물려받았으므로 이성의 완전성에 심취해 있었다. 기득권 세력과 도전 세력 둘 다 이성의 완전성으로 무장하여 충돌하였다.

프랑스 사회학자 토크빌(A. Tocqueville)은 프랑스에서 민주주의 정착이 왜 그렇게 어려운지, 왜 미국에서는 민주주의가 잘 정착되었는지를 설명하기 위해『미국의 민주주의』라는 책을 썼다. 그에 의하면, 프랑스에서는 종교 정신과 자유 정신이 대립하는 반면, 미국에서는 이 둘이 결합해 있었다. 그의 다음과 같은 말은 프랑스의 이성주의·구조주의 풍토를 잘 드러내 준다. "프랑스 지식인들은 엄연한 사실들을 경멸하고 … 논리의 규칙과 미리 구상된 사상 체계에 따라서 … 전체 구조를 재구조화하려는 욕망을 가졌다"(Aron 1988, 230).

이처럼 이성의 완전성에 근거해 세계를 완전히 재구조화하려는 욕망은 프랑스 철학자 데카르트(R. Descartes)에게서도 두드러지게 나타난다. 그는 극단적인 방법론적 회의를 통해 의심할 수 없는 확실한 지식을 확립하려고 하였다. 그는『성찰』에서 다음과 같이 말했다. "만일 학문에 있어서 확실한 것을 수립하고자 한다면, 일생에 한 번은 모든 것을 뿌리째 뒤집어엎어 최초의 토대부터 다시 시작하지 않으면 안 된다. 그리고 그러기 위해서는 조금이라도 의심스럽게 여겨지는 것은 모조리 의심해야 한다"(伊藤勝彦 1994, 121에서 재인용). 이성에 의해 확실한 지식을 확립하려는 그의 시도는 프랑스의 이성주의·구조주의 유산을 물려받았기 때문이라고 할 수 있다. 데카르트는 신의 존재를 인정했지만,

그에게 신은 이성에 의한 지식의 확실성을 보증하는 수단에 불과했다. 프랑스 전통에서 과학은 사물의 현상 배후에 있는 통일된 구조를 이성으로 파악하는 활동이라고 할 수 있다.[6]

2. 루터 신학 사상의 반이성주의·실존주의 세계관

가톨릭이 기독교의 신을 '부동의 동자'로서 피조물 뒤에 존재하면서 인간의 이성을 통해 파악되기를 기다리는 정적인 존재로 이해했다면, 루터는 기독교의 신을 자신의 피조물들을 가면(mask)으로 사용하면서, '피조물 안에서 또 피조물을 통해' 자신을 직접 계시하는 역동적인 존재로 보았다(Watson 1962, 154-155). 이러한 신 이해에 따르면, 신은 모든 자연 질서와 인간의 제도 안에 현존한다(Henel 1987, 313).

인간의 역사 또한 신의 가면이다. 기독교 신은 인간의 역사 속에 현존하면서 사회의 구조를 만들고, 해체하고, 또 만드는 변증법 운동을 하면서 자신의 의지를 전개해 나간다. 신은 "활동하는 능력이요 끊임없이 움직이고 역사하는 부단한 활동"으로 존재하고 우리는 그러한 신을 체험한다(Neve 1965, 351). 영웅적인 인물들은 이러한 신의 능력과 활동의 도구이다. 신학자 틸리히는 루터가 "한니발이나 알렉산드로스 대왕이나 나폴레옹―그리고 여기에는 오늘날 히틀러(A. Hitler)가 덧붙여질지도 모른다―같은 위대한 인물들"을 "신이 사용하는 무기"인 동시

---

6   프랑스 출신의 사회학사 꽁트와 뒤르켐은 과학을 이렇게 이해했다. 이에 대해서는 윤원근(2021, 94-100)을 볼 것.

에 "신의 말"로 여겼다고 말했다(Henel 1987, 313). 이러한 신 이해는 헤라클레이토스의 '유전하는 로고스'와 유사하다.

이러한 신관에서는 이성으로 신을 사색하는 것이 아니라 의지나 감정을 통해 피조물 뒤에 숨어 있는 신과 실존적으로 '합일하는 체험'을 하는 것이 중시된다. 베버는 그의 저서 *The Protestant Ethic and the Spirit of Capitalism*에서 루터의 신 이해를 '그릇' 이론으로 설명하였다. "신자는 자신의 은혜 상태에 대해 스스로를 신(성령)을 담는 그릇"이라고 느낀다. 자신을 "신(성령)의 그릇"으로 느끼면, "종교 생활은 신비주의와 감정주의로 향하게 된다"(Weber 1986, 113-114). 또 베버는 다음과 같이 말했다. "루터파 신앙이 도달하기 위해 노력한 최선의 종교적 경험은 특히 17세기 중에 발전되었는데, 신성과의 신비적 합일이다. 그 말의 표현처럼, 이 감정은 신성에 흡수되었다는 감정이며, 신자의 영혼 속으로 신적인 것이 실제로 들어왔다는 감정이다"(Weber 1986, 112). "루터는 신비적 전통과 관계를 하면서, 신과 합일하려고 하는 고전적인 신비적 노력을 그리스도-신비주의(Christ-mysticism)로 전환한 사람들의 노선을 추종했다"(Niebuhr 1964, 185).

루터 교회는 가톨릭교회처럼 객관적인 신성을 가진 교권 구조가 아니라 신자들 개개인이 주관적 믿음을 통해 신성에 참여하는 공동체이다. "기독교인은 믿음에 의해 신성해[진다]"(Niebuhr 1964, 186). 루터의 성찬론인 공재설(theory of consubstantiation)도 이러한 교회론과 맥을 같이 한다. 공재설에 의하면, 성찬용 빵과 포도주는 가톨릭에서처럼 예수의 살과 피라는 실체로 변해 있는 것이 아니다. 몸을 가진 아들 신 예수는 아버지 신의 우편에서 앉아서 아버지 신과 함께 모든 개개의 존재들을 가면으로 삼아 그 존재들 '안에, 함께 그리고 아래'에 이미 임재해 있다. 따라서 성찬에 사용될 "빵과 포도주 안에 함께, 그리고 아래에"도 몸을 가진 예수가 당연히 임재해 있다. 주관적인 믿음을 가지고 빵과 포도주를 먹게 되면, 예수의 살과 피가 효력을 발휘해 인간이 예수의 신적인 몸에 참여하는 유기적 결합이 일어나지만, 믿음 없이 그냥 먹으면 아무런 효력이 나타나지 않는다. 루터에게 절대적으로 중요한 것은 믿음이라는 개인의 주관적인 의미 부여이다. 가톨릭처럼 "[구조-필자 첨가] 자체의 작용에 의해 효과가 있는 것이 아니라 [주관적-필자 첨가] 믿음에 의해 효과가 있는 것이다"(Neve 1965, 363). 이것은 한 개인을 의미부여 주체로 절대화하는 반이성주의·실존주의 유형의 무한 세계관이다.

루터의 종교 사상이 세속화하면서 독일식 과학 개념이 형성되었다. 독일에서 과학은 두 가지로 나타난다. 이 둘은 모두 역사주의로 불린다. 한 종류의 역사주의는 모든 개개의 사물들을 가면으로 삼아 자신을 계시하는 신과 신비적으로 하나가 되려는 루터파 신앙을 물려받은 것이다. 이것은 독일 낭만주의를 거쳐 독일 역사학파로 나타난다. 이 역사주의에서는 개체 사상이 두드러진다. 독일 낭만주의 신학자 슐라이에르마허(F. E. Schleiermacher)의 다음과 같은 진술은 개체 사상을 잘 표현하고 있다. "일회적인 개개의 존재(개체)는 만유 속에 자기를 표현하고, 또한 만유는 개개의 존재 속에 반영되어 다양하게 나타난다. 그리고 개개의 존재가 이러한 만유를 직관하게 될 때 그는 만유의 매개자가 된다. 그런데 바로 이러한 만유가 개성 그 자체인 것이다"(강두식 1977, 799-800). 사실, 이 말은 루터의 신이라는 단어를 만유라는 말로 바꾸어 루터의 성찬론을 되풀이하고 있다.

개체 사상은 역사 속에서 모든 것이 일회적이고 비반복적이며 그 자체로 고유한 가치를 가진다는 사상으로, 개별적인 사건의 우연성과 비합리성을 강조한다. 이 개체 사상에 근거해 독일 역사학파는 자연 현상과 인간 현상(역사 또는 문화)을 근본적으로 구별하였다. 독일 역사학파에 의하면, 자연 현상은 법칙에 따라 일어나는 결정론의 영역이고, 인간 현상은 자유 의지에 따라 일어나기 때문에 법칙이 적용될 수 없는 영역이다(이민호 1988, 103). 개체 사상은 신칸트 학파의 문화 과학론과도 관련되어 있다. 개체 사상에 의하면, 역사에는 법칙이 없고, 오직 개별적인 주체의 결단과 선택이 역사를 만들어 간다. 따라서 '사실과 가치'는 철저히 분리되어야 한다. 가치 중립성이라는 사회과학 방법을 제시한 사회학자 막스 베버는 이 계열의 사상가라고 할 수 있다.

다른 한 종류의 역사주의는 역사를 가면으로 삼아 사회 구조를 만들고, 해체하면서 자신의 의지를 전개해 나가는 루터의 신적 운동을 변증법적 필연 법칙으로 정립하려는 시도로 나타난다. 이러한 시도를 한 인물이 바로 헤겔(F. Hegel)이다. 헤겔은 루터의 신 개념을 '절대정신'으로 대체하고, 이 절대정신이 역사 속에서 변증법적으로 자신을 실현해나간다는 관념론적 역사철학을 정립하였다. 마르크스는 이것을 거꾸로 뒤집어 절대정신을 생산력이라는 신으로 대체해 그것이 역사 속에서 변증법적으로 자신을 실현해나간다는 유물론적 역사철학을 정립하였다. 인간 역사의 제도들은 헤겔에게는 절대정신의 가면이고, 마르크스에게는 생산력의 가면이다. 이 역사주의에서 과학은 역사의 필연적인 운동법칙을 탐구하는 것이다. 따라서 '사실과 가치'는 완전히 결합해 있다. 역사의 운동법칙이 바로 인간이 추구해야 하는 당위적인 가치가 되는 것이다. 히틀러의 나치즘적 전체주의는 반이성주의·실존주의 무한 세계관이라는 독일의 문화적 토양에서 출현한 것이라고 할

수 있다.[7]

3. 칼뱅 신학 사상의 유한 세계관

칼뱅의 신학적 사고를 한마디로 특징짓자면 '유한 세계관'이라고 할수 있다. 잘 알려진 것처럼, 종교 개혁은 고전 고대의 원전으로 돌아가려는 르네상스의 영향을 받아, 기독교 신앙의 원천인 '성서로 돌아가라'라는 정신을 통해 일어났다. 그는 이러한 정신에 따라 성서에 근거해무한한 창조주인 신과 그의 유한한 피조물을 엄격하게 구분하였다. 칼뱅은 신을, 피조물을 절대적으로 초월해 있어 어떤 방법으로든 알 수없는 존재로 보았다. 신은 인간의 이성으로 인식될 수도 없고(이성주의 부정), 실존적으로 체험될 수도 없다(실존주의 부정). 무한은 무한이고, 유한은 유한이며, 신은 신이고 인간은 인간이다(Calvin 1988, 1권 5장 5절). 그에 의하면, 인간은 유한한 존재로서 신이 정한 법을 지켜야 한다. 이처럼 신의 초월성을 주장하면서 칼뱅은 무엇보다도 무한한 신과 유한한 피조물을 혼합하는 우상 숭배를 경계했다. "우리의 인식을 통해 파악할 수 없는 그런 신을 공상해서는 안 된다"(Calvin 1988, 1권 5장 9절). 그의 이러한 태도는 유한한 경험 세계 배후에 있는 무한의 존재를 파악하려는 일체의 시도를 좌절시키는 유한 세계관을 잘 나타내고 있다.

---

7   윤원근(2021)의 저서 『마르크스 vs 베버: 호모 데우스 프로젝트』는 마르크스와 베버를 포함한 독일 문화 전통의 만이싱구의·실존구의 무한 세계관이 어떻게 독일에서 전체주의의 출현을 가져왔는지를 상세하게 다루고 있다.

많은 사람들은 르네상스-계몽주의로 이어지는 일련의 사상들이 기독교를 미신으로 비판하고 기독교와 단절한 결과 현대 문명이 탄생했다고 여긴다. 사실은 그렇지 않다. 르네상스와 계몽주의가 현대 문명의 출현을 자극하거나 현대 문명을 보급하는 데 도움을 줄 수는 있었겠지만, 현대 문명을 만들어낸 본류는 아니다.

이탈리아 르네상스에 대해 간단하게 언급하면, 그것은 신의 존재를 부정하고 고대 그리스의 소피스트 철학자 프로타고라스(Protagoras)가 말한 "인간은 만물의 척도다"를 기본 구호로 삼았다. 여기서 인간이란 개인을 말한다. 개인은 완전히 자율적인 존재이다. 개인은 신뿐만 아니라 집단의 규범이나 제약에 얽매이지 않고 자주적이고 독자적으로 결정을 내리는 존재이다. 모든 개인은 스스로 입법자이며, 옳고 그름, 선과 악의 기준은 개인이 결정한다. 알베르티(Alberti)는 "개인은 하려고 마음만 먹으면 자기 혼자 힘으로 무엇이든지 해 낼 수 있다"고 말하였고, 미란돌라(Mirandola)는 "인간의 유일한 조건은 조건이 없다는 것, 자유롭다는 것"이라고 말했다. 다시 말하면, 개인이 신처럼 자유로운 존재라는 것이다. 이런 점에서 이탈리아 르네상스는 무한 세계관의 정신 운동이라고 할 수 있다(차하순 1988, 69-86).

게다가 계몽주의 자체는 르네상스보다 칼뱅의 종교 개혁에서 큰 영향을 받았다고 할 수 있다. 유명한 계몽주의 연구가 피터 게이(P. Gay)에 의하면, "계몽주의는 가톨릭 국가(프랑스)보다는 프로테스탄트 국가(영국)에서 발생"했으며, "계몽주의를 선전한 사람은 프랑스인이었지만 계몽주의의 수호성인과 선구자는 베이컨(F. Bacon), 뉴턴(I. Newton), 로크(J. Locke)와 같은 영국인이었다. … 영국인이 없었다면 이성과 철학은 프랑스에서 여전히 보잘것없이 유치한 단계에 머물러 있었을 것이다"(Gay 2014, 53).

　우리는 서구 계몽주의의 '수호성인'과 '선구자'였던 베이컨, 뉴턴, 로크, 흄이 모두 영국 출신의 경험론자였다는 사실에 주목할 필요가 있다. 경험론의 시조인 베이컨은 칼뱅이 매우 경계한 우상이라는 용어를, 경험적 지식을 방해하는 그릇된 관념이라는 의미로 사용하였다. 베이컨은 『신기관』에서 아리스토텔레스의 논리학을 비판하면서 "인간의 정신 능력을 무작정 찬양"하는 것이 "모든 악폐의 뿌리"라고 말했다(Bacon 2011, 49). 이런 의미에서 계몽주의는 이성이 계몽을 시킨다는 의미가 아니라 중세 이성의 과대망상이 경험적 사실에 의해 계몽된다는 의미로 해석되는 것이 더 타당할 것이다. 이성이 자신의 능력을 과대망상으로 부풀렸을 때 인간의 지식은 어둠 속에 놓여 있었지만, 자신의 한계를 알게 되었을 때 인간의 지식은 빛 속에 있게 되었다. 지식이 경험으로부터 나온다고 주장하는 경험론은 현대 문명에서만 나타나는 독특한 인식 방식으로, 전통문명들에서는 찾아보기 어렵다. 경험론은 청교도들을 통해 잉글랜드와 스코틀랜드에 칼뱅의 유한 세계관이 보급된 것과 무관하지 않다.

　칼뱅은 유한한 피조물과 무한한 창조주를 엄격하게 구분하는 창세기의 유한 세계관을 자기 신학의 출발점으로 삼았다. 가톨릭이 지배한 중세 유럽은 신적인 힘으로 충만한 세계였다. 교회의 성례전적 구조, 성자들의 중재, 기적 등 다양한 통로를 통해 신적인 힘이 세계 속에 현존해 있었다. 칼뱅은 신의 초월성을 강조함으로써 세계에 충만했던 신적 힘을 제거했다. 신은 어떠한 자연 현상이나 인간 현상과도 동일시될 수 없는 존재이다. 인간과 자연은 이제 신비스럽거나 성스러운 그 무엇이 아니다. 그 결과는 모든 주술적인 힘으로부터 세계를 해방하는 탈주술화(demagification)였다(Berger 1981, 128-132). 이제 인간과 자연은 경험을 통해 연구할 수 있는 대상이 되었다. 신성하지는 않지만, 자연은 신의 아름다운 책이다. 신을 알 수 있는 두 권의 책이 있는데 하나는 성경이고, 다른 하나는 자연이다. 피조 세계는 '신의 영광의 극장'이므로 그것에 관한 연구는 신의 지혜를 발견하는 훌륭한 수단이었다. 따라서 칼뱅은 자연을 과학적으로 연구하는 것을 적극적으로 장려하였다(McGrath 2013, 32).

칼뱅은 "물리적 세상과 인체 모두 신의 지혜를 입증하는 증거"라고 보고 천문학과 의학 연구를 장려했다. 이 외에도 그는 신의 말씀인 성경을 문자적으로 읽지 않는 방법을 제시함으로써 신앙이 과학 활동을 방해하지 않도록 장애물을 제거했다. 그에 의하면, 성경은 마치 어머니가 어린아이 수준에 맞추어 말을 하는 것과 같이, 무지한 인간이 이해할 수 있도록 기록되었다. 따라서 성경을 천문학, 지리학 또는 생물학 교과서로 여겨서는 안 된다(McGrath 2013, 32-33).

1660년에 영국 런던에서 창립된 왕립학회는 과학자들이 모여 만든 최초의 연구 공동체였는데, 회원들 상당수가 청교도들이었다. 칼뱅 신학의 추종자들을 네덜란드에서는 고이센, 잉글랜드와 미국에서는 청교도, 스코틀랜드에서는 장로교도, 프랑스에서는 위그노라 불린다. 경험론의 창시자인 베이컨의 어머니도 열렬한 청교도였는데, 그는 어머니의 태도에 영향을 받았다. 베이컨에 이어 경험론을 체계화한 존 로크도 청교도의 후예였다. 동감 현상을 경험적으로 탐구한 스미스도 칼뱅주의를 국교로 삼은 스코틀랜드 출신이다. 경험론을 완성하고 스미스보다 앞서 동감 이론을 제시한 흄도 어렸을 때 칼뱅 교도였다.

유한 세계관의 칼뱅 신학 사상은 영국의 경험론 형성에 큰 영향을 끼쳤다고 할 수 있다. 막스 베버(Weber 1986, 249)는 다음과 같이 말했다. "수학적 토대를 갖춘 합리화된 경험론에 대한 금욕적 프로테스탄티즘의 뚜렷한 선호는 잘 알려져 있다. … 믿음의 열매로 기독교인을 알수 있듯이 신의 작업에 대한 지식은 신의 지식과 그의 계획을 통해서만 알 수 있다. … 신의 자연법칙에 대한 경험 지식으로부터 세계의 본질에 대한 파악으로 올라가는 것이 바람직하다. 신의 계시의 단편적인특성 때문에 형이상학적 사변의 방법으로는 결코 세계의 본질을 파악할 수 없다고 칼뱅주의자들은 생각했다. 17세기의 경험론은 금욕의 수단이었다. 경험론은 신에게 인도하는 길로 인식되었던 반면 철학적 사변은 신으로부터 멀리 벗어나는 길로 인식되었다".

하라리(Harari 2015, 356)는 과학 혁명의 성격을 "무지를 기꺼이 인정"한 "무지의 혁명"에서 찾는데 그것이 가능했던 이유는 유한 세계관의출현을 전제로 해서만 이해될 수 있다. 무한 세계관에서 유한 세계관으로 세계관이 바뀜에 따라 지식의 대상이 사변적인 무한 세계에서 유한한 경험 세계로 바뀌게 되었고, 그 결과 인간은 그것에 대해 아는 것이 없다는 인식을 하게 된 것이다.

아울러 칼뱅 사상은 이런 유한 세계관을 바탕으로 나이, 신분 등에 따라 아랫사람이 윗사람을 존경하게 되어 있는 전통적인 권위주의적 관습을 피조물 신격화로 여겨 배격하였다. 베버의 *The Protestant Ethic and the Spirit of Capitalism*에 의하면, 그들은 모자 벗기, 무릎 꿇기, 머리 숙이기, 칭호의 중복 사용을 거부하였으며, 이러한 반(反)권위적인 태도는 복종의 선서를 금욕으로 여기는 가톨릭과 달리 모든 금욕적 프로테스탄트에 공통으로 나타나는 것이었다(Weber 1986). 이러한 탈권위주의는 칼뱅 사상의 영향을 받은 국민들, 특히 미국인들의 민주주의적 특질의 역사적 기초가 되었다(윤원근 2010, 125). 피조물 신격화 거부에 근거한 이런 반권위주의는 "모든 사람은 평등하게 창조되었다"라는 미국독립선언문 구절로 이어졌다.

　그들은 신에 의해 평등하게 창조된 상태를 자연 상태로 보고, 자연 상태의 인간 속에 자연법이 작용하고 있다고 보았다. 자연법은 "신이 모든 사람의 마음과 영혼과 생각과 양심에"(Witte 2015, 259) 새겨놓은 것이다. 트뢸치(Tröltsch 1990, 65)에 의하면, 칼뱅주의자들은 이 자연법에 근거한 저항권 개념을 발전시켰고, 계약을 통해 자연법에 근거를 둔 '헌법과 권력의 선택'을 지지하였다. 파슨스는 개인주의, 평등주의, 직업적 전문성, 민주주의 같은 현대적인 관념들이 칼뱅의 개신교 안에 강력한 뿌리를 두고 있는 것으로 보았다. 진화생물학의 유물론 관점에서 모든 가치 관념을 상상의 허구라고 보는 유발 하라리도 개인의 자유와 평등을 강조하는 현대 문명의 가치가 기독교 전통에서 유래한 것이라고 말한다. "개인의 자유에 대한 믿음은 … 전통 기독교에서 직접 물려받은 유산이다. 창조주 하나님에게 의지하지 않을 경우, 사피엔스 개개인이 뭐 그리 특별한지를 설명하기가 당황스러울 정도로 어려워진다". "모든 인간이 평등하다는 사상은 모든 영혼이 하나님 앞에서 평등하다는 일신론적 확신의 개정판이다"(Harari 2015, 329).

　스코틀랜드 계몽주의 연구가 베리(Berry 1997, 40-42)에 의하면, 스코틀랜드 계몽주의자들은 '개인의 의도적인 계획과 전혀 다른 결과를 낳는' 인간사회의 복잡성을 줄곧 강조하면서, 인간사회를 이성으로 '설계'(design)하려는 위험성을 경고했다. 바로 이 점에서 스코틀랜드 계몽주의는 데카르트적 이성주의 관점에서 사회를 설계하려 한 프랑스 계몽주의와 결정적으로 달랐다. 스코틀랜드 계몽주의의 온건한 태도가 프랑스 계몽주의의 독단적 태도보다 현대 문명과 더 잘 어울리지 않는 가?

흔히, 이성을 극단적으로 강조한 프랑스 계몽주의가 계몽주의의 전형인 것처럼 여겨지지만, 그것은 프랑스의 정치적 상황과 가톨릭 특유의 이성주의 토양을 바탕으로 한 지엽적 현상일 뿐이다. 종교 개혁의 영향으로 네덜란드, 스위스, 스코틀랜드, 영국, 미국에서는 신앙의 힘에 의지해 사회가 상당한 진보를 이룩했고, 이러한 흐름과 이어져서 이성의 역할도 강조되었다. 그래서 이들 나라의 지식인들은 신앙과 이성을 양립시킬 수 있었다. 그러나 프랑스에서는 구체제와 그것을 정당화하는 가톨릭의 보수적인 태도 때문에 진보적인 지식인들은 종교를 혐오하면서 이성을 신앙과 대립시켰다. 프랑스 계몽주의의 이성주의는 가톨릭의 이성주의 유전자를 물려받은 것이다. 서로 닮을수록 부모와 자식 사이에 더 격렬한 갈등이 생긴다는 사실을 우리는 경험적으로 잘 알고 있다.

무한한 신의 세계를 아는 것을 최고의 가치로 여겼던 중세문명과 달리 종교 개혁 이후 현대 문명의 시조들은 유한한 경험 세계에 관심을 기울이며 과학적 지식과 경제적 부를 추구하였다. 또 그들은 중세 문명의 신분제도가 그릇되었으며 모든 인간이 천부적으로 평등하고 자유롭다는 사실을 발견하고, 이러한 발견을 토대로 새로운 유형의 사회를 건설하려고 하였다. 그 결과 인간들 사이의 차별과 배제가 철폐되고, 인간의 권리와 존엄성의 가치를 실현하려는 시민혁명이 일어났다. 현대 문명을 수용한 사회들에서는 인간이 동료 인간을 지배하고 억압하는 상황이 많이 개선되었고, 또 개선되어 가고 있다. 현대 문명은 자유로운 정치 체제를 형성하여 사람들을 전제주의로부터 해방했으며, 과학적 탐구와 기술 혁신을 통해 물질적 풍요를 창출했다. 그 결과, 대다수 사람이 더 안전하게 생명과 자유를 누리면서 행복을 추구할 수 있게 되었다.

IV. 한국 종교 사상들의 세계관

이상에서 살펴본 것처럼, 가톨릭, 루터, 칼뱅의 신학 사상은 모두 동일한 기독교 전통을 공유하고 있지만, 세계관과 질서 원리, 행위 원리에서 서로 다른 사고 유형을 나타내었다. 그리고 서구에서 중세 유럽 문명을 돌파하는 세계관의 변화가 일어나 현대 문명이 성립된 것은 칼뱅의 신학 사상의 영향 때문이다. 이제 우리는 한국 사회의 지배적인 종교 사상인 유교, 불교, 도교의 세계관과 질서 원리, 행위 원리를 살펴볼 것이다. 이 종교들은 각자 매우 복잡하고 심오한 사상들과 교훈들을 포함하고 있다. 하지만 여기서는 그 구체적인 사상 내용들이 아니라 세계관과 질서 원리, 행위 원리에만 관심을 가지고 정리하였음을 밝혀둔다.

우리는 한국의 지배적인 종교 사상인 유교, 불교, 도교가 모두 무한 세계관에 경도됨으로써 균형의 질서 원리와 동감의 행위 원리에 따라 인간사회를 운영할 수 있는 심판과 규칙과 선수의 제도적 분화를 확립하는 데 실패했음을 보게 될 것이다. 또한 이들은 모두 무한 계열의 인간과 유한 계열의 인간을 계층화하고 차별함으로써 현대 문명과 반대되는 문명의 논리를 갖고 있다. 물론 유교, 불교, 도교 안에는 인간의 삶에 대한 매우 귀중한 가르침들이 많이 들어 있다. 하지만 이러한 가르침들은 이들의 무한 세계관 때문에 뒤틀리고 만다.

1. 유교 사상의 이성주의·구조주의 무한 세계관

유교는 위계서열적인 신분 구조를 중심으로 하는 통일성의 질서 원리를 추구한다는 점에서 가톨릭의 이성주의·구조주의 사고 체계와 유사하다. 가톨릭이 신성한 그리스도의 몸인 교회를 교황을 중심으로 하는 신분적인 위계 구조로 보는 것과 같이, 유교도 하늘의 질서를 왕을 중심으로 하는 신분적 위계 구조의 형태로 보고 있다. 또 가톨릭이 미사라는 종교 의례와 행위의 공로를 통해 구원을 받는다고 보는 것처럼, 유교도 제사라는 종교 의례와 예를 매우 중요시하였다. 뿐만 아니라 가톨릭과 유교는 모두 특별한 인간은 자신의 이성으로 불변하는 무한의 질서를 인식할 수 있으며, 또 자신의 노력을 통해 이 질서와 합일될 수 있다는 성인 숭배 교리를 갖고 있다.

차이가 있다면 중세 가톨릭 사상이 내세 지향적이었던 반면, 유교 사상은 철저히 현세 지향적이라는 것이다. 만약에 종교 개혁이 일어나서 현세 지향적인 칼뱅파 기독교가 출현하지 않았다면 기독교 문명이 유교 문명에 대해 우위를 나타내지 못했을 것이다. 현대 문명 이전까지 유럽의 기독교 문명이 여타의 문명보다 큰 두각을 나타내지 못했다는 것은 많은 연구들에 의해 증명되었다.

유교는 천명(天命)을 매우 중시하고 그 천명에 따르도록 가르치는 사상이다. 이 천명은 유교에서 태극(太極), 도리(道理), 성(性) 등으로 불

리기도 한다. 유교의 가장 초보적인 교육서인『명심보감』에는

순천자(順天者)는 흥하고 역천자(逆天者)는 망한다.

라는 말이 있는데, 이는 천명의 중요성을 잘 표현한 것이다. 공자는『논어』爲政편에서 50에 지천명(知天命)이라고 하였다(공자 1985). 공자가 70에 종심소욕불유구(從心所欲不踰矩: 욕망이 움직이는 대로 행동해도 법도에 어긋남이 없다)라고 했는데 여기서 법도(踰矩)라는 것은 바로 천명이라고 할 수 있다. 공자의 천명사상은 유교를 체계화하는 최초의 시발점이다. 유교에 철학적 기초를 제공한 것으로 간주되는『중용』의 첫 구절은

하늘이 명(命)한 것을 성(性)이라 하고, 성에 따르는 것을 도(道)라고 하며, 도를 닦는 것을 교(敎)라고 한다.

로 시작되는데, 이는 공자의 천명사상이 바로 유교의 출발점임을 단적으로 말해 주는 것이다.

유교에서는 인간사회의 질서 근거가 되는 도덕을 천명으로 표현하고 있다. 다시 말하면, 유교는 하늘의 '비밀스러운' 이치(天命)를 깨달은 성인이 이 이치에 따라 인간사회의 도덕적 질서를 확립한 것으로 이야기하면서 도덕적 질서와 하늘의 비밀스러운 이치를 동일시한다. 그러면서 모든 우매한 백성들은 성인이 깨달은 천명을 순종해야 한다는 식이다. 그 비밀스러운 이치란 다름 아닌 군위신강(君爲臣綱), 부위자강(父爲子綱), 부위부강(夫爲婦綱)이라는 삼강(三綱)과 군신유의(君臣有義), 부자유친(父子有親), 부부유별(夫婦有別), 장유유서(長幼有序), 붕우유신

(朋友有信)이라는 오륜(五倫)으로 대표되는 지배-복종의 행위이다.

이 지배-복종의 행위가 바로 유교의 천명 정치이고, 도덕 정치이며, 성인 정치이다. 천명 정치=도덕 정치=성인 정치는 공자의 가르침과 유교의 핵심 골격이다. 유교 내부에 아무리 많은 다양한 학풍과 사조가 있다고 하더라도 이 틀은 항상 동일하게 유지된다.

유교의 가르침을 잘 요약한 것으로 평가되는 퇴계 이황의 『성학십도(聖學十圖)』, 태극도설 편에 바로 천명 정치=도덕 정치=성인 정치라는 취지의 말이 나온다. 퇴계는 태극에서 음양이 나오고, 그 음양에서 오행이 나오고, 이 오행에서 만물이 나오고 생성된다고 말하면서 이 천지의 이치에 따라

> 성인이 중정(中正)과 인의(仁義)로써 이것(도덕 즉, 선과 악)을 정하고 정(靜)을 주로 하여 인극(人極)을 세웠다. 그러한 까닭에 성인은 그 덕성이 천지와 합치하며, 그 밝음이 일월과 합치하며, 그 질서가 네 계절과 합치[한다]. 군자는 이것을 닦음으로 길하게 되고, 소인은 이것을 어기므로 흉하게 된다.

고 말하였다. 그러면서 주자의 말을 빌려 이를 "천지와 더불어 간격 없게 합치토록 된 것을 말한다"고 요약했다(이황 1985, 174). 이것은 '유한한' 인간과 '무한한' 하늘의 합일을 의미하는 '天人合一 사상'으로서, 기존의 사회적 신분 구조에 대한 철저한 세뇌를 지향하는 이데올로기이다.

공자가 말한 종신소욕불유구는 이런 천인합일 사상을 잘 드러내고 있다. 따라서 이에 대해 좀 더 자세하게 분석해 볼 필요가 있다. 유

교의 창시자인 공자가 인생의 최고, 최후의 상태로 이 말을 했으니 이 것은 모든 유학자들의 이상적인 상태이고, 또 궁극적인 삶의 목표가 된다. 그러나 이 말은 실제로 인간사회에 적용되면 위험하고 무서운 결과를 가져온다. 이 말에서 무엇보다도 문제가 되는 것은 '법도'가 어떤 종류의 법도냐 하는 것이고, 그다음으로 문제가 되는 것은 불완전한 인간이 과연 이런 상태에 도달할 수 있느냐 하는 것이다. 그럼 처음 문제부터 살펴보자. 공자가 말하는 법도는 도대체 어떤 종류의 법도이며, 어떻게 만들어지는 법도일까? 공자가 말하는 법도는 오늘날처럼 개방적이고 민주적인 정치체제 하에서 '평범한' 인간들인 다수 국민의 자발적인 동감에 근거해 만들어지고 그 타당성이 끊임없이 검증되는 그런 법도일까(A형태), 아니면 천지의 이치를 직관적으로 파악하는 '특별난 능력'을 가진 위대한 인간들이 일방적으로 정한 법도일까(B형태)? 또 공자가 말하는 법도는 모든 선수들이 동의하는 공정한 규칙을 제정하고 경기 규칙을 운영하는 심판과 그 규칙에 따라 경기를 하는 선수가 분리되어 있는 그런 상태의 법도인가(A형태), 아니면 심판과 선수가 분리되어 있지 않고 가장 힘센 선수가 심판을 겸하고 그리하여 가장 힘센 선수가 자신의 이해관계에 따라 이리저리 규칙을 바꾸는 그러한 상태의 법도인가(B형태)? 또 공자가 말하는 법도는 국민에 의한, 국민을 위한, 국민의 법도인가(A형태), 아니면 성인이 '백성을 위한다'는 명목으로 일방적으로 백성에게 강요하는 그런 법도인가(B형태)? 만약 공자가 말하는 법도가 A형태의 법도가 아니라 B형태의 법도라면 결국 공자의 종심소욕불유구(從心所欲不踰矩)는 완벽하고 철저한 전제정치나 독재정치를 초래하는 무서운 결과를 가져온다. 무법의 독재자에게는 자신의 욕망과 말이 곧 법도이기 때문이다.

2. 불교 사상의 반이성주의·실존주의 무한 세계관

불교는 사회 구조의 해체를 지향하는 다양성의 질서 원리를 추구한다는 점에서 루터의 반이성주의·실존주의 사고 체계와 유사하다. 물론 차이가 있다. 불교는 내세 지향적이고, 루터는 현세 지향적이다. 루터의 사상과 불교 사상은 모두 무한을 이성에 의해 파악되는 객관적인 인식 대상으로 보는 가톨릭이나 유교와 달리 주관적인 실존적 참여나 깨달음의 대상으로 본다. 무엇보다도 불교는 기독교의 초월적인 인격신이나 유교의 천명 같은 내재적 실재를 부정한다. 불교가 궁극적으로 추구하는 공(空)이나 열반(nirvana)은 이러한 실재와의 합일이 아니라 바로 이 세상 속에 살고 있는 개인들의 심리 상태를 의미한다. 그것은 실존적 결단에 의한 일종의 심리 전환이다. 불교에서는 이 특정한 실존적 심리 상태 자체가 곧 무한의 상태이다. 불교에서는 이를 무애자재(無礙自在)라고 한다. 따라서 일체유심조(一切唯心曹)인 것이다. 이런 점에서 불교는 힌두교 전통에서 나왔지만 인간 외부의 대우주인 브라만과 인간 내부의 소우주인 아트만의 합일(이를 범아일여(梵我一如)라 한다)을 추구하는 힌두교와 다르다. 하지만 불교가 중국에 도입되면서 불교의 공(空)은 변화하는 만물 가운데 내재하는 노자의 도(道)와 비슷한 불성(佛性) 개념으로 변화되었다.

열반의 심리 상태는 변하지 않는 고정된 실체란 존재하지 않으며, 모든 것은 지속적으로 변한다는 깨달음의 상태이다. 무상(無常)이라는 말이 이를 의미한다. 사람들은 어떤 존재(예를 들면, 나무)가 다른 존재(예를 들면, 돌)와 구별되는 특징이 있는 것으로 이성으로 개념화(이를 분별지(分別知)라 한다)하지만 이러한 개념화는 극히 피상적인 것에 불과하다. 이것은 인간 존재에 대한 설명에도 그대로 적용된다.

사람들은 다 '나'를 나 아닌 다른 사람이나 사물과 구별한다. 그러면서 '나'를 위해 살고 '나'의 욕망을 채우려 하며, '내'가 죽는 것을 두려워한다. 그러나 다른 현상들과 마찬가지로 '나'라는 현상도 사실은 존재하지 않는다. 항상 변하고 있다. 따라서 나라고 부를 수 있는 어떤 고정된 존재를 찾아낼 수 없다. 무아(無我)라는 말은 이를 의미한다. 그럼에도 불구하고 나는 '내'가 독립된 존재로서 별개의 실체인 것처럼 믿고 그러한 환각적인 '나'에게 집착하게 되는데 이러한 무지의 상태가 바로 무명(無明)이다. 그래서 불교에서는 분별지(分別智)를 경멸하고 무분별지(無分別智)를 칭송한다. 불교는 사람들을 무명의 긴 잠에서 깨어나게 하는 데 그 근본적인 의의를 찾는다. 고통의 원인이 자아를 고집하고 그 자아에서 생기는 욕망에 있다면 그 자아라는 환각을 멸할 때 고통은 없어진다. 이것이 고집멸도(苦集滅道)라는 불교의 근본 교리이다.

이렇게 볼 때, 불교의 열반은 현세적인 모든 것의 해체를 지향한다. 그것은 우리의 감각이 경험하는 세계를 해체하고, 인간관계를 해체하고, 또 이것의 근거가 되는 자아를 해체한다. 불교가 탈세상을 추구하는 것도 이 때문이다. 물질적 현상과 이를 감각하고 표상하고, 의지하고, 인식하는(色受想行識) 인간의 모든 것이 다 공(五蘊皆空)이라는 『般若心經』의 선언, 모든 행위의 무상함(諸行無常), 모든 도덕규범의 무상함(諸法無常) 등은 이러한 해체를 뜻한다. 이러한 해체 상태는 결국 순간순간의 실존을 무한화하는 반이성주의·실존주의를 의미한다. 이것은 불교가 유교처럼 고정된 통일성을 갖는 자아와 사회구조를 부정하는 다양성의 원리를 이상으로 삼는다는 것을 말한다. 이러한 해체론은 심판과 규칙과 선수의 제도적 분화 자체를 어리석은 시도로 경멸하도록 만든다. 불교가 세계 3대 종교 중의 하나지만 불교 문명을 대표하는 큰 나라가 없다는 사실은 불교의 이러한 특성과 무관하지 않다.

3. 도교 사상의 반이성주의·실존주의 무한 세계관

도교 사상 또한 불교와 비슷한 논리를 갖고 있다. 이것은 도교의 근간이 되는 노자 사상을 살펴보면 금방 알 수 있다.[8] 노자의 『도덕경』은 노자라는 유한한 인간이 무한 개념으로서의 도(道)를 만물의 원리로 상정하고, 자신이 깨달아 안 그 도를 세상에 밝힌 책이라고 할 수 있다. 노자가 유한한 만물의 배후에서 그 만물을 낳고 움직이는 힘(도는 만물의 이름 없는 어머니)이라고 파악한 무한은 유교의 무한인 천(天)과 반대로, 그리고 불교의 무한인 공(空)과 마찬가지로 모든 질서를 해체하는 다양성의 질서 원리를 이상으로 삼는다. 따라서 노자는 불교와 마찬가지로 인간사회가 최우선적으로 해결해야 하는 질서 문제와 도덕에 대해 매우 무관심하다.

많이 고찰할 것도 없이, 『도덕경』의 도덕 폐기적, 또는 질서 해체적 특징은 1장 체도(體道)의 장에 나와 있는 도 개념에서 명백히 드러난다. 만물의 근원인 도에 대해 노자는

---

8   이하에서 노자 사상에 대한 논의는 김용옥(1999)을 참고로 한 것이다. 김용옥이 학계에서 권위 있는 노자 해석가로 인정받고 있는 것은 아니지만, 그가 대중 강의에서 큰 반향을 불러일으켰고, 또 노사 사상에 대한 기본 정보가 어느 정도 제시되어 있으므로 참고문헌 가치가 있다고 저자는 생각한다.

도가도비상도(道可道非常道)

라고 말했다. 이 말은 도는 고정 불변한 것이 아니라 시시각각 변화하
는 것이다. 따라서 그것을 규정하면 이미 도가 아니게 된다. 이런 점에
서 도는 인간의 언어로 표현될 수 없는 것이다. 인간의 언어에 의해 규
정이 안 되기 때문에 인간은 도에 대해 의사소통할 수 없다. 도는 그저
느끼는 것이다.

지혜는 분별적 지식을 뛰어넘어 우리의 몸으로 궁극적 실상을 있는

그대로 보고 느끼는 것이다.

이러한 '느끼는' 도 개념은 철저하고 극단적인 인식론적, 도덕적 상
대주의로 나아간다. 도는 느끼는 사람의 주관적인 마음에 불과하다.
무엇을 느끼든 바로 내 마음이 도이다. 만물의 근원이 도라고 말하는
것은 만물의 근원이 내 마음이라고 말하는 것과 같다. 이렇게 하여 도
는 모든 질서와 형식을 해체한다.

도의 이러한 특성으로 인해, 노자의 행동 철학인 무위자연(無爲自
然)은 내 마음이 원하는 대로 행하는 것이다. 무위는 "조작적인, 도의
흐름에 배치되는 사특한 행위, 위선적인 행위이며 거짓 행위이며, 독선
적인 행위"인 유위(有爲)의 반대 개념이다. 그렇다고 무위는 "아무것도
하지 않음을 의미하는 것은 아니다". 그럼 무위는 어떻게 행하는 것인
가? 그것은 시시각각 변화하는 도를 좇아 행하는 것이다(김용옥 1999,
131). 그런데 시시각각 변화하는 도의 흐름은 내 마음의 흐름이다. 따

라서 무위자연은 바로 내 마음이 원하는 대로 행동하는 것이다.

무위자연은 아무에게나 가능한 것이 아니라 도를 깨친 성인들에게 걸맞은 것이라고 한다. 김용옥(1999, 131)은 『노자』가 개인의 수양을 위해서만 쓰인 책이 아니라 성인(聖人)을 위하여 쓰인 책이라고 말하고 있다.

성인은 노자가 생각하는 이상적인 현세의 지도자이다. 그는 이상적 군주이며 동시에 도를 실천하는 철인이며, 완벽한 도의 구현자이다 (김용옥 1999, 130).

만약 무위자연이 성인에게만 가능한 것이고 보통 사람에게는 불가능한 것이라면 성인이 될 수 없는 보통 사람은 어떻게 해야 하는가? 무위자연을 보통 사람에게 강제해야 하는가 아니면 거짓된 유위로 통치해야 하는가? 이것도 저것도 아니라면 도대체 무엇을 어떻게 해야 하는가?

잘 알려진 바와 같이, 노자는 인위적인 예치(禮治)로 사회 질서를 유지하려고 한 유교에 극도의 거부감을 표현했지만, 대안은 전혀 제시하지 않았다. 고작해야 노자는 "스스로 그러함"(自然)에 의해 사회 질서가 저절로 유지된다고 보았다. 따라서 노자의 정치철학은 무정부적 방임주의가 될 수밖에 없다.

사실, 노자의 『도덕경』은 도덕을 확립하려는 책이 아니라 유교가 확립해 놓은 도덕을 완전히 해체하려는 목적을 가진 책이다. 이성주의·구조주의 세계관인 유교를 통치 이념으로 삼은 중국 왕조가 반이성주의·실존주의 세계관인 노·장 사상을 경계한 것도 바로 그것의 도덕 폐기론적 특성 때문이다.[9] 이러한 도덕 폐기론은 불교의 해체론과 마찬가지로 심판과 규칙과 선수의 제도적 분화를 인위적인 것으로 경멸하도록 만든다. 불교가 중국에 들어가 쉽게 중국화한 것은 이미 그것과 유사한 도교 사상이 존재하고 있었기 때문이다. 하지만 도교와 불교는 지향하는 바가 다르다. 도교가 현세를 지향한다면 불교는 내세를 지향한다.

노자를 해설하는 가운데 김용옥은 서양의 사고를 '영원불변'으로, 그리고 동양의 사고를 '변화의 지속'으로 대비하고 있다. 그러나 이러한 단순한 대비는 타당하지 않다. 동·서양 할 것 없이 무한 세계관을 취하고 있는 전통 사회에서는 무한을 영원불변한 구조의 형태로 규정하고 인간의 이성으로 파악하려는 이성주의·구조주의와 무한을 끝없는 변화로 규정하고 의지나 느낌을 통해 이를 체험하려는 반이성주의·실존주의가 서로 대립해 왔다.[10]

V. 결론

서구에서 출현한 현대 민주주의 문명은 칼뱅 신학 사상의 유한 세계관을 계승한 청교도들에서 시작된 것이라고 할 수 있다. 그러면 현

---

9   김용옥(1999, 157)은 유교 사상가들이 『노자』를 우민정책의 이단서로 규정하고 읽지 못하도록 하였다고 말하고 있다.

10   이에 대해서는 이미 이 글에서 상세히 다루었다.

대 민주주의는 유한 세계관을 토대로 해서만 가능하며, 무한 세계관의 문화 토양에는 이식될 수 없는가? 그렇지는 않다. 민주주의는 인간의 본성을 자유롭게 표현하는 것을 장려하는 정치 제도이다. 민주주의가 발전할수록 자기표현의 자유가 존중되는 것도 이러한 이유 때문이다. 필자는 개인이 자유롭게 자신을 표현하면서 서로의 동감을 통해 사회를 운영하는 현대 민주주의 문명을 동감 문명(sympathetic civilization)이라고 부른다. 민주주의를 제도화하려는 노력은 무한 세계관의 전통 문명들이 무한에 대한 각자의 관념으로 인간의 본성을 지배하고 옥죄어서 굽게 했던 것을 바로 펴려는 시도로 이해할 수 있다. 굽은 것을 바로 펴는 데 드는 힘은 그것이 굽은 정도에 달려 있을 것이다.

프랑스는 가톨릭의 이성주의·구조주의 무한 세계관의 문화였지만, 미국 독립 선언의 영향을 받아 혁명을 통해 민주주의를 시작하였다. 하지만 이성주의·구조주의 세계관이 갖는 독단성 때문에 과격한 혁명과 이에 대한 반작용, 쿠데타 등의 혼란을 겪으면서 그것의 제도화에 오랜 기간이 소요되었다. 일본과 독일은 반이성주의·실존주의 무한 세계관의 문화에서 전체주의 체제를 만들어냈지만 2차 대전에서 패배하고 승전국인 미국의 개입으로 민주주의를 정착시키는 데 성공했다. 종교 개혁에 대항해 가톨릭을 보수화한 반종교개혁의 나라 스페인은 1970년대까지 독재 체제를 유지하다가 민주주의 국가가 되었는데, 아마 서유럽이라는 민주주의 중력장 영향을 크게 받았기 때문에 가능했다고 할 수 있다. 유교의 이성주의·구조주의 무한 세계관 전통을 물려받은 한국과 대만도 민주주의를 제도화하는 데 성공했는데, 이에는 공산주의 진영과 전쟁을 치르고 미국적 질서로 편입된 지정학적 변수가 크게 작용했다고 할 수 있다. 인도도 의회 민주주의를 운영하고 있는

데 200년간 영국의 지배가 큰 영향을 준 것 같다. 이러한 성공 사례들이 있지만, 무한 세계관의 문화에서 민주주의를 수용해서 제도화하는 것은 쉬운 일이 아니다. 특히 인구와 영토의 규모가 클수록 더 어려운 것처럼 보인다.

한국은 일본의 식민지 상태로부터 해방과 동시에 남북이 분단되어 미국적 질서로 편입되면서 민주주의를 받아들였지만 계속되는 군사 독재 정부를 경험하였으며, 민주 정부가 들어선 후에도 민주주의가 제도적으로 원활하게 작동하지 않고 있다. 민주화 운동을 한 세력이 주축이 된 문재인 정부도 독선과 선·악 이분법적 편 가르기, 내로남불 등으로 민주주의가 무너지고 있다는 비판을 받아 국민의 신뢰를 잃고 정권이 교체되고 말았다. 이러한 현상은 유교의 이성주의·구조주의 무한 세계관으로 민주주의를 운영하려는 데서 오는 부작용 때문이라고 할 수 있다. 윤석열 정부가 내건 공정과 상식은 유한 세계관의 핵심 가치이지만, 이 정부에서는 한국의 민주주의가 또 어떤 방식으로 왜곡되어 나타날지 자못 궁금하다.

무한 세계관에서 민주주의가 가능하기 위해서는 어떤 형태로든 무한 세계관이 일정 정도 와해해 그것의 복원력이 더는 작용하지 않아야 한다. 한때 근대화 이론가들 사이에서 경제발전으로 중산층이 증가하면 그들의 정치참여 욕구가 커져서 민주주의로 이행할 것이라는 주장이 유행한 적이 있었지만, 지금 이 주장은 거의 쓸모없는 것처럼 보인다. 경제발전에 들어간 노력만큼 정치발전에도 노력을 기울여야 한다. 아무리 경제가 발전해도 무한 세계관이 변형되지 않으면 민주주의를 제도화하기는 어렵다. 오히려 무한 세계관의 문화에서는 경제발전이 민주주의를 가져오기보다는 권력 독점적 정치체제를 정당화하는 요소가 된다.

　중국이 그 좋은 예라고 할 수 있다. 미국이 중국을 개방시켜 국제 질서 속으로 들어오도록 하는 정책을 펼 때만 하더라도 민주주의 진영은 근대화 이론가들의 주장에 따라 중국 경제가 발전하면 민주주의 국가로 변할 것이라는 기대를 하고 있었다. 하지만 경제가 발전한 중국을 보라! 중국은 민주주의에 전혀 관심이 없고 오히려 기존의 무한 세계관을 토대로 중앙집권적인 권력 독점적 공산당 체제를 강화하고 있다. 중국은 거대한 영토와 세계 최대의 인구 규모를 가진 나라로서 결코 무한 세계관의 전통을 포기하지 않을 것이다. 일본이나 독일처럼 중국을 전쟁으로 패배시키기도 쉽지 않다. 유일한 방법은 경제적 봉쇄를 통해 중국에 고통을 가해 민주주의의 길로 안내하는 것인데 이 또한 쉽지 않다. 앞으로 지구촌 민주주의 문명의 운명은 중국의 도전을 어떻게 극복하느냐에 달려 있다고 할 수 있다.

참고문헌

『도덕경』

『명심보감』

『중용』

강두식. 1977. "독일 낭만주의의 종교적 경향에 대한 연구(1)." 『독일문학』 19집, 13-29.

공자 저·안병주 역. 1985. "論語." 『세계의 대사상 4』. 서울: 휘문출판사.

김용옥. 1999. 『노자와 21세기 上』. 서울: 통나무.

박종현. 2001. 『헬라스 사상의 심층』. 서울: 서광사.

윤원근. 2010. 『유사 나치즘의 눈으로 읽는 프로테스탄트 윤리와 자본주의 정신』. 서울: 신원문화사.

윤원근. 2014. 『동감 신학-기독교와 현대 문명을 말하다』. 서울: 한들출판사.

윤원근. 2021. 『마르크스 vs 베버: 호모 데우스 프로젝트』. 서울: 세창출판사.

이민호. 1988. 『역사주의: 랑케에서 마이네케』. 서울: 민음사.

이황 저·윤사순 역. 1985. "聖學十圖." 『세계의 대사상 11』. 서울: 휘문출판사.

차하순. 1988. 『르네상스의 사회와 사상』. 서울: 탐구당.

Alexander, Jeffrey C. 1982. *Theoretical Logic in Sociology, Vol. Ⅰ: Positivism, Presuppositions, and Current Controversies*. Los Angeles: University of California Press.

Aristotle 저·최민홍 역. 1979. "윤리학." 『세계교양명저전집 13』. 서울: 상서각.

Aron, Raymond 저·이종수 역. 1988. 『사회사상의 흐름』. 서울: 기린원.

Bacon, Francis 저·진석용 역. 2011. "과학의 방법과 우상 파괴." 경희대학교 후마니타스칼리지 편. 『우리가 사는 세계(초판)』. 서울: 경희대학교 출판문화원.

Berger, Peter 저·이양구 역. 1981. 『종교와 사회』. 서울: 종로서적.

Berry, Christopher J. 1997. *The Social Theory of the Scottish Enlightenment*. Edinburgh: Edinburgh University Press.

Calvin, John 저·김종흡·신복윤·이종성·한철하 역. 1988. 『기독교 강요』. 서울: 생명의 말씀사.

Copleston, Frederick C. 저·이재영 역. 1991. 『영국 경험론』. 서울: 서광사.

Copleston, Frederick C. 1980. *Philosophy & Cultures*. Oxford: Oxford University Press.

Gay, Peter 저·주명철 역. 2014. "계몽주의: 새로운 사상의 탄생." 경희대학교 후마니타스칼리지 편. 『우리가 사는 세계(3판)』. 서울: 경희대학교 출판문화원.

Harari, Yuval N. 저·조현욱 역. 2015. 『사피엔스』. 파주: 김영사.

Henel, Ingeberg C. 저·송기득 역. 1987. 『폴 틸리히의 그리스도교 사상사』. 서울: 한국신학연구소.

McGrath, Alister E. 저·김홍기·이형기·임승안·이양호 역. 1998. 『역사 속의 신학』. 서울: 대한기독교서회.

McGrath, Alister E. 저·정성희·김주현 역. 2013. 『과학과 종교 과연 무엇이 다른가?』. 서울: 린.

Neve, Juergen L. 저·서남동 역. 1965. 『기독교교리사』. 서울: 대한기독교서회.

Niebuhr, Reinhold and Albert Schweitzer 저·박봉배·안인길 역. 1990. 『세계 사상전집 28: 그리스도인의 윤리/문화와 윤리』. 서울: 삼성출판사.

Niebuhr, Reinhold. 1964. *The Nature and Destiny of Man: A Christian Interpretation, Vol II : Human Destiny*. New York: Charles Scribner's Sons.

Parsons, Talcott 저·이종수 역. 1989. 『사회의 유형』. 서울: 기린원.

Tröltsch, Ernst. 1990. "프로테스탄티즘과 진보 이념." Sidney A. Burrel 저·임희완 역. 『서양 근대사에서 종교의 역할』. 서울: 민음사.

Watson, Philip S. 저·이장식 역. 1962. 『프로테스탄트 신앙 원리』. 서울: 컨콜디아사.

Weber, Max. 1968. *Economy and Society*. New York: Bedminster Press.

Weber, Max. 1986. *The Protestant Ethic and the Spirit of Capitalism*. Seoul: Joint Publishing Promotion.

Witte, Jr. John 저·정두메 역. 2015.『권리와 자유의 역사』. 서울: IVP.

伊藤勝彦(이토 카즈히코) 저·김문과 역. 1994.『데카르트의 철학과 사상』. 서울: 문조사.

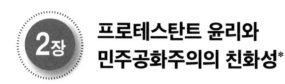

2장 프로테스탄트 윤리와 민주공화주의의 친화성*

채진원

I. 서론

2030세대는 586 운동권 출신이 주축인 제도정치권에 대해 냉담하다. 무엇이 문제일까? 청년세대에 대한 정치권의 공감 부족 즉, 듣지 않고 가르치려는 꼰대적 자세가 문제는 아닐까? 우선 공정을 보는 시각에서 차이가 크다. 정치권은 우리나라 경제성장률이 계속 상승하고, 선진국에도 진입을 했기 때문에 복지 정책을 좀 더 촘촘히 해서 이들

---

* 이 글은『동향과 전망』114호(2022)에 실린 "청교도 습속이 586 운동권 그룹의 유교적 습속 개선에 주는 공화주의적 함의"의 내용을 본 저서의 기획에 맞게 재구성 하였음을 밝힙니다.

의 경쟁을 약화시키는 방향으로 정책을 입안하고 실행하면 될 것이라고 생각하고, 그것을 공정이라고 생각한다. 하지만, 2030세대들은 그런 정치권의 접근을 불공정한 것으로 보고, '능력주의'를 공정으로 보는 경향이 있다.

　대표적인 사례가 인천국제공항 비정규직의 정규직화이다. 정치권은 비정규직의 정규직화로 인해 비정규직의 인권을 좀 더 보호하고 강화하는 것이 '공정한 사회'로 나아가는 것이라고 생각하지만, 2030세대들은 비정규직을 정규직으로 전환함으로써 자신의 기회가 박탈당하는 것이기 때문에 불공정하다고 생각한다. 무엇보다도 청년세대들은 '586 기득권'에 대해 586과의 인식 차이가 크다. 그들은 이준석 후보가 지난 2021년 5월 24일 "오만한 586의 독선과 아집을 부수고, 그들이 독점해온 우리 사회의 많은 권한을 미래세대에게 전달하고 그들과 소통하겠다"라고 소신을 밝힌 것에 열광한다. 하지만 586 정치권은 이 문제에 대해 소극적이며 '586 기득권 타파' 이슈를 회피하고 있다.

　그렇다면 586의 기득권이란 무엇인가? 이 문제에 대해 오랫동안 연구한 학자는 『불평등의 세대』를 쓴 서강대 사회학과 이철승 교수이다(이철승 2019). 그는 2019년 8월 11일 한겨레신문과의 인터뷰에서 정규직 중심의 조직노동계와 유착한 586 운동권 그룹의 기득권적 태도를 통계를 통해 학술적으로 비판한 바 있다. 이 교수는 "586세대가 민주화 운동으로 얻은 기회와 특권으로 후속세대에게 분배되어야 할 부와 권력을 지난 15년 이상 장기적으로 독점하면서 이제는 불평등의 치유자가 아니라 불평등의 생산자이자 수혜자로 등극했다"라고 비판했다. 이 교수는 "지금 우리 사회는 정규직 노조와 자본이 연대해서 하청과 비정규직을 착취하는 구조다. 1% 대 99%가 아니라 20%가 80%를, 또는 50%가 50%를 착취하는 사회"라고 진단하면서 586세대의 기득권 타파를 주장했다.

전문가들은 IMF 위기 속에서도 상위소득 10%의 상층조직노조는 임금 소득을 19%씩이나 올리면서 비정규직과의 임금 격차를 더욱 벌리고, 고통 분담을 회피하면서 민주화의 과실을 독점한 것으로 분석하고 있다. 즉, 정규직 노동계와 연계된 586 운동권이 민주화의 과실을 독점하고 고통 분담을 외면한 채 상위소득 10%를 견제하지 않고, 충실히 그들의 기득권을 대변했다는 것이다.

잠정적 결론으로, 남녀 성별을 떠나 2030세대가 집권 여당에 등을 돌린 원인은 무엇일까? 그것은 '페미니즘 정책' 때문이 아니라 집권당을 이끄는 '586 운동권의 불공정과 기득권 수호 정책'에 대한 불만과 분노로 보는 게 적절하다. 따라서 대안도 586 운동권의 기득권 타파의 연장선상인 세대교체론에 기초하여 부동산 문제와 비정규직 문제의 해법을 찾는 것이 상식적이다. '노사정 고통-분담론'에 기초한 '동일노동 동일임금 연대임금제'와 '징벌적 과세주의'를 중단하고 '주택소유 제한에 대한 국민적 합의 마련'이 그 핵심 정책이 되어야 할 것이다.

586 운동권들은 '조국 사태', '윤미향 사건', '박원순 사건'에서 드러난 것처럼, 부모찬스, 특권과 반칙 등 공정과 정의의 문제를 외면하고 진영논리를 동원하여 자기편을 방어하는 이율배반의 모습을 보여줬다. 그들은 내로남불(내가 하면 로맨스 남이 하면 불륜)의 이중 잣대로 기득권과 위선에 빠진 운동권 정치의 민낯을 보여줬다.

586 운동권에 대한 대체적인 비판은 그들이 20대 젊었을 때는 독재와 기득권 타파를 주장한 민주하의 주역이었으나 50대 때엔 문재인 정부를 이끄는 집권세력이 되면서 기득권 수호와 도덕적 위선주의의

상징으로 타락했다는 평가이다. 강준만(2021)은 2021년 2월 〈부족국가 대한민국〉이라는 제목의 경향신문 칼럼에서 586 운동권의 '정치적 부족주의'가 "동지애를 강조하며 우리 편과 반대편을 나누어 선악의 이분법에 빠지다 보니 공과 사를 구별하지 못한다"라고 비판했다. 또한 그는 "국정운영을 반독재 투쟁하듯이 하면서 '운동권 부족주의'를 유감없이 드러내 보이는 게 아닌가. 보기에 흉한 부족주의 스캔들이 많았지만, 가장 대표적인 게 바로 '윤미향 사건'과 '박원순 사건'이었다"라고 평가했다.

특히, 정치학자 채진원(2020)은 『오토피아』에 게재된 논문 "586 운동권 그룹의 유교적 습속에 대한 시론적 연구"를 통해 586 운동권들의 유교적 습속과 행태를 비판하였다. 그는 논문에서 "어쩌다 우리 정치는 586 운동권 그룹이 겉으로는 공정과 정의를 부르짖으면서도 속으로는 반칙과 특권을 일삼고, 기득권을 탐하는 입신출세자의 상징이 되어 민주공화국의 정신인 공화주의와 충돌하는 선악의 이분법이란 진영논리로 위정척사와 소중화를 부활시키는 주역으로 등장하도록 허용했을까?"라는 문제를 제기하였다. 이어서 그는 "조국 전 법무부 장관을 비롯한 586 운동권 그룹의 행태는 조선시대 위정척사 운동으로 대표되는 유교적 습속을 내면화했다. 이는 민주공화국 규범인 공화주의와 충돌하면서 국민 상식을 파괴하고 있다"라고 지적하였다.

또한 그는 논문에서 "유교적 습속이 오늘날 586 정치인들에 의해 '민주 대 반민주', '진보 대 보수'라는 좌우 진영 논리로 계승되면서 시대착오적이고 반민주주의적인 행태가 반복되고 있다"라며 "21세기 시대 상황에 부합하지 않는 '이분법적 선악관'은 극복돼야 한다"라고 강조했다. 아울러 그는 "586 운동권은 겉으로는 공정과 정의를 부르짖으면서 속으로는 반칙을 일삼고 기득권을 탐하는 '입신출세자의 상징'이 됐다"라며 "독재정권에 저항하며 민주화를 주도한 586 정치인의 '재민주화'가 필요하다"라고 제언하였다.

이상의 비판들은, 민주화가 된 지 33년이 지나 '조국 사태'를 통해 드러난 586 운동권의 행태는 위정척사론과 소중화론과 같은 선악의 이분법으로 무장하여 불공정에 분노하는 국민들의 정서와 법 감정을 무시하면서 공감 부족과 몰상식을 보여줬다는 점이다. 즉, 공감과 상식을 파괴하는 적대적 태도로 천상천하 유아독존의 성인군자를 추구하는 조선 사대부들의 특권적 선민의식을 보여준 것으로 평가된다. 이것은 586 운동권이 '반독재 민주화'를 추구했지만 '유교적 성인군자모델'(소중화적 민족주의와 위정척사적 이분법을 앞세우면서 도덕적 성인군자를 추구하는 천인합일모델)을 답습하고 있어 선진민주국가의 공화시민모델의 규범(청교도와 스코틀랜드 상식학파가 내세운 '도덕감정론', '경험론', '보통법', '연방주의' 등의 습속)을 내면화하는 데에 실패했기 때문이라고 추론된다.

이 글의 문제의식은 어떻게 프로테스탄트 윤리기반 즉, 청교도 습속기반의 영국과 미국은 유교적 습속기반의 조선과 달리, 민주공화국 정부형태와 친화적인 규범을 창출할 수 있었을까?에 대한 해답을 통해 민주공화국에 부합하는 민주시민의 규범과 행태를 찾는 데 있다. 본 글의 목적은 프로테스탄트 윤리와 민주공화주의의 친화성을 이론적으로 살펴보고 그것이 칸트형 시민모델의 개선에 주는 시사점을 찾는 데 있다.

이를 위해 첫째, 막스 베버의 '청교도 윤리(청교도 습속)와 자본주의 정신' 간 '선택적 친화성(elective affinities) 테제', 존 칼뱅의 '공화주의론', '스코틀랜드 계몽주의'를 검토한다(제II절). 둘째, 막스 베버가 놓치고 있는 청교도 습속과 민주공화국론의 친화성에 대해 토크빌의 논의를 통해 살펴본다(제III절). 셋째, 프로테스탄트 윤리가 녹아있는 아담 스미스의 '도덕감정론'이 칸트형 시민모델에 주는 시사점을 살펴본다(제IV절). 넷째, 전체를 요약하고 본 글의 의의와 한계를 논한다(제V절).

II. 막스 베버, 존 칼뱅, 스코틀랜드 계몽주의 논의

1. 막스 베버의 논의와 한계

막스 베버(Max Weber)는 『프로테스탄트 윤리와 자본주의 정신』(*The Protestant Ethic and the Spirit of Capitalism*)에서 자본주의의 출발이 칼뱅의 청교도 윤리와 관계가 있다고 주장하였다(Weber 1959). 그는 청교도인들의 세속적인 생활습속인 직업윤리와 개인주의가 자본주의 시장경제와 친화성을 가짐으로써 자본주의 발전에 도움이 되었다고 분석했다.

막스 베버는 이 책에서 '자본주의 정신'은 칼뱅의 구원예정설을 세속화하는 부(富)의 축적과 노동윤리를 인정하는 직업적 소명의식, '신 앞에 선 단독자'로서의 개인의 양심과 자율성을 존중하는 개인주의 문화 등 칼뱅주의적 에토스에서 기원한다고 설명하고, 이것이 독일의 루터주의와 프랑스의 가톨릭과의 차이라고 분석하고 있다.

막스 베버에 의하면, 칼뱅주의 교도들은 루터교도와 달리 구원이란 자기 스스로 도를 닦아 수련을 많이 쌓는다고 해서 획득될 수 있다고 믿지 않고, '구원예정설'과 '직업소명설'대로, 신의 영광을 위하는 삶의 목표와 그것을 입증하기 위한 실천에 따라 이 세상을 변혁하는 행동의 길에서 찾았다고 분석한다. 즉 칼뱅주의 교도들은 루터교도처럼 개인 차원의 경건과 명상에 참여하거나 권위 체제에 대하여 고분고분 순종하지 않고, 자신의 믿음을 세상 속에서 실천적으로 증명해야 할 적극의 행동과 쟁투를 요청하는 삶의 지향성에서 찾았다고 분석하고 있다(박영신 2009, 114-115; Walzer 1965).

자본주의 정신과 칼뱅주의 교리 사이에 상관관계가 존재한다는 주장은 '청교도 윤리와 자본주의 정신' 간 '선택적 친화성(elective affinities) 테제'로 제기되었다(Weber 1959, 5-27). 여기서 말하는 자본주의의 '정신'은 장로교 교회조직이 장로들에서 목사직급을 선출하여 운영하는 것처럼, 단순한 '배금주의'와 '이익의 추구'가 아니라 조직경영과 경제 활동을 합리적으로 운영하는 '청교도적 에토스'와 관련이 있다. 베버의 이런 '선택적 친화성 테제'는 종교적 동기(상부구조)가 시장경제(하부구조)를 변화시키는 의도하지 않은 동력이 된다.

베버는 칼뱅주의가 '직업소명설'을 통해 신자들을 실천적으로 독려하였고, 신자들의 내적 믿음이 실천적 증명으로 자연스럽게 연결되면서 가톨릭과 같은 '수도사적 금욕주의' 대신 의도하지 않게 직업에서의 성공과 부의 축적을 하나님의 선택과 구원의 표지로 삼는 것과 같은 '세속적 금욕주의'를 내면화했다고 설명하고 있다. 즉, 베버에 의하면, 청교도들은 눈에 보이는 부(富)가 보이지 않는 신의 선택의 증거라고 위로하면서, 불변의 운명(영복의 구원이냐, 아니면 영벌의 심판이냐)에 대한 불확실성을 줄여보려고 하였다는 것이다. 결국 이런 그들의 걱정과 불확실성을 줄이고자 하는 근면, 성신의 검소함과 경건함을 결합한 '청교도적 노동윤리'와 '소명으로서 직업윤리 의식'이 '세속주의에 기초한 자본주의 정신'이 되었다는 것이다.

막스 베버는 시장경제를 수용하는 '프로테스탄트 윤리(청교도 습속) 와 자본주의 정신' 간 '선택적 친화성(elective affinities) 테제'를 주장하여 후발주자였던 독일에게 자본주의를 소개했지만 독일의 근대화 모델의 대안에 대해서는 영미처럼, '시장경제의 자생적 질서'와 친화적인 '민주주의에 기초한 민주공화국론'을 소개하지 않고 그 대신 '관료주의에 기초한 민족주의'를 소개하였다고 평가받고 있다. 이런 그의 학문적 행적은 "청교도 윤리(습속)와 시장경제의 자생적 질서와 민주공화국론 간의 친화성"에는 침묵함으로써 히틀러의 민족주의와 전체주의를 불러들이는 공백을 만들었다는 비판을 받고 있다(윤원근 2021).

특히, 막스 베버는 이런 '선택적 친화성'을 설명하면서도 청교도 정신의 영향을 받은 스코틀랜드 상식학파의 한 사람인 아담 스미스의 『도덕감정론』의 주장과 같이, 영국식 시장경제의 '자생적 질서'가 인간의 이기심에도 불구하고, "자기 이익 우선 거부의 원칙"이라는 '상호적 동감 원리'에 따라 자율적으로 규제되는 '민주적 시장경제'가 작동할 수 있다는 것에 대해서는 설명하지 않았다는 것이다(윤원근 2021).

막스 베버는 인간의 '도덕감정에 따른 지지와 거부'라는 '보이지 않는 손'이 상호견제와 균형의 원리로 작동하여 자율적으로 규제되는 자생적 시장경제의 질서와 그에 부합하는 정부의 민주적 운영 질서에 대해서는 설명하지 않았다. 이런 설명 부재와 논의 배제는 막스 베버가 영국의 시민혁명 사례처럼, 자생적 시장경제의 질서를 주도하는 부르주아 시민들이 청교도 혁명과 명예혁명 등 시민혁명을 통해 의회민주주의와 민주공화주의적인 시민정부를 만들었다는 사례를 독일 학계에 소개하는 데 인색했던 것으로 나타났다. 이에 따라 막스 베버는 독일이, 관료주의에 기초한 민족국가주의 모델이 아닌 자생적 시장경제의 질서와 민주주의 조화론 혹은 자생적 시장경제의 질서와 민주공화국론 간의 부합 등을 논의하지 않거나 제시하지 않는 한계를 보여주고 있다.

2. 칼뱅의 공화주의론 논의

상술한 막스 베버의 논의는 칼뱅주의에서 나온 습속문제를 전제로 하기에 청교도의 기원인 존 칼뱅의 정치사상에 관한 논의를 살펴볼 필요가 있다. 즉 청교도 정신의 출현과 이에 따른 세속적 직업윤리의 확대가 자연스럽게 개인주의에 기초한 시장경제와 민주주의로 혹은 개인주의에 기초한 시장경제와 민주공화국론 간의 선택적 친화성 테제로 이어졌다는 것을 확인하기 위해서는 칼뱅의 정치사상을 논의하는 것이 필요하다.

칼뱅의 정치사상과 민주주의는 상관이 없다고 주장하는 학자들은 칼뱅은 국민주권이 아닌 하나님 주권을 주장하며, 이른바 '하나님 주권'이라는 신학 원리를 고수하기에 민주주의와는 관계가 없다고 주장한다. 하지만 칼뱅의 정치사상과 민주주의 관계를 긍정적으로 평가하는 학자들이 많이 있다(윤강희 2008; 장정애 2008).

먼저 포스터(Herbert D. Forster)는 칼뱅이 순수한 귀족제 또는 민주제와 혼합된 귀족제를 지지하면서 민주적인 선거로 통제받는 시민정부론에 대한 소신을 표현했고, 이러한 칼뱅의 정치사상이 발전하여 미국의 청교도적인 민주주의가 실현되었다고 주장한다(Forster 1908; 윤강희 2008).

또한 두메르그(Emile Doumergue)는 칼뱅의 정치제도는 군주정치가 아니라 시민들이 선택하는 관리에 의한 정치였고, 하나님 주권론에 대한 강조는 군주를 낮추고 백성을 높이는 결과를 가져왔다고 분석하였다. 또한 그는 사제제도가 폐지된 교회의 평등주의적인 이념은 정치적 자유를 위한 조직의 운영모델로 작용했다고 진단한다. 종합적으로 그는 칼뱅의 국가관은 적극적이고 도덕적인 내용을 가진 민주적 국가관이었고, 그의 교회 이론은 강력한 '대의 민주주의적인 요소'를 구현하였다고 주장한다(Doumergue 1995, 121-122; 윤강희 2008).

또한 바론(Hans Baron)은 칼뱅의 공화주의가 부처(Butzer)의 '하위 관원 이론'의 영향을 받아 발전했다고 주장한다. 그는 '사사기 주석'에서 절대 권력이 군주에게 주어지는 곳마다 하나님의 영광과 지배는 손상되었으므로, 세습적인 왕국이 아니라 선출된 군주가 더 지지받는 정치제도라고 주장하였다. 그에 의하면 칼뱅은 부처의 사상을 이어받아 '하위 관원'을 '국민의 관원'으로 대체하면서 그의 '공화주의 사상'을 형성하였다고 분석한다(Baron 1939, 37-38; 윤강희 2008).

그리고 허드슨(Winthrop S. Hudson)은 "칼뱅의 사상은 민주주의적 관념을 정교화하는 데 잠재적인 근거를 제공하였다"라고 분석한다. 또한 그는 칼뱅의 노선이 "독재에 대한 저항의 근거를 제공"했으며, "명백한 민주주의적 정치 철학의 구성을 내포하고 있다"라고 주장한다(Hudson 1946, 179; 윤강희 2008).

또한 맥닐(John T. McNeil)도 칼뱅은 '정치적 공화주의자'로서 가장 우수한 정부형태로 본 귀족정과 민주정이 섞인 혼합정부는 현재 우리의 대의 민주주의 개념에 가깝다고 평가하였다. 또한 그는 "칼뱅의 후기 저서를 보면 정부의 이상적 기초는 시민에 의한 선거임이 분명히 드러난다"라고 분석한다(McNeil 1949, 162; 윤강희 2008).

아울러 한코크(Ralph C. Hancock)는 두메르그의 시각을 계승하여 "칼뱅의 정치사상이 민주주의를 발전시키는 토대가 되었다"라고 주장한다. 그는 선거를 통한 칼뱅의 귀족주의 정치체제가 신학적 토대를 가지고 있으며, 교회정치에서의 변화가 정치적 자유를 위한 모델로 작용하고 공화주의적인 정치를 교육한다고 분석하였다. 또한 그는 칼뱅주의의 교훈은 국민주권과 하나님의 주권이 결합하는 시민정부형태로 귀결된다고 진단하였다. 그래서 칼뱅의 정치사상은 민주주의 발전에 기여한다는 결론을 내렸다(Hancock 1989, 20-45; 윤강희 2008).

트뢸치(Ernst Troeltsch)는 "칼뱅주의가 민주주의 사상과 내면적 유사성이 있다"라고 평가하면서 칼뱅주의가 민주주의 발전의 길을 열어줬다고 평가한다(Troeltsch 1956, 640; 윤강희 2008).

이처럼 칼뱅의 정치사상이 근대 민주주의론과 공화주의론 및 시민정부론에 긍정적인 영향을 미쳤다고 보는 학자들은 칼뱅의 장로들 중심의 교회조직 운영이 민주적인 정치형태에도 영향을 주었고, 자연법사상, 하나님의 주권과 국민주권의 결합, 국민의 관원에 의한 저항권사상들이 공화주의 사상과 연결되어 민주주의 발전에 기여했다고 평가한다.

칼뱅은 자신의 정치사상을 『기독교강요』 4권 마지막 20장 '국가 통치'에서 구체적으로 귀족정과 민주정이 결합한 혼합정적 대의제, 선거제, 법치주의, 국민저항권을 가진 정부형태로서 민주공화국론으로 설명하고 있다.

철학자들이 논하는 정부의 세 형태에 대해서 그 자체만을 생각한다면, 나는 귀족정치가 또는 귀족정치와 민주정치를 결합한 제도가 다른 형태보다 훨씬 낫다는 것을 부인하지 않겠다. 귀족 정치 자체가 가장 좋다기보다는 항상 공정하며 바른 생각만을 하는 자제력이 강한 왕은 아주 드물기 때문이다. … 그러므로 사람의 결함이나 실패 때문에, 여러 사람이 정권을 운영하는 편이 더욱 안전하고 보다 견딜 만하다(Calvin 1994, 4권 20장 8절).

칼뱅이 귀족정치와 민주정치가 결합한 민주공화국론을 주장하는 배경에는 이른바, '두 정부론'이 있다. 그에 의하면, 이 세상에는 '영적 통치'를 하는 '그리스도의 정부'가 있고, '국가 통치'를 하는 '시민의 정부'가 있다. 모든 사람은 이중의 통치를 받고 살고 있다. 국가와 교회, 이 둘은 모두 하나님의 섭리에 의해 세워진 기관이다. 이 중 국가는 예배를 유지하고 교회를 보호하며, 사회의 질서와 평화를 유지하고 국민의 복지를 향상시키기 위해 존재한다. 칼뱅은 국가의 이상적 정부형태를 귀족정치와 민주정치가 혼합된 일종의 대의 민주주의적 형태라고 말한다(윤강희 2008).

그래서 그는 국가는 왕이나 집권세력에 의해 통치되지 말아야 하고, 오직 법에 따라 통치되어야 한다는 법치주의를 주장하였다. 또한 집권자가 국민의 복지를 무시하며 전제적 정치를 펼 때는 '국민의 관리'를 통해 저항권을 행사해야 한다고 보았다. 즉 국회와 같은 권력 견제 기구가 있어야 한다고 권력 분립을 주장한 것이다. 또한 국가의 집권자는 하나님의 대리자로 소명을 받은 자로서 직무에 충실해야 하고, 국민은 집권자와 법에 순복할 의무가 있다.

칼뱅은 '하나님 주권'을 주장하였지만, '국민의 관리'를 선출하는 방법으로 '선거'를 인정함으로써 하나님의 주권과 국민의 주권이 결합할 수 있는 시민정부의 길을 열어놓았으며, 이것이 근대 대의제 민주주의와 민주공화제 정부의 출현과 발전의 토대로 연결되었다.

이처럼 칼뱅의 정치사상은 근대 민주주의와 민주공화주의론의 발전에 깊은 영향을 미쳤다. 이는 역사적인 사례로도 입증된다. 프랑스 칼뱅주의자인 위그노파(Hougenots)들은 극심한 종교 박해를 당하자, 악한 통치자에 대한 적극적인 저항권을 주장하여 종교전쟁을 일으켰고, 낭트 칙령이 취소된 후에도 지하운동을 벌이면서 프랑스 혁명에까지 참여하였다. 그리고 네덜란드 칼뱅주의자 고이센파(Geussen)들도 윌리엄 공의 주도로 스페인의 필립 2세에게 저항하여 독립전쟁과 혁명을 일으켰고, 네덜란드 독립 공화국을 세웠다. 이 밖에 영국에서도 칼뱅주의자들은 청교도 혁명의 주축으로 등장했다.

3. 스코틀랜드 계몽주의(도덕감정론, 경험론, 보통법)와의 친화성

'도덕감정론', '경험론', '보통법' 등으로 표현되는 스코틀랜드 계몽주의가 청교도 습속의 영향을 받아서 이들 간에 서로 친화성이 있다는 것은 물론 영국은 스코틀랜드가 있어서 부흥했다는 연구는 오래전부터 주장되었다(윤원근 2014; 이영석 2014).

이들 연구자들은 계몽주의 하면 '이성'을 강조하는 프랑스나 독일 계몽주의를 생각하는데, 프랑스, 독일 계몽주의 이전에 '동감', '경험', '상식'을 강조하는 '스코틀랜드 계몽주의'를 선도했던 '상식학파'가 먼저 존재했었다는 것을 강조하고 있다.

이 상식학파는 상공업적 자유와 열정, 동감을 강조했던 데이비드 흄, 아담 스미스, 아담 퍼거슨, 프랜시스 허치슨, 토마스 리드 등이다. 이 상식학파는 독일의 칸트와 미국의 제퍼슨과 프린스턴대 학파에게 영향을 미쳤다. 이 스코틀랜드의 상식학파는 청교도 혁명의 성공에 따라 경험과 상식을 강조하는 청교도 습속과 친화적인 데 반해, 프랑스와 독일의 계몽주의는 구교인 가톨릭에 맞서는 청교도 혁명이 실패하였기에 청교도 습속이 취약한 상태에서 '이성중심주의'를 강조할 수밖에 없었다. 이에 독일·프랑스 계몽주의는 가톨릭의 신을 대신하여 그 자리에 이신론과 인간의 이성과 주체를 넣어 부정하려 했기에 '무한세계관'을 강조하는 변증법, 민족주의, 공산주의 등으로 연결될 수밖에 없었다.

하지만 청교도와 친화적인 스코틀랜드 상식학파는 신을 부정하지 않기에, 이성보다는 소상공인들의 도덕감정, 경험, 상식, 보통법(common law)을 강조하는 '유한세계관'과 연결되어서 상업적 자유와 열정 및 경험적 실용주의에 기초한 시장경제와 민주주의 및 민주공화정론과 친화성을 가질 수밖에 없었다. 이 같은 스코틀랜드 상식학파의 영향력 아래에서 감정과 경험을 강조하는 데이비드 흄과 아담 스미스, 그리고 크롬웰의 공화주의와 미국 건국의 아버지인 매디슨과 제퍼슨의 공화주의가 나올 수밖에 없었다(윤원근 2014; 이영석 2014).

스코틀랜드 상식학파의 계몽주의는 철학, 경제학, 기술, 건축, 의학, 지리학, 고고학, 법학, 농업, 화학 등 지식체계 전반에 걸쳐 영향을 주었다. 스코틀랜드 상식학파의 사상은 일본 지식인에게도 일부 영향을 주었다. 메이지 유신 이후 문명개화의 모델을 설계한 후쿠자와 유키치는 18세기 스코틀랜드 계몽주의 사상을 다룬 존 버튼(John H. Burton)

의 저서 『경제학교본』(1852)을 참고하는 등 영향을 받아서 『서양사정 외편』(1868)을 저술했다. 또한 유길준은 후쿠자와 유키치의 번역문으로부터 의도하지 않게 스코틀랜드 계몽사상을 접하게 되는 영향을 받았다(장인성 2019).

『서유견문』을 쓴 유길준이 가장 많이 참조한 책은 후쿠자와 유키치의 『서양사정』(전 4책 총 10권)이었다(장인성 2019). 유길준은 독립협회와 개화성향의 지식인들에게 영향을 주었지만 주자성리학으로 무장된 조선의 규범과 제도를 개혁하는 데 성공하지는 못하였다. 당시 지식인들은 유길준의 사상을 정확하게 이해하기 위해서는 스코틀랜드의 상업적 문명사회론을 반영한 스코틀랜드 상식학파의 계몽사상을 주목해야 한다는 것을 이해하기가 힘들었다.

『도덕감정론』을 쓴 아담 스미스는 인간이 자신의 생활을 위해 이기적이기도 하지만 자신의 행복과 불행을 타인의 입장에 자신을 대입하여 상상함으로써 행복을 지지하고 불행을 반대하는 공감과 소통하는 도덕감정을 지닌 존재임을 부각했다. 아담 스미스가 말하는 인간은 사회에서 분리된 고립적 존재가 아니라 타인이 느끼는 기쁨이나 슬픔, 분노 등의 감정에 '동감'(sympathy)을 가진 사회적 존재이다. 이런 존재는 칸트의 계몽주의와 조선 주자성리학자들이 강조하는 도덕적 이성주의와는 다르다(Smith 2009).

칸트는 도덕과 정의와 법은 이성에서 나온다고 보았지만 아담 스미스는 이성이 아닌 탈이성주의인 동감(sympathy)이라는 감정에서 나온다고 보았다. 아담 스미스는 도덕과 정의와 법은 동감이라는 감정에서 나온다고 보는 점에서 칸트의 시각과 차이가 크다. 특히, 칸트의 이성주의만큼이나 도덕적 이성주의를 강조하는 주자성리학은 청교도 습속의 영향을 받아 인간의 감정에서 본성을 찾는 아담 스미스의 『도덕감정론』과 차이가 크다.

주자성리학은 도덕적 이성주의에 대한 공부와 수양을 통해 악행을 하지 않는 성인군자의 반열에 오를 수 있다고 낙관적으로(혹은 순진하게) 보는 경향이 있다(노영찬 2011; 이진우 1998). 하지만 아담 스미스는 청교도 습속의 영향을 받아서 자신의 공부와 노력 여부가 아니라 신의 구원예정설에 대한 믿음과 신의 은총을 반영하는 직업소명설을 통해서만 원죄라는 악행에서 벗어날 수 있다고 보았기에 상공업 등 노동과 직업에 대한 세속적 복무와 부의 축적을 위한 소비절약에 관심을 가질 수밖에 없었다.

아담 스미스는 인간 본능과 관련된 질서는 '자연적 질서', 인간의 이성에 의해 본능을 억제하여 만든 질서는 '인위적 질서'(조직과 정부 등)로 구별했다. 그리고 본능에 기초한 '자연적 질서'와 이성에 기초한 '인위적 질서' 사이에 '보이지 않는 손'으로 표현된, '자생적 질서'(spontaneous order)가 존재한다고 보았다. 이런 아담 스미스의 논의를 응용해보면, 자생적 질서에는 사람들의 물물교환의 경험으로 만들어진 시장질서와 보통법(common law)이 있고, 이런 시장적 질서와 보통법에 부합하는 '시민사회론'과 '민주공화국론'이 친화적으로 연결된다고 볼 수 있다.

Ⅲ. 토크빌의 논의: 청교도 습속과 민주공화국론의 친화성 테제

1. 토크빌의 논의

미국과 프랑스의 정치문화를 종교의 습속차이를 통해 설명하고 있는 프랑스 정치가이자 정치학자인 알렉시스 토크빌(Alexis de Tocqueville)은 『미국의 민주주의』를 통해 "청교도 정신(습속)과 민주공화국 간의 친화성 테제"를 주장하였다. 그는 프랑스의 가톨릭교 습속과 미국의 청교도 습속의 비교논의를 통해 그것들의 차이에 따른 민주공화국의 친화성 여부를 분석했다.

토크빌은 『미국의 민주주의』(*Democracy in America*)(1835년)에서 미국의 법제도 밑에 흐르는 미국인의 생활습속(mores)과 마음의 습속(habits of heart)에는 청교도적 직업윤리와 결사체의 개인주의적 자유습속(즉 자유로운 개인주의 습속)이 있는 만큼, 이것은 "자유로운 개인주의 습속의 형성"과 관련된 것이라 진단했다.

> 국민의 생활태도가 합중국의 민주공화국 유지에 기여하고 있는 일반적인 큰 요인들 가운데 한 가지로 간주될 수 있다고 이미 밝힌 바 있다. 여기서 나는 '관습'이라는 말을 고대인들이 mores라는 말에 부여했던 의미로 사용하고 있다. 생활태도, 다시 말하면, '마음의 습관'뿐 아니라 사람들 사이에 통용되고 있는 여러 가지 개념과 견해, 그리고 심성을 구성하는 사상의 총체에도 이 관습이라는 말을 적용

하기 때문이다(Tocqueville 1997, 381).

이미 언급한 대로 청교도주의는 종교적 교의일 뿐만 아니라 거의 정치이론이기도 했다. 이들 이민자들이 황량한 해안에 상륙하자마자 맨 먼저 한 일은 사회규약을 만드는 일이었다(Tocqueville 1997, 93).

청교도주의는 하나의 교리일 뿐만 아니라 여러 가지 점에서 민주공화국론과 일치했다(Puritanism was not only a religious doctrine; it also blended at several points with the most absolute democratic and republican theories). 설령 … 청교도의 독립성은 완전히 민주공화적인 진정한 정치 활동을 가능하게 했다. 식민지들은 아직도 모국 영국의 지배권을 인정했으며, 아직도 왕정이 국체이기는 했지만 공화국이 이미 타운마다 세워졌던 것이다. … 그 문명은 두 가지 뚜렷한 요소의 결과인데 이 사실은 언제나 염두해두지 않으면 안 될 것이다. 그 두 요소들은 다른 곳에서는 자주 마찰을 일으켜왔지만 미국인들은 두 가지를 어느 정도 섞어서 훌륭히 결합하는 데 성공을 거뒀다. 나는 그 두 가지를 '종교정신'과 '자유정신'으로 본다(Tocqueville 1997, 93-101).

프랑스에서 나는 거의 언제나 종교정신과 자유의 정신이 정반대의 방향으로 나아가는 것을 보았다. 그러나 아메리카에서는 그 두 가지 정신이 긴밀하게 결합되어 함께 나라를 다스려가는 것을 알게 되었다. 날이 갈수록 이런 현상의 원인을 밝혀보려는 나의 욕망은 커졌다(Tocqueville 1997, 389).

나의 의도는 아메리카라는 본보기를 통해서 법률 및 특히 관습이 민주국민을 자유롭게 만들어줄 수 있다는 사실을 보여주려는 것이었다. 그러나 우리들이 아메리카 민주주의의 본보기를 따라야 한다거나 아메리카 민주주의가 그 목표를 달성하는 데 사용한 방법들을 답습해야 한다는 생각을 전혀 하지 않는다. 그 이유는 어느 나라의 자연환경과 그 정치적 선례들이 그 나라의 정치제도에 미치는 영향을 잘 깨닫고 있기 때문이다(Tocqueville 1997, 413).

오늘날까지 이 지상에는 위대한 민주공화국은 존재하지 않았다. 1793년 프랑스를 다스린 과두체제를 민주공화국이라는 이름으로 부르는 것은 공화정체에 모욕이 될 것이다. 합중국은 민주공화정의 첫 번째 사례가 되고 있다(Tocqueville 1997, 300).

영국계 아메리카인의 대부분은 로마교황의 권위를 떨쳐버린 뒤 어떤 다른 종교적 우월성도 인정해 보지 않은 사람들로 채워졌다. 그들은 민주적이고 공화적인 종교라고 정의할 도리밖에 없는 기독교 형태를 신세계에 들여왔다. 이런 종교형태는 공공분야에서 민주정치와 공화국을 수립하는 데 크게 기여했다(Tocqueville 1997, 381).

토크빌은 『미국의 민주주의』에서 청교도인들의 세속적인 생활습속이 자유롭고 평등한 민주공화국론과 친화성이 있지만, 종교개혁에 실패한 가톨릭이 지배하는 프랑스는 혁명에도 불구하고 민주공화주의가 실패했다고 평가했다. 베버와 토크빌의 언급을 종합하면, 영국, 미국의 풍토에서 성장한 시장경제와 민주주의의 친화성 테제는 청교도인들의 독특한 세속적 생활습속과 연관되었음을 보여준다.

2. 미국의 민주공화국론: 주민자치에 기초한 연방주의 정부

토크빌은 저작인 『미국의 민주주의』에서 '주민자치의 정치적 효과'를 "마을자치결사체(타운미팅)에 기초한 연방공화국의 민주주의의 구현"으로 설명한 바 있다. 책 본문을 인용해 보면 다음과 같다.

타운미팅과 자유의 관계는 초등학교와 학문의 관계와 같다. 타운미팅에서 자유는 주민의 손이 닿는 범위에 있다. 타운미팅은 사람들에게 자유를 사용하고 누리는 방법을 가르쳐준다(Tocqueville 1997, 121).

타운 하나하나는 본래 독립국가를 이루고 있다고 볼 수 있다. ⋯ 타운은 그 권력을 중앙권위로부터 받은 것이 아니고 오히려 자신의 일부 자주성을 주에 양보했다(Tocqueville 1997, 126).

뉴잉글랜드 주민의 뜨거운 애향심과 높은 공공정신은 타운공동체의 막강한 자치권을 행사하는 과정에서 함양된 것이다(Tocqueville 1997, 127).

타운들은 그 권력을 중앙권위로부터 받은 것은 아니고 오히려 자기네들의 자주성의 일부를 주에게 양보했다. ⋯ 주민들은 타운에서는 언제나 자주적인 권력을 가지고 있었는데, ⋯ 그들은 타운이 자주적이고 자유롭기 때문에 그것에 애착을 갖는다. 다시 말해서 타운의 업무에 그들이 협조함으로써 그 이해관계에 그들이 집착하도록 하는 것이다(Tocqueville 1997, 125-129).

뉴잉글랜드의 모든 법률은 물론 코네티컷의 법률에서 우리는 타운 제도의 독립의 씨앗과 점진적인 발전을 찾을 수 있다. 이것이야말로 오늘날 아메리카인의 자유의 생명이자 그 원천인 것이다. 대대수 유럽국가들의 정치적 생존은 사회의 상층계급에서 시작되어 완만하고 불완전하게 사회 각 계층으로 전달된 것이다. 아메리카에서는 그와는 반대로 타운제도가 카운티보다 먼저, 카운티가 주보다 먼저, 주가 합중국보다 먼저 조직됐다(Tocqueville 1997, 98).

뉴잉글랜드에서는 1650년에 이미 타운제도가 완벽하게 확고하게 형성됐다. 타운의 독립성은 지역적 이해관계, 열정, 권리 및 의무가 결집될 수 있는 핵심 역할을 했다. 그 독립성은 완전히 민주공화적인 진정한 정치활동을 가능케 했다. 식민지들은 아직도 모국의 지배권을 인정했으며, 아직도 왕정이 국체이기는 했지만, 공화국에 이미 타운이 세워졌던 것이다(Tocqueville 1997, 98).

토크빌은 타운, 자치기구, 카운티 등의 시민결사체가 대의제도에서 나오는 대리자들의 의한 권력남용과 중앙집권적 관료제 정부의 폭정 및 '민주적 전제정'(democratic despotism) 등의 폐해를 막는 방파제이며 최후의 보루라고 평가하고 있다.

그런데 이들 대리자들에 대해서 정부는 통제력을 행사하지 못하는 경우가 흔하며 또한 항구적으로 지시할 수도 없는 것이다. 타운, 자치기구, 카운티 등은 은폐된 수많은 방파제들을 이루고 있으며, 이들 방파제들은 국민의 결의라는 파도를 막거나 분리시킨다(Tocqueville 1997, 351).

또한 토크빌은 미국인들이 가진 자유정신에 영향을 미치고 있는 청교도의 자유정신은 권력분립의 연방제도를 기초로 하는 민주공화주의와 친화적이며, 이것은 중앙집권적 관료제 정부와 친화적인 가톨릭 교리의 프랑스와 다르다고 진단한다. 그는 미국과 프랑스의 이런 차이가 발생하는 것에 대해 구교인 정교일치와 천인합일을 추구하는 무한세계관의 가톨릭 교리와 신교인 청교도 교리 간의 차이로 설명한다. 즉, 그는 종교개혁의 결과에 따라 정교분리와 천인분리의 유한세계관을 추구하는 청교도 교리가 청교도적 직업윤리로 세속화됨에 따라 자유로운 개인주의 성향이 추구되었기 때문으로 설명하고 있다.

합중국에 있어서는 주권재민은 현재 성행하고 있는 국민의 습관이나 사상들과는 무관한 개별의 원칙이 아니다. 오히려 그것은 전체 영국계 아메리카인들을 연결하는 일련의 여론의 마지막 이음쇠로 간주될 수 있을 것이다. 하느님이 모든 인간에게 그 한 사람에게만 관련되는 일들에게 스스로를 이끌어가는 데 필요한 정도의 이성을 내리셨다는 사실을 합중국에서 시민적, 정치적 사회가 기초하고 있는 대전제이다. 한 가정의 가장은 자기 아이들에게, 주인은 노예들에게, 타운은 그 관리들에게, 카운티는 타운들에게, 연방정부는 주들에게 그 전제를 적용한다. 그래서 나라 전체에 확대될 경우 그것은 주권재민의 원칙이 된다(Tocqueville 1997, 512).

토크빌에 따르면, 주민자치의 효과는 주민들의 공적사안에 대한 관심과 자유로운 민주적 습속을 증가시킨다. 또한 주민들이 자신의 주권과 자유를 사용하는 데 익숙하도록 훈련시킨다. 그리고 마을자치결사체의 적극적 시민참여와 정치행동의 결과는 도덕적 해이 문제를 해결하여 효과적인 기초정부와 연방주의 정부를 탄생시킬 뿐만 아니라 주권자들의 시민적 의무를 확장시켜 국민적 통합을 강화한다.

IV. 아담 스미스의 도덕감정론이 칸트형 시민모델에 주는 함의

1. 프로테스탄트 윤리의 유한세계관적 특성

토크빌은 청교도와 가톨릭의 종교적 습속차이를 통해 미국과 영국은 개인주의에 기초한 시장경제와 민주공화주의체제를 가지고 있는 데 반해 프랑스가 왜 집단주의에 기초한 중앙집권적인 관료제를 강고하게 유지하면서 혁명적 전제와 보수반동정치의 양극단을 오가는지에 대한 해답을 찾고자 하였다(Tocqueville 2006).

이런 토크빌의 문제의식과 실마리에 대한 접근은 영국과 미국에서는 개인주의에 기초한 시장경제와 민주주의 및 민주공화주의론이 친화성을 가지게 되는 데 반해, 중국과 한국에서는 왜 집단주의에 기초한 강한 중앙집권제적인 관료제가 구축되어 민주적인 정치체제를 형성하지 못하고 국가주의에 기초한 민족주의와 관료주의가 작동하게 되었는지에 대한 의문에 해답의 실마리를 제공한다.

그렇다면 영국, 미국의 정치문화는 왜 프랑스, 독일, 한국과 다를까? 종교사회학자 윤원근은 『동감신학』에서 "가톨릭 영향권 하에 있는 프랑스는 주로 이성주의·구조주의 유형의 사고방식이 득세한 반면 루터주의 영향권 하에 있는 독일은 반이성주의·실존주의 사고방식이 득세한다. 그리고 칼뱅사상의 영향을 많이 받은 영·미 세계는 경험론적 사고방식이 득세한다"라고 진단한다(윤원근 2014, 150).

즉, 윤원근은 『프로탄스탄티즘 윤리와 자본주의 정신』을 쓴 베버와 『미국의 민주주의』 등을 쓴 토크빌의 "청교도 정신과 민주주의 친화성 가설"을 수용하고, 종교개혁의 성공 여부와 청교도와의 친화성의 정도에 따라 신을 보는 세계관을 유한세계관과 무한세계관으로 구분하고, 이런 차이에 따라 프랑스, 독일, 한국이 영국·미국의 정치문화와 다르다고 지적했다. 윤원근은 『동감신학』에서 종교개혁이 실패하거나 약하게 전개된 나라인 프랑스와 독일의 '무한세계관'과 청교도 혁명으로 종교개혁에 성공한 영국과 미국의 '유한세계관'이 어떻게 다른지 그리고 다를 수밖에 없는 이유를 설명하고 있다.

그는 세계관을 "유한(有限)은 무한(無限)을 붙잡을 수 없다"라고 보는 유한세계관과 "유한은 무한을 붙잡을 수 있다"라고 보는 무한세계관으로 구별하여 분류한다. 그리고 그는 청교도 습속은 무한자인 신과 유한자인 인간을 확연히 분리하여 신의 피조물인 인간이 신이 되려고 하는 모든 경향을 '우상숭배'로 보고 이를 타파하려고 했기에 그 산물로 유한세계관이 될 수밖에 없고, 그 세계관에서 개인주의에 기초한 시장경제와 민주주의가 나올 수밖에 없다고 본다.

그의 유한세계관에 대한 논의를 응용해보면, 중세 가톨릭처럼 교황과 수도사들이 신의 음성을 해석하거나 그리스의 신화처럼, 무한한 신과 유한한 인간을 서로 섞어서 혼합하거나 천성(天性)과 인성(人性)을 변증법적으로 연결하여 천인합일(天人合一)론을 강조하는 유교, 불교, 도교의 세계관은 무한세계관으로 분류할 수 있을 것이고, 반대로 청교도와 같은 유한세계관은 '천인분리론'으로 분류할 수 있을 것이다.

천인합일(天人合一)론은 "전통적으로 내려오는 유가 사상의 궁극적 목표로, 수양공부의 궁극목적으로 제시될 만큼 중요한 명제"이다(이연정 2016, 194). 천인합일은 "입신양명을 지향하는 유학의 궁극적 이상임과 동시에 유학 사상을 집약적으로 드러내는 유학의 대표적 특징"으로 중국 철학의 가장 궁극적인 목표지점이라 할 수 있다(윤사순 2011, 37).

천인합일을 추구하는 주자학은 결국 이성주의를 추구하는 성리학으로 나아갈 수밖에 없다. 왜냐하면, "'이성'(理性)이라는 개념 자체가 성리학적이기 때문이다. 주지하다시피 주자학의 이성은 성즉리(性卽理)나 궁리진성(窮理盡性)에서 온 말"이고, 그 의미는 "우주적 원리[理]가 인간의 본성[性]에 내재해 있다'라는 것이다. 그래서 주자학은 "인간의 본성을 잘 발휘하면 우주적 원리와 부합되게 되고, 그것을 주자는 '합리'(合理)다'라고 보고 있다(조성환 2020, 228).

이상의 논의를 응용해보면, 청교도의 유한세계관은 유교의 '천인합일론'과 다른 '천인분리론'으로서 불완전하고 유한한 인간이 완전하고 무한한 신이 되려고 하지 않고, 신 앞에 단독자로 선 피조물로서 인간은 불완전한 존재이며, 이에 서로 연민하고, 죄의 평등을 추구하기에 개인주의에 기반한 시장경제와 민주공화주의론과 친화성을 가지게 되는 것으로 이해할 수 있다. 그리고 반대로 유한한 인간과 무한한 신을 형이상학적으로 극단적으로 분리한 상태에서 이 둘을 섞어서 혼합하거나 변증법적 지양, 수양론 등 여러 가지 경로로 서로를 연결시키려고 하는 무한세계관에서는 유교나 주자성리학의 '천인합일론'처럼 누구나 공부와 수양을 하면 도덕적인 성인군자가 될 수 있다고 낙관적으로 가정함으로써 역설적으로 부자유와 불평등한 신분사회를 만드는 구조적 모순이 발생한다고 볼 수 있다. 즉 성인군자가 될 수 있는 이성을 가진 선비의 신분을 찬양하고 반대로 그것을 갖지 못한 노비의 신분을 억압하고 차별하는 것을 정당화하게 된다. 즉 선비 계층의 특권적 선민의식에 기초한 노비와 사농공상의 차별 및 위계서열의 질서를 강조하는 집단주의를 낳는 구조적 모순을 창출하는 도덕적 이성주의의 역설을 만든다.

특히, '천인합일론'은 유한한 인간이 무한세계관과 연결된 도덕적 이성주의에 도달할 수 있다는 낙관주의적 태도로 인해 역설적인 모순으로 위계서열과 사농공상의 차별에 기초한 집단주의와 중앙집권적 관료주의가 발생하게 되는 역설을 내면화하거나 정당화하게 된다. 우리는 이렇게 불가능한 목표를 세워놓고 그것을 달성하려고 할 때 발생하는 의도하지 않은 부자유와 불평등한 구조적인 모순을 '천인합일(天人合一)론의 역설'로 개념화할 수 있을 것이다.

이런 주자성리학에 존재하는 천인합일론의 역설을 비판적으로 인식하지는 않았지만, 그 모순을 인식한 대표적인 유학자는 남명 조식 선생이다. 그는 천인합일론을 통한 '물아일체적 자아'를 주장하면서도 인간 존엄성을 박탈당한 노비가 탈주하여 자유를 찾으려는 문제를 해결하지 못하는 자신의 무능에 대해 탄식하기도 하였다(조식 1995, 273).[1]

좀 더 이런 개념을 확장하여 두 가지 세계관의 차이를 설명해 보면 다음과 같다. 유한한 존재인 인간이, 신과 유사한 초월적이고 무한적인 존재(교황, 수도사, 성인군자, 부처, 공산주의 인간형, 민주시민의 인간형, 각종 범신형 등)에 낙관적으로 도달할 수 있다고 보고, 그것을 추구하는 세계관이 무한세계관이다. 반대로 유한한 존재인 인간은 결코 신과 같은 무한한 존재에 낙관적으로 도달할 수 없고, 도달할 경우 타락과 방종 및 위계서열의 우상숭배가 나오기에 그것을 추구해서는 안 된다고 보면서 신과 분리된 유한한 존재로 남아 있어야 한다고 보는 세계관이 유한세계관이다.

청교도인들은 종교개혁을 통해 우상숭배의 대상인 교황과 수도사와 수도원을 폐지하였다. 그들은 유한한 존재인 인간이 무한존재인 신이 되려고 했던 무한세계관을 폐지하고, 인간이 신이 되려고 했던, 교황과 수도사의 교만과 독단 및 사농공상의 차별 등을 '우상숭배'로 보고 우상타파를 혁명적으로 실천하였다.

그들은 개별 존재인 단독자로서 신을 만나되, 피조물인 유한한 인간들끼리는 서로 특권이나 우월의식 없이, 연민하고 동정하는 동감의

---

1 1558년 6월 11일 남명 일행이 문을 나서서 수십 걸음을 걸었을 무렵 어린아이가 앞을 가로막으며 "도망친 종을 쫓아왔는데, 이 길 아래쪽에 있으나 아직 잡지를 못하였습니다"라고 하였다. … 잠시 뒤에 과연 남녀 여덟 명을 묶어서 말머리 쪽으로 데리고 왔다. … 우리 두 사람은 "우연히 어떤 일을 했는데 이를 원망하는 사람도 있고 고맙게 여기는 사람도 있으니, 이 무슨 조화 속이란 말인가?"라고 히면서 탄식하였다.

식(sympathy)을 가지고 노동과 분업 그리고 협업, 교환과 소통을 통해 살아가야 한다고 믿고 생활습속을 창출하여 현세에서 구원예정을 입증하거나 입증받기 위해 '세속적 금욕주의'를 실천하였다. 이런 청교도인들의 독특한 생활습속이 '소명으로서의 직업'과 '노동윤리의 세속화'를 통해 개인주의를 기반으로 한 시장경제와 민주주의 및 민주공화국론을 창조했다고 볼 수 있다.

하지만, 무한세계관은 청교도인들과 달리 여러 다른 무한세계관에서는 인간이 공부와 수양을 통해 노력하면 신(범신)급인 성인군자, 전위, 노멘트라, 민주시민 등의 무한적 존재에 도달할 있다고 낙관적으로 믿었기에 무한세계의 도달 정도에 따라 교황, 수도사, 카스트, 사대부, 전위처럼 신분과 계급의 차별사회를 만드는 역설을 만들었다. 그래서 무한세계관은 위계서열과 우상숭배에 따른 부자유하고 불평등한 사회에서 빠져나오는 데 실패했다는 점을 보여준다.

2. 아담 스미스형 시민과 칸트형 시민의 차이

586 운동권 그룹이 2030세대들이 주장하는 공정의 가치에 부합하는 시대정신에 맞게 재민주화가 되기 위해서는 어떻게 해야 할까? 우선 우월의식과 특권의식으로 무장한 조선 사대부적 선비의식에서 벗어나 파괴된 '공감능력'과 '상식'을 회복하기 위한 '대안적인 시민모델'을 찾아야 할 것이다. 특히, 아담 스미스가 프로테스탄트 윤리를 '도덕감정론'으로 승화시키면서 강조하고 있듯이, '공감'(sympathy)에 기초한 '공정한 관찰자'(impartial spectator)의 습속과 판단력을 배워야 할 것이다.

대안적인 시민모델은 고(故) 김대중 전 대통령이 좋은 정치지도자의 덕목으로 강조해온 대로 "서생의 문제의식과 상인의 현실감을 결합시켜야 한다"라는 언급을 응용해보면, 민주시민은 아이디얼 타입으로 크게 천인합일의 도덕이성론을 추구하는 '칸트형 시민'과 천인분리의 도덕감정론을 추구하는 '아담 스미스형 시민'으로 나눌 수 있다.

이른바 불공정의 상징이 된 조국 사태가 '이성적 도덕' 등 엘리트의식으로 무장한 조국 교수와 586 운동권의 대처가 국민정서법과 국민법감정 및 국민상식과 충돌하여 벌어졌다는 점에서 '칸트형 시민'보다는 '아담 스미스형 시민'이 더 적실성이 크다. 아담 스미스는 『도덕감정론』과 『국부론』을 통해 사적 욕망을 지닌 인간이 타인의 이해와 충돌하지 않으면서 공정하고 정의로운 판단에 따라 공적이익에 도달하는 공적 시민의 상을 제시한 바 있다.

그는 사적인 이기심을 넘어서는 자기극복의 초월성을 신과 같은 절대자가 아닌 타인과의 상호작용이라는 사회경험 그리고 동료들과의 동감의식(sympathy)에서 찾았다. 그는 그런 사회경험과 동감이라는 감정의 거울에 비친 행위에 대한 인정과 불인정, 쾌와 불쾌라는 판단에서 나온 도덕감정과 상식이 사회 운영의 원리가 된다는 '도덕감정론'을 설파하였다. 그는 이기심의 범위를 도덕감정론의 동감의 원리로 제한하여, 타인의 불행을 초래하거나 행복을 저해하는 정도를 넘지 않는 것이라 보았다. 아담 스미스의 도덕감정론은 사람들의 일상적인 도덕 판단의 배후에 존재하는 사회 심리적 동기의 작용을 다루고 있다. 여기에서 나온 아담 스미스의 정의론은 타인의 권리를 존중할 때 성립하며 모든 사람이 지닌 분개심과 관찰자의 동감의 원리에 기초한다.

하지만 칸트는 이런 아담 스미스의 '도덕감정론'을 거부한다는 점에서 대조적이다. 칸트는 동양의 주자학과 성리학이 리(理)와 도덕법칙으로 무장한 성인군자를 초월적 존재로 설정하는 것처럼, '선험적 실천이성' 그리고 '선험적 도덕법칙'을 주장하였다. 칸트는 행위를 판단하는 시각이 사회적 경험이나 동감을 통해 성립되는 것으로 보지 않았다. 칸트는 『도덕감정론』에서 이성이 별다른 역할을 하지 못한다고 본 아담 스미스와 달리 도덕성을 판정하는 핵심적 요소는 감정이 아니라 이성으로 보았다. 칸트에게는 경험에 기초한 감정적 요소로부터 독립하여 이성적 도덕법칙에 따르는 행위가 도덕적 행위이며 정의로운 행위이다. 칸트는 유명한 '정언명령'(너의 의지의 준칙이 항상 동시에 보편적 법칙 수립의 원리로서 타당할 수 있도록 그렇게 행위하라)처럼, 도덕법칙에 따라 행위할 수 있는 도덕성이 인간에게 선험적 의무로서 주어져 있다고 주장하였다(윤원근 2014; 이윤복 2006; 허정훈 1997).

칸트형 시민은 '이성주의'를 강조하는 시민이다. 칸트형 시민은 도덕과 정의와 법은 이성에서 나온다고 보는 시민이다. 이에 반해 아담 스미스형 시민은 이성이 아닌 탈이성주의로 동감(sympathy)이라는 감정과 경험을 강조한다. 즉, 도덕과 정의와 법은 이성이 아닌 동감이라는 감정과 경험에서 나온다고 보는 시민이다. 이 둘 중 어느 쪽을 강조해야 할까? 칸트형 시민에서 아담 스미스형 시민으로 한 단계 내려가야 도덕적 이성주의를 추구하는 유교적 습속과 엘리트의식에서 벗어나 민주공화국에 부합하는 '공화시민'이 될 수 있을 것으로 추론된다.

도덕감정론을 추구한 아담 스미스와 도덕이성론을 추구한 칸트. 이들의 대조를 볼 때, 칸트형 시민의식에서 아담 스미스형 시민의식으로 한 단계 내려가야 진정한 민주공화국에 부합하는 시민이 될 수 있을 것이다. 그렇게 한 단계 내려갈 때, 이성주의로 계몽하고 훈계하는 칸트형 '교양시민'에서 타인의 희노애락에 공감하는 아담 스미스형 '공감시민'이 될 수 있을 것이다.

V. 결론

본 글은 '586 운동권 그룹 출신 정치인의 재민주화'가 어떻게 가능한지에 대한 실마리를 찾기 위한 실험적 시도에서 출발하였다. 이에 어떻게 프로테스탄트 윤리기반 즉, "청교도 습속기반의 영국과 미국은 유교적 습속기반의 조선과 달리, 민주공화국 정부형태와 친화적인 규범을 창출할 수 있었을까?"라는 문제의식을 통해 민주공화국에 부합하는 민주시민의 규범과 행태를 찾고자 하였다.

본 글은 프로테스탄트 윤리와 민주공화주의의 친화성을 이론적으로 살펴보면서 시사점을 찾고자 하였다. 특히, 프로테스탄트 윤리기반 즉, 청교도 습속기반이 잘 녹아 있는 아담 스미스의 '도덕감정론'이 칸트형 시민모델에 주는 시사점에 주목하였다. 이를 위해 첫째, 막스 베버의 '프로테스탄트 윤리(청교도 습속)와 자본주의 정신' 간 '선택적 친화성(elective affinities) 테제', 존 칼뱅의 '공화주의론', '스코틀랜드 계몽주의'를 검토하였다. 둘째, 막스 베버가 놓치고 있는 청교도 습속과 민주공화국론의 친화성에 대해 토크빌의 논의를 통해 살펴보았다. 셋째, 프로테스탄트 윤리가 녹아있는 아담 스미스의 '도덕감정론'이 칸트형 시민모델에 주는 시사점을 살펴보았다. 본 글은 본문에서 다루고 있는 많은 이론들을 깊이 없이 얕게 다루고 있다는 데 근본적인 약점이 있다.

이런 한계는 비판과 후속논의를 통해 보완되어야 할 것이다.

본 글의 논의가 한국 민주주의 발전에 주는 시사점을 요약해보면 다음과 같다. 한국이 일제 식민지와 6.25 전쟁 그리고 산업화에 이어 민주화가 진행된 지 35년, 한 세대가 지나고 민주화를 주도했던 586 운동권들이 문재인 정부를 이끄는 주역이 되었음에도 불구하고, 반일 민족주의에 따른 일본 차별과 혐오, 정규직의 비정규직 임금차별 및 여성 차별이 해결되지 않는 이유는 무엇일까? 그것은 한국 민주화 운동권(학생운동, 노동운동, 지식인 운동, 시민운동)이 가지고 있는 생활습속의 문제 즉, 이분법적 선악관을 추구하는 유교적 습속과 같은 무한세계관의 기초 위에다 반일, 정규직, 사회주의=선, 일본, 비정규직, 자본주의=악이라는 대립 구도를 대입하여 선명성을 추구한 것에 따른 이율배반적 역설의 문제로 추론된다.

한국 민주주의가 더욱 성숙해지기 위해서는 미국의 시장경제와 민주주의를 잉태했던 청교도인들의 독특한 삶의 방식과 생활습속인 '유한세계관'에 따라 사농공상에 대한 차별금지와 자율적 개인주의에 근거한 분업과 협업이 나왔다는 것을 깊이 이해할 필요가 있다. 그리고 우리나라가 시장경제와 민주주의에 부합하도록 무한세계관 중심의 '집단주의의 권위주의적 연대'가 아닌 '자율적 개인 간의 네트워크'가 되도록 자율적 개인주의에 기초한 소통문화를 혁신할 필요가 있다.

참고문헌

강준만. 2021. "부족국가 대한민국." 『경향신문』 (2월 3일), https://www.khan. co.kr/opinion/column/article/202102030300055.

노영찬. 2011. "유교와 기독교의 윤리관과 한국의 민주주의." 한국윤리교육학회· 한국청소년정책연구원·한국교원대학교 초등교육연구소 공동학술대회. 청주. 10월.

박영신. 2009. "칼뱅주의 해석의 '오류 지점': 친화력의 논리와 축소의 원리." 『현상과 인식』 33권 2호, 101-125.

윤강희. 2008. "칼뱅의 정치사상." 이화여자대학교 석사 학위 논문.

윤사순. 2011. "유학의 '천인합일(天人合一)'사상에 대한 현대적 해석 -성(誠)과 성실(誠實)을 중심으로-." 『유교문화연구』 1권 18호, 37-62.

윤원근. 2014. 『동감신학: 기독교와 현대문명을 말하다』. 서울: 한들.

윤원근. 2021. 『마르크스 vs 베버: 호모 데우스 프로젝트』. 서울: 세창출판사.

이연정. 2016. "'천인합일(天人合一)'을 통해서 본 인식과 실천공부의 결합." 『儒學研究』 34집, 193-218.

이영석. 2014. 『지식인과 사회: 스코틀랜드 계몽운동의 역사』. 서울: 아카넷.

이윤복. 2006. "칸트에 있어서 자유와 도덕성." 『哲學研究』 99집, 241-264.

이진우. 1998. ""유교민주주의는 가능한가?"에 대한 논평-유교사상은 과연 민주주의적 가치를 함축하고 있는가?." 『철학연구회 학술발표논문집』 (추계발표회), 1-6.

이철승. 2019. 『불평등의 세대: 누가 한국 사회를 불평등하게 만들었는가』. 서울: 문학과지성사.

장인성. 2019. "유길준의 문명사회 구상과 스코틀랜드 계몽사상: 유길준, 후쿠자와 유키치, 존 힐 버튼의 사상연쇄." 『개념과 소통』 23호, 189-235.

장정애. 2008. 『미국의 정치문화, 기독교, 그리고 영화』. 파주: 집문당.

조성환. 2020. "동학의 자생적 근대성: 해월 최시형의 인간관과 세계관을 중심으로." 『신학과 철학』 36호, 223-243.

조식. 1995. "遊頭流錄." 경상대 남명학 연구소 편역. 『(교감 국역)남명집』. 서울: 이론과 실천.

채진원. 2020. "586 운동권그룹의 유교적 습속에 대한 시론적 연구." 『오토피아』 35권 2호, 41-79.

한겨레신문. 2019. "권력 장악 '막강 386세대' 양보해야 자녀 세대가 산다." (8월 11일), https://www.hani.co.kr/arti/culture/book/905308.html.

허정훈. 1997. "칸트에 있어서 자유와 도덕법칙의 관계." 『인문학연구』 3집, 507-524.

Baron, Hans. 1939. "Calvinist Republicanism and Its Historical Roots." *Church History* 8(1): 30-42.

Calvin, John 저·김종흡·신복윤·이종성·한철하 역. 1994. 『기독교강요(중)』. 서울: 생명의말씀사.

Doumergue, Emile 저·이오갑 역. 1995. 『칼빈 사상의 성격과 구조: 인간·체계·교회·국가』. 서울: 대한기독교서회.

Forster, Herbert D. 1908. "Calvin's Programme for a Puritan State in Geneva, 1536-1541." *The Harvard Theological Review* 1(4): 391-434.

Hancock, Ralph C. 1989. *Calvin and The Foundations of Modern Politics.* Ithaca: Cornell Univ. Press.

Hudson, Winthrop S. 1946. "Democratic Freedom and Religious Faith in the Reformed Tradition." *Church History* 15(3): 177-194.

McNeill, John T. 1949. "The Democratic Element in Calvin's Thought." *Church History* 18(3): 153-171.

Smith, Adam 저·박세일·민경국 역. 2009. 『도덕감정론』. 서울: 비봉출판사.

Tocqueville, Alexis de 저·이용재 역. 2006. 『앙시앵 레짐과 프랑스 혁명』. 서울: 박영률출판사.

Tocqueville, Alexis de 저·임효선·박지동 역. 1997. 『미국의 민주주의 I』. 서울: 한길사.

Troeltsch, Ernst. 1956. *The Social Teaching of the Christian Churches.* London: George Allen & Unwin LTD.

Walzer, Michael. 1965. *The Revolution of the Saints: A Study in The Origins of Radical Politics*. Cambridge, Massachusetts: Harvard University Press.

Weber, Max. 1959. "Author Defines His Purpose." In *Protestantism and Capitalism: The Weber Thesis and Its Critics*, edited by Robert W. Green. Boston: Heath.

3장 근대 주권과 그 경계를 너머[*]

이화용

I. 들어가는 말

오늘날 경제, 정치, 사회, 문화 등 전 영역에서 보여지고 있는 상호 연결성, 즉 지구화(globalization)[1]는 전방위적으로 우리의 삶에 영향을 미치고 있다. 사람들 관계의 범위와 폭이 영토적 경계를 넘어 초국가적

---

[*] 이 글은 "주권의 경계를 넘어서: 지구시민사회 형성을 위한 규범적 논의" 『평화연구』 17권 1호(2009년 4월)에 게재된 논문을 수정한 것이다.

[1] 간단히 말해 지구화란 세계적 상호연계성의 확대, 심화 및 가속화를 의미한다. 오늘날 지구화의 특성은 사회, 경제, 정치 등 다양한 영역에서의 상호연결성이 국가들 간의 상호의존을 넘어 초국석으로 이루어지고 있다는 데 있다. 지구화에 관한 개괄적인 설명을 위해 Baylis et al.(2009, 28-36)을 볼 것.

으로 확대되는 지구화의 영향은 국가의 경우에도 예외가 아니어서 지금까지 국가가 누리던 최고 권위, 곧 주권[2]에도 변화가 일고 있다. 국가가 독자적으로 수행해 왔던 정책 결정, 경제 운용, 개인의 자산 보호, 안전 관리 등의 역할이 여러 문제에 직면하면서 국가의 소임과 위상에 의문이 제기된다. 이는 국가의 능력 자체가 쇠퇴해서라기보다는 국가가 직면하고 해결해야 할 문제들이 국가의 경계를 넘어 유기적으로 얽힌 지구적인 것이라는 데 그 주요 이유가 있다. 다시 말해 국가가 직면하고 있는 정치적, 경제적, 사회적 문제들이 온전히 국가의 의지와 역량만으로 해결할 수 없을 정도로 국가 안과 밖의 문제들과 복잡하게 얽혀 있다. 예컨대, 오늘날 지구촌의 환경, 인권, 빈곤, 개발 등의 문제는 특정 국가에 의해 해법이 제시될 수 있는 것이 아니라, 문제의 성격과 범위를 고려할 때 지구적 수준에서 논의되고 풀어야 할 이른바 지구적 문제이다. 시장에 미치는 지구화의 영향은 더욱더 직접적이고 심각한데, 최근 우크라이나 전쟁으로 촉발된 글로벌 경제위기는 전 세계적인 파장과 그 영향력을 유감없이 보여주고 있다. 이를 통해 지구화가 미치는 파급효과에 따라 특정 국가가 얼마나 심각한 위기와 위험에 처할 수 있으며, 그리하여 국가의 주권이란 것이 해당 국가 이외의 행위자에 의해 얼마나 쉽게 흔들릴 수 있는지 잘 보여주고 있다.

개별국가의 힘만으로 해결할 수 없는 복잡하고 유기적으로 연관된 지구적 문제와 위기들이 속속 등장함으로써, 국가 중심의 국제체제와 세계질서가 도전받고 있다. 국가체제에 기반한 기존 국제사회가 각자

---

2   주권의 다양한 의미와 구분에 관해서 Hinsley(1986)를 볼 것.

이해관계의 각축장이 된 지 오래되었고 지구촌이 안고 있는 문제들에 대한 변변한 대응책조차 제대로 제시하지 못하고 있다. 이는 개별국가의 역량 부족에 기인하기도 하나, 이보다 더욱 큰 요인은 지구적 문제에 대한 국제사회의 무책임성에 있기도 하다. 월츠(K. Waltz)가 상정한 무정부적 상태의 국제사회는 구속력을 갖춘 권위체의 부재를 그 특징으로 하기에(Waltz 1979), 자국의 이해관계에는 혈안이 되어 있지만 지구적 문제에 대한 책임은 떠맡지 않으려는 국가들에 대해 어떠한 강제력도 행사하지 못하고 있다. 이 같은 상황에서는 현실주의자들이 주장하는 국제사회에서 힘의 관계에 의한 통치가 자연스러운 수순일 수도 있다. 물론 강제력을 갖춘 권위체가 없는 무정부상태라 할지라도, 국가 간의 경쟁과 패권의 논리가 지배하는 국제체제 대신 공통의 규범과 제도, 관습에 의해 규제되는 국제사회가 형성되었다면 문제가 없었을지 모른다(Bull 1977, 13). 그러나 주권국가들 간의 이해관계와 갈등을 조율할 수 있는 최고 권위체의 부재로 인해 국제사회가 힘에 의한 지배와 끝없는 경쟁과 갈등으로 점철되었다는 것이 우리의 현실이다.

국제사회의 위기를 줄이고 상호발전을 위한 몇 가지 틀이 제시되어 왔다. 첫째, 개별국가를 초월하여 초국가적 수준에서 보다 중앙집권화된 정치적 관리를 요구하는 세계연합정부 모델(world federal model), 둘째, 국민국가 기반의 군사적, 경제적인 강대국에 의한 세계 통제론, 셋째, 국경 없는 세계에서 규제되지 않은 글로벌 자본시장이 그것이다 (O'Byrne 2005, 1). 그러나 세계연합정부는 또 하나의 강압적인 지배를 낳을 수 있으며, 강대국 역시 자국의 이해관계에 따라 움직이고, 개방을 앞세우는 글로벌 시장경제도 특정 국가의 주도적 역할과 규칙에 따라 작동된다는 점 등에서 세계적 양극화의 골을 깊게 하고 있다.

지구시민사회(global civil society)는 실패한 이러한 3가지 틀에 대한 새로운 도전으로 대두되었다. 국가체제의 한계가 드러나고 인류가 전 방위적으로 위험사회에 처함에 따라, 지구시민사회는 특정 국가와 집단의 이해관계가 아닌 지구촌의 생존을 위해 지구적 차원의 문제들을 풀어가기 위한 새로운 통치 형태의 하나로 주목받고 있다. 지구화 시대 대안적인 정치 패러다임으로 제시되는 지구시민사회는 종종 주권국가 중심의 근대정치 패러다임과 긴장 관계로 이해되는 경향이 있다. 무엇보다 그러한 긴장은 지구시민사회가 초국적인 반면, 주권국가는 국가적 경계를 갖는다는 점에서 쉽게 이해될 수 있다. 국가체제의 근대 패러다임에서 국가에 기반한 정치적 정체성, 정치 공동체에 대한 의무감과 헌신, 애국심, 내셔널리즘 등은 국가 구성원이 갖추어야 할 정치적 덕목이었다. 그러나 지구화의 전개와 함께 국가 중심의 정치적 틀이 확장되면서 이전과는 다른 정치적 환경이 만들어지고 있다. 시대적 변화에 따른 국가 역할과 위상의 변화와 함께, 경쟁과 갈등을 지양하고 공존의 지구촌 삶을 위한 대안적 질서에 대한 성찰이 요구되고 있다. 지구시민사회는 그러한 성찰의 한 표상이다. 그러나 지구적 문제의 등장과 시대적 환경의 변화라는 이유에도 불구하고, 근대 이래 주도되어 온 국가 중심의 정치와 삶은 국가 경계를 넘는 지구시민사회로의 전이를 쉬이 허락하지 않는 듯하다. 국가들 사이의 다양한 이해관계와 갈등이 부정할 수 없는 현실이라 할지라도, 이미 여러 문제를 노정하고 있는 근대의 통치성을 보완 혹은 넘어서기 위해서는 지구시민사회라는 새로운 통치성에 대한 담론이 필요하다.

이 같은 문제의식 속에서, 이 글은 근대를 넘어서는 새로운 통치성의 하나로 지구시민사회의 형성을 위한 규범적 논의[3]를 전개하는 데 목적이 있다. 특히 이 글은 지구시민사회와 주권국가의 관계에 초점을 두고, 시론적 수준에서나마 지구시민사회의 필요성과 정당성을 밝히는 데 주력하고자 한다. 이를 위한 이 글의 구성은 다음과 같다. 서론에 이어 Ⅱ장에서는 국가 중심의 패러다임에서 가장 중요한 인식론적, 정치적 토대라 간주되는 주권 개념의 형성과 변화를 고찰한다. 이를 통해 주권국가의 역사성을 보여주며 또 하나의 정치 패러다임으로 지구시민사회의 가능성을 시사한다. Ⅲ장에서는 주권국가의 영역을 벗어나 이루어지는 지구시민사회의 의미와 가치를 설명하고 주권국가와 지구시민사회의 공존을 강조하고자 한다. Ⅳ장에서는 새롭게 부상하고 있는 지구시민사회가 의미 있는 대안의 정치 공간으로 자리잡기 위해 갖추어야 할 규범으로 민주주의를 제시한다. 결론에서는 현실 권력정치의 두터운 벽에도 불구하고 지구시민사회가 초국적 민주주의를 통해 새로운 통치성의 희망이 되기를 주장한다.

Ⅱ. 근대 주권: 형성과 변화

국민, 주권, 영토를 토대로 하는 국가체제에서 주권이 학계에서 새

---

3   브라운에 의하면 국제관계학에서 규범이론이라 국제관계의 도덕적 차원 및 학계에서 이루어진 의미와 해석에 대한 좀 더 광범위한 문제들을 다루는 작업의 총체를 의미한다(Brown 1992, 3). 이 글에서 하고자 하는 규범적 논의는 지구시민사회라는 새로운 의세의 맥락에서 국가와 시구시민사회의 관계의 성격을 규명하고자 하는 시도이다.

롭게 조명을 받기 시작한 것은 1980년대 후반인데 이는 유럽 통합과 지구화의 대두와 같은 국제적 상황의 변화로 인해서였다(이혜정 2004, 125). 국가, 주권에 대한 재성찰은 국가의 영토적 통제력과 정치적 권위 체계에 대한 문제 제기이자 국가를 대신하여 혹은 국가와 함께 작동할 수 있는 새로운 정치적 공동체의 구상을 위한 출발이기도 하다. 이 장 에서는 국가라는 정치적 공동체를 지탱해 온 이론적 지주(支柱)인 근 대 주권 개념에 대한 고찰을 통해 새로운 통치성, 곧 지구시민사회 형 성을 위한 이론적 논의를 하고자 한다.

오늘날 주권이란 국가와 같은 정치 공동체에서 구현되는 절대적이 고 최종적인 권위를 말한다(Hinsley 1986, 26). 근대 이래 국가는 특정 영 토 내의 구성원들에게 정치적 정체성을 제공하고 경제적, 물리적 안전 을 보장하는 책임을 맡는 대신, 정치 공동체 내의 최고 권위와 권한을 행사하는 비인격적 질서체라 이해되었다. 근대 국가가 향유하는 주권 은 국가의 위상과 역할을 규정하는 흔들리지 않는 버팀목으로 자리잡 아 왔다. 그리하여 근대 주권을 말할 때 일반적으로 이는 곧 국가주권 을 의미할 정도로 개념적으로 주권과 국가의 관계는 상호중첩적이었 다.[4] 21세기 현재까지도 정치적 조직과 법 실행에 유효한 이러한 주권 의 의미는 역사적으로 16, 17세기 유럽의 상황에서 비롯되었다.

근대 국가의 주권 개념이 확고하게 자리잡게 된 데에는 이론적으 로는 17세기 근대정치사상가 토마스 홉스(T. Hobbes, 1588-1679)와 존 로

---

4   여기서 국가주권이라 함은 정치적 정당성의 원천이 국민에 있다는 인민주권론을 근간으로 하는 국가의 최고 권위를 뜻한다. 이는 인민주권론을 전제하지 않는 국 가의 절대적 정치지배를 의미하는 것이 아님을 밝힌다.

크(J. Locke, 1632-1704), 정치적으로는 베스트팔렌 조약(Peace Of Westphalia, 1648)에 힘입은 바 크다. 주지하듯이, 홉스는 공적인 권위체가 존재하지 않는 자연 상태를 만인 대 만인의 투쟁 상태로 상정하며 인간이 그러한 죽음의 상태에서 벗어나는 유일한 길은 국가와 같은 공적인 기제를 만드는 것이라 하였다(Hobbes 1996). 상호적대적인 자연 상태에서 벗어날 수 있는 해법으로 제시된 리바이던(Leviathan) 국가론은 군주의 옹호라는 시대적 상황을 품고 있었지만, 홉스의 강력한 국가론은 주권의 최고 행사자로서 국가의 위상을 절대적으로 확립하는 데 기여하였다. 한편, 로크는 홉스처럼 절대적 의미의 국가주권을 주창하지 않았지만, 국가가 개인의 자연권인 생명과 자유, 재산을 가장 잘 지켜줄 수 있는 공동체임을 믿었다. 홉스와 달리, 로크는 국가라는 정치질서 없이도 인간들은 살아갈 수 있지만 인간 사이의 갈등, 특히 재산을 둘러싸고 일어나는 갈등은 국가라 하는 공적 기제를 통해 보다 적절하게 해결될 수 있다고 보았다(Locke 1988). 홉스와 로크는 국가 통치권과 국민 권리의 강도에 대해서는 서로 다른 견해를 보였지만, 국가 중심의 정치질서를 인정하는 주권국가의 이론적 틀을 마련하였다.

주권에 대한 사상적 확립과 함께, 역사적으로 베스트팔렌 조약 체결은 세계의 정치적 지형을 영토적 경계에 의거하여 국민국가로 나눈 변곡점으로 간주되어 왔다. 베스트팔렌 조약은 종교전쟁으로 불리우는 유럽의 30년 전쟁을 종결하고자 맺은 정치적 협약이었다. 우여곡절 속에 체결된 조약의 주요 내용의 하나는 사법적 관할권과 정치적 권위 행사가 가톨릭 혹은 프로테스탄트의 종파에 의해서가 아닌 영토에 의한 정치적 경계 설정 혹은 공국 독립이었다(Osiander 1994, 16-89). 당시 베스트팔렌 조약은 새로운 정치질서를 마련하기 위한 협약이라기보다는 복잡한 정치 타협의 산물이었지만, 이후 그것이 준 정치적 함의는 그들의 의도를 넘어서는 것이었다. 즉 베스트팔렌 조약은 특정 영토 내의 국가주권을 시사하는 주요 이정표로 간주되어 근대적 국제질서의 규범적 기반을 형성한 계기로 자리매김하였다.[5] 베스트팔렌 체제란 영토적 경계에 의한 국가체제를 뜻하며 정치 공동체의 정체성은 영토 안과 밖의 구분으로부터 규정되었다.

이론적, 정치적 차원에서 정당화된 국가주권 개념화를 통해 국민국가는 가장 자연스러운 정치적 공동체로 여겨지고 주권은 국가의 평등성과 독립성에 관한 최고의 규범으로 부동의 자리를 지켜 왔다. 그러나 홉스와 로크의 국가 정당화 논리와 베스트팔렌 조약은 역사적, 정치적인 상황에서 이루어진 상당히 이데올로기적 성격을 띠는 것이었다. 즉 홉스의 주권(국가)론은 왕권 강화 과정에서 나타난 이론화이고, 로크의 주권론 역시 왕권에 대한 도전 세력으로 부상하던 자산가 계급의 정당화 기제와 관련을 갖는다. 나아가 베스트팔렌 조약은 교황과 황제에 의해 지배되던 서양 중세의 가톨릭 제국의 영향력으로부터 벗어나고자 하는 개별국가들의 독립과 무관하지 않다. 이러한 역사적 과

---

5   베스트팔렌 조약의 역사적 유효성과 이론적 타당성 여부는 이 글에서 우리가 갖는 관심사는 아니다. 그러나 베스트팔렌 조약의 일반적 평가와 다른 해석을 제시하는 크라스너의 연구는 관점의 환기라는 점에서라도 주목을 받을 만하다. 크라스너는 영토 중심의 통치는 이미 1555년 아우구스부르그 종교회의에서 시사된 바 있고 중세에서도 권력정치는 지속적이었다는 등의 이유로 베스트팔렌 조약에서 근대적 영토성이 확립되었다는 전통적 견해를 받아들이지 않고 있다(Krasner 1999, 특히 23-25, 77-79). 베스트팔렌 조약의 근대성에 대한 비판을 위해서 Osiander(2001)도 보라.

정을 통해 주권은 배타적 정치적 영역을 확보하기 위한 정당화 기제가 되었으며 이에 근간한 국가는 공적 권위의 유일한 실체로 자리잡았다.

근대 주권국가의 변화가 일어나고 있다. 국가 구성원의 안정과 복지를 담당하는 보호자로서 국가는 공동체 내의 복잡한 문제를 해결하고 다양한 욕구를 수용하기엔 점차 능력의 한계를 보인다. 보이지 않는 손에 의해 자율적으로 움직이리라 믿었던 시장이 양적 성장은 이루었지만 사회 내의 불평등과 불균형을 심화시켰다. 이에 정부와 시장과 다른 가치를 갖고 있는 시민사회가 새로운 정치적 행위자로 등장하였다. 한편, 국가 밖에서는 세계화된 자본과 초국적 생산체계의 형성으로 인해 초국가 기업이 증대되었으며, 지구적 문제의 증대는 많은 국제기구와 국제 비정부기구(INGO)를 출범시켰다. 나아가 통신 기술 발전은 지구촌의 네트워크를 더욱 촉진시켜 시민사회의 지구적 연대를 어렵지 않게 만들었다. 이처럼 국가 이외 비정부 행위자와 초국가 행위자의 역할과 비중이 높아져 가고 있다. 배타적인 공적 권력체인 국가체제로부터 다양한 정치 행위자들이 권력을 공유하는 거버넌스 지배체제로의 전이가 일어나고 있다. 이는 이전처럼 국가가 정치 공동체의 배타적인 최고 권위를 갖고 있지 않음을 시사한다. 전통적인 국가의 능력과 자율성이 담보되지 않을 때 국가주권의 위상 역시 변화될 수밖에 없다.

이러한 상황의 변화와 맞물려, 근자에 기존의 배타적 주권 개념에 입각한 정치질서를 비판하는 여러 담론들이 나오고 있다. 그중 하나는 탈근대론자들의 주권 해체론이다. 탈근대론에 의하면, 보편적인 인간 이성과 객관적인 질서와 지식이 부정된다. 보편성과 객관성의 이름으로 규정된 이념은 특정 권력과 조직의 주관적 산물임을 주장한다. 이런 이해를 근간으로 탈근대론은 근대 주권론을 비판한다. 애쉴리(R.

Ashley)와 워커(R. B. J. Walker)는 주권이라는 보편적 진리를 내세우는 정치적 견해가 매우 위험한 것이며 근대의 정치 공간을 영토주권에 의해 안과 밖을 구획하는 것은 잘못된 객관화된 질서라 비판하였다(Ashley and Walker 1990). 나아가 워커에 의하면 영토주권의 원칙은 보편적 인간 이성의 발현을 주권국가 안에 국한시켜, 주권국가를 넘어서는 열려진 근대정치의 가능성을 단절시킨 시도였다고 한다. 이로써 국가의 이익 추구가 합리화되었고 권력정치는 지속될 수 있었다고 한다(Walker 1993).

탈근대론자들의 주권론 비판은 근대 주권이 누려온 절대성의 허구를 밝히는 데 일조한다. 그러나 탈근대론이 전제하는 객관적인 지식의 부정은 국민국가의 대안적 정치질서에 대한 논의를 원천적으로 봉쇄하는 한계를 갖는다. 다시 말해, 객관적인 지식 자체를 거부한다면 다른 대안적 질서의 가치와 의미 역시 인정할 수 없게 되어 결국 정치질서와 체제의 부재로 귀결될 수밖에 없다. 이 경우 주권의 절대성에 대한 비판은 주권 자체에 대한 비판적 검토라기보다는 정치질서의 부정이 된다.

위기의 국제사회에 대한 대안적 정치질서, 나아가 근대 통치성의 대안을 논하고자 하는 이 글은, 탈근대론자의 주권 해체론보다는 역사에 의거한 주권의 절대성 비판에 초점을 맞춘다. 위에서 설명한 홉스, 로크의 주권론과 베스트팔렌 조약이 시대적 상황과 관련하여 이루어진 이론적, 정치적 결과였듯이, 위기의 국제사회와 새로운 통치성을 위해 이론적, 정치적 논리의 재구성이 가능하지 않을 이유는 없어 보인다. 지구화의 영향으로 인해 정치적으로 시민의 안정과 복지를 맡았던 국가 역량에 적신호가 켜지고, 경제적으로 초국가적 생산 네트워크의 형성, 세계화된 자본의 이동, 이주 노동의 증대가 일어나며, 문화적으로 세계를 경험할 많은 기회가 열리는 다각적인 변화 속에서 배타성을 갖는 주권국가의 틀이 영원히 지속될 수는 없다. 실제로 국가를 최고의 주권을 가진 유일한 공적 권력으로 규정하고 국가에 대한 소속감과 충성심으로 정치적, 사회적 통합을 합리화시켰던 방식이 오늘날 여러 지점에서 도전을 받고 있다. 자신이 속한 국가가 한 일에 대한 무조건적인 복종이나 충성심이 아니라, 국가가 헌법, 국제법이나 규범을 준수하는 한에서 국가를 지지하는 조건부적 애국심이 표출되고 있다(Waller and Linklater 2003).

영토 중심으로 구획된 국가의 테두리 내에서 안과 밖을 구별하기엔 세계적 환경의 변화가 크고 신속하게 일어나고 있다. 이러한 변화에 조응하여, 근대 이래 규정된 국가 중심의 정체성과 삶에 대한 비판적 성찰이 필요하다. 이는 국가 공동체의 거부를 가리키는 것이 아니라, 국가 중심에서 벗어난 또 다른 정치적 삶의 가능성을 시사하기 위함이다. 주권이 근대 질서를 정당화 시켰던 것처럼, 이제 부상하고 있는 지구촌의 새로운 삶과 질서를 설명하고 정당화 시킬 수 있는 기제가 논의되어야 할 시점이다. 필자는 주권이 역사적으로 사회적으로 구성된 개념이라는 입장에 주목한다. 국제관계 이론에서 구성주의는 주권을 사회적 구성의 결과라 주장하며 베스트팔렌 조약에서 비롯된 영토에 기반을 둔 국민국가를 근대성의 표상으로 해석한다. 구성주의가 국민국가를 근대성의 표현이자 역사적 특수성으로 본다면, 주권국가 이후의 전개되는 정치 공동체의 변화의 가능성에 대해서도 또 하나의 사회적 구성의 결과로 해명할 수 있어야 할 것이다. 그러나 아직 구성주의자들은 지구시민사회와 같은 새로운 통치 패러다임에 대한 적극적 제안을 하고 있지 않다. 필자는 여기서 사회적 구성으로서의 주권 개념이 항구적일 수 있지만, 주권의 소재는 상황과 상황에 대처하는 참여자들의 상호작용과 담론 속에서 변할 수 있음을 강조하고자 한다. 근대의 주권은 국가에게 있었다. 크라스너(S. Krasner)는 구성주의 근대 주권론의 비판을 베스트팔렌 조약과 체제의 비근대성, 즉 국가의 주권이 제대로 작동하지 못한 점에서 찾는다. 그리하여 크라스너는 근대 주권을 조작된 위선(organized hypocrisy)으로 명명한다(Krasner 1999). 조작된 가설로서 주권은 성공하지 못한 근대 주권에 관한 이야기이다. 이제 근대를 넘어 지구화 시대에 조응하는 또 다른 조작(reorganized hypocrisy)이 필요한 때인 듯하다.

III. 근대적 통치성의 확장: 주권국가와 지구시민사회

1. 지구시민사회의 등장과 의미

지구적 위기를 해결할 수 있는 국가 능력의 한계로 인해 지구적 문제들을 관리하는 새로운 통치 메커니즘으로 글로벌 거버넌스가 대두되었다. 글로벌 거버넌스란 전통적인 정치 행위자인 국가 이외에 NGOs, 국제기구, 초국적 기업 등 초국가 권위체들에 의해 정치, 경제뿐만 아니라 지구적 이슈들이 관리되는 다층적 통치구조를 의미한다. 주권국가의 한계를 보완하고 지원하기 위해 등장한 글로벌 거버넌스는 관리의 효율성과 전문성을 이유로 새로운 관리체제로 주목을 받아 왔다. 유엔은 1992년 9월 글로벌 거버넌스 위원회를 구성하고 개별국가를 넘어 정치, 사회적 문제들에 대해 좀 더 질서 있고 책임 있는 대응을 위한 지구적 차원의 노력을 경주할 것을 천명한 바 있다. 이를 위해, 유엔은 지구화의 위기와 문제들을 조정, 관리하고 결정하고자 글로벌 거버넌스 체제 구축을 통한 초국가적 협력의 필요성을 강조하였다 (The Commission on Global Governance 1995).

국가 중심의 국제체제에서 벗어나 다양한 초국가적 행위자들에 의한 글로벌 거버넌스는 정치 주체의 다원화, 다시 말해 배타적인 국가 중심체제에서 다양한 이해관계 당사자들에 의한 다차원적 관리방식으로 전이했다는 점에서 국가체제에서 일진전 했다는 평가를 받는다. 그러나 글로벌 거버넌스 체제도 강대국, 특히 미국의 영향력과 이해관계에서 벗어나지 못하는 폐단과 비민주적 구조 등의 문제점이 빈번하게 지적되고 있다(박상필 2005, 617-622). 글로벌 거버넌스의 가장 영향력 있는 기관인 IMF, WTO 등의 국제기구와 레짐 등이 행해 온 역할에도 불구하고 이들 기관은 회원 구성에 있어 제한적이며 또한 특정 강대국보다 더욱 큰 강제력이나 우월한 지위를 갖고 있지 않다(Murphy 2002, xii-xv). 뿐만 아니라 글로벌 거버넌스에 대한 책임 구속력의 부재는 국가 이후의 대안이 무엇인가에 대한 답을 더욱 어렵게 만들고 있다. 국내와 국외, 국내적 문제와 국제적 문제의 경계선이 모호해지고 있고 환경, 지구 온난화, 마약, 에이즈, 핵무기 등의 문제는 단지 일국의 문제가 아니라 지구적 문제임을 누구도 부정하지 않는다. 그러나 누가, 어떻게 지구적 문제를 다루고 누구에게 책임을 물을 것인가 등은 국가체제에 기반한 현 국제사회의 패러다임과 구조 속에서는 제대로 해명되지 못하는 한계를 갖는다. 지구적 위기에 관한 국가 능력의 한계와 글로벌 거버넌스의 문제점, 국제적 권위체의 부재들로 인해 지구촌의 여러 곳에서 문제들이 부상함에 따라 전 지구적 수준에서 새로운 협력체계를 통한 공존의 삶이 절실하게 요구되고 있다. 특정 국가, 특정 조직의 구성원만이 보호되는 방식이 아닌 국제사회, 국가체제와 차별화된 전 지구적인 새로운 협력의 필요성이 강조되고 모색되어야 한다는 소리가 곳곳에서 나오고 있다. 기존 국제사회의 실패를 반면교사 삼아, 경쟁과 패권의 국제사회 대신 공존을 위한 새로운 정치 패러다임을 찾고자 한다. 지구시민사회가 그 논의의 중심에 있다.

키인(J. Keane)에 의하면 지구시민사회는 1990년대에 나온 새로운 용어라 한다(Keane 2001, 23). 지구시민사회가 주요 화두로 등장한 것은 지구화 현상과 무관하지 않다. 시민사회에 대한 새로운 관심, 평화와 환경운동으로 인해 지구촌 위기에 대한 재인식, 소련 체제의 붕괴로 인해 새로운 세계질서에 대한 상상력으로 지구시민사회가 논의되기 시작하였다. 지구시민사회에 대한 이해와 연구가 많이 축적되지 못한 만큼, 지구시민사회의 개념에 대해 합의된 바가 있지 않으며 따라서 지구시민사회의 역할과 방향에 대해서도 여러 의견이 개진되고 있다.

흔히 지구시민사회는 '국가체계와 글로벌 시장 사이에 위치하는, 사적, 비영리, 자발적인 조직'이라 정의된다. 이러한 정의 하에서 지구시민사회는 주로 인권, 평화, 환경, 여성 등의 문제를 위해 활동하는 단체들과 INGOs 모임을 지칭한다(Salamon et al. 1999; 유현석 2005; Walzer 2003). 이는 정부의 힘과 시장에서의 이윤추구에 반대하는 제3섹터의 지구적 확장이라 할 수 있다. 1990년대 들어 증대된 시민단체와 사회운동, 개인들의 정치적 참여가 국내에 머무르지 않고 초국가적으로 확산됨으로써 시민사회의 지구적 연대를 통해 지구시민사회를 형성하고자 하였다. 지구시민사회에 대한 이러한 개념화는 공공성을 갖춘 시민단체의 초국적 네트워크를 통해 새로운 지구촌의 삶을 만들고자 하는 점에서 주목을 받아왔다. 그러나 이 같은 개념의 지구시민사회가 갖는 문제점은 제3섹터들이 주도하고 지향하는 의의와 방향에 관해 의견을 달리하는 조직들의 배제이다. 다시 말해 자신들이 규정해 놓은 공공성에 동의하는 비영리 조직 이외의 단체는 지구시민사회의 구성으로부터 소외되고, 이는 또 다른 배타성과 갈등을 낳을 가능성이 높아진다는 것이다. 특히 기존 정부의 힘과 자본의 이윤을 추구하는 소위 1, 2 섹터에 대한 전면적인 거부는 지구시민사회의 입지를 매우 좁게 만들어 버린다.

지구시민사회의 범주를 NGO 혹은 INGOs에 머무르지 않고 보다 폭넓게 이해하는 정의가 있다. 런던경제대학(LSE)의 시민사회와 글로벌 거버넌스 연구소를 중심으로 지구시민사회에 대한 연구를 주도적으로 이끌었던 안하이어(H. Anheier)와 글라시우스(M. Glasius), 칼도어(M. Kaldor)는 지구시민사회를 "가족, 국가, 시장 사이에 존재하고, 일국적 사회와 정치체, 경제를 초월해서 작동하는 아이디어, 가치, 기구, 조직, 네트워크, 개인들의 영역"이라 정의한다(Anheier et al. 2001, 17). 안하이어 등은 지구시민사회가 사회적 현실임을 보이기 위해, 국민국가에 기반을 둔 '방법론적 일국주의'와 구분되는 여러 측정지표를 만들었다. 예컨대, 국내 경제의 지구화를 알기 위해 물품 교역의 규모와 외국인 직접 투자, ODA 수용을 측정하며, 유학생 등과 이주노동의 이동, 항공 여행 및 국제관광, 미디어 보급률, 통신매체 증가율, 이주자 비율과 이들에 대한 관용, 각국의 국제 조약의 비준 정도, 국가별 국제 NGO 참여도와 같은 다양한 지표 등을 설정하였다. 지구시민사회 지표를 개발하여 지구시민사회의 존재를 보여주고자 하는 이러한 시도는 매년 출

판되는 연감을 통해 구체화되고 지속적인 결과를 보여주었다.[6]

이러한 연구가 지구시민사회가 하나의 공간으로 흡수된 단일한 지구적 운명공동체임을 말하는 것은 아니다. 지구시민사회의 방향성에 관한 선도적 논문을 발표해 온 포크(R. Falk)는 국가 내이든 초국가적 영역이든 자발적이고 비영리적인 방식으로 주도되는 개인과 시민들의 사고와 실천이 이루어지는 곳이 지구시민사회라 정의한다(Falk 2006). 나아가, 지구시민사회의 의미를 이해함에 있어 다음과 같은 키인의 주장은 지구시민사회에 대한 이해의 지평을 넓혀준다. 키인에 의하면 지구시민사회는 자기 방향적이고 비정부적인 제도와 삶의 방식으로 구성된 상호연관적이고 다층적인 구조를 가진 사회적 공간이라 한다. 그러나 키인은 국가와 시장의 논리로부터 독립적인 영역으로서 시민사회 영역이 국제적인 수준에서 형성되는 것이 지구시민사회라는 입장에 대해서 반대한다. 이러한 일반적인 지구시민사회의 정의에 반하여, 다층적 구조의 사회적 공간에 시장을 넣으려는 키인의 시도는 다른 이론가들의 것과 뚜렷한 차별성을 보인다. 키인은 지구시민사회의 논의에서 시장의 부정적인 영향을 이유로 지구시민사회로부터 시장을 분리시키고자 하는 시도를 비판하며, 시장을 제외시킨 지구시민사회의 개념은 시장을 떠나 본 적이 없는 우리의 삶을 무시하는 것이라 주장한다. 자원의 오용과 불균등 분배, 생태계 위험 등 시장이 잘못 운영되어 온 것은 분명 사실이지만, 시장이 배제된 단순하고 통일된 영역을 지구시민사회는 규범적, 전략적, 경험적 측면에서 현실적이지 않다는 것이다.[7]

---

6 www.lse.ac.uk/Depts/global/yearbook 참고할 것.

7 시장에 대한 키인의 지적은 지구시민사회 형성에 필요한 매우 유의미하고 핵심적

키인의 이러한 지적은 정부에 대해서도 마찬가지이다. 제3섹터가 지구시민사회의 주요 영역이지만 비정부 영역과 정부와의 관계도 대립적인 구도가 아닌 공존의 방식으로 재고할 필요가 있다는 것이다. 이러한 맥락에서, 키인은 중층적이고 다원적인 권위구조 모델인 신중세주의를 언급하며 지구시민사회가 다양한 유형과 규모의 '신중세주의'적인 복합물로 갈 것을 시사하고 있다(Keane 2001, 28-38).[8]

지구시민사회가 탈국제정치시대와 맞물려 나타난(Rosenau 1990, 5) 생존의 공동체라는 점에 동의한다면, 지구시민사회를 특정 조직만으로 구성하는 것은 그 의도에 맞지 않는 듯하다. 필자는 지구시민사회가 각국의 시민사회, 비정부기구, 정부 간 기구, 기업과 정부 등 다양한 층위를 포함하고 이들이 상호적으로 작동하는 새로운 정치적 공간이어야 한다고 본다. 즉 지구시민사회는 지구촌의 모든 조직 혹은 개인들이 국가의 정치, 경제적 경계와 자신들만의 이해관계를 벗어나 주요 문제들에 관해 의견을 수렴하고 논의하는 공적 영역을 의미한다. 이처럼 상호적으로 관계하는 복합체계 속에서 지구적 문제와 위기를 인식하고 서로의 의견을 개진하고 해법을 찾아보고자 하는 새로운 통치를 향한 공론장을 지구시민사회라 본다. 이 점에서 지구시민사회는 다자적

인 내용을 담고 있다. 그럼에도 지구시민사회 논의의 주요 계기가 시장에 대한 불신과 반발에서 비롯되고 있는 만큼, 아직 지구시민사회 담론에서 변화된 시장의 모습에 대한 논의가 본격적으로 이루어지고 있지는 못하고 있는 실정이다. 그러나 지구시민사회가 포괄적인 정치 공동체로 거듭나기 위해서는 시장의 배제가 아닌, 시장의 바람직한 변화에 대한 심도 있는 논의가 요구된다.

8 지구화 시대 중층적이고 다원적인 권위구조 모델로 제시되는 신중세주의에 대한 비판을 위해서는 이화용(2008, 93-114)을 볼 것

인 글로벌 거버넌스 관리체제 혹은 NGO들의 초국적 연계망 이상의 것을 의미한다. 이와 같은 이해를 근간으로, 필자는 이 글에서 지구시민사회를 경쟁과 갈등의 국제사회가 결과한 위기에 반하여 지구적 문제를 논의하고 해결하고자 하는 모든 형태의 지구적 협력을 시도하는 새로운 공적 영역이라 폭넓게 정의하고자 한다.

2. 지구시민사회: 주권국가에 대한 도전?

지구화와 주권국가의 관계에 대한 논의는 지구화가 국가의 역할을 약화한다는 주장과 국가의 강화를 지지하는 입장으로 대별된다. 전자에 의하면, 국제적 상호의존의 증가, 지구적 네트워크의 증대, 초국적 자본의 영향력이 국가의 입지를 좁게 함으로써 주권의 약화를 가져온다. 반면 경제적 세계화에서 살아남기 위한 생존 경쟁은 국민국가로 하여금 더 많은 개입을 요구하며, 지구화의 물결로부터 공동체의 정치적, 문화적 정체성을 유지하기 위해서도 국가 개입은 강해질 수 있다.[9] 지구화와 주권국가에 미치는 영향에 대한 분석에서와 같이, 지구시민사회와 주권국가의 관계도 자주 대립적으로 파악되곤 한다. 지구적 문제를 다루는 지배 주체에 대한 논의에서 국가체제와 지구시민사회는 경쟁적인 정치 행위자로 상정되며, 시민권 문제에서 또한 주권국가와 지구시민사회의 틀은 첨예하게 대치되고 있다. 지구시민사회와 주권국가

---

9   지구화가 주권국가에 미치는 영향에 관하여 김성주(2006, 203-206)를 볼 것.

가 영토적 경계 여부에 따라 구별되고 두 공동체가 대상으로 하고 있는 범위도 서로 다른 정치적 장이지만, 그 두 공간이 서로 조화되지 못할 이유는 없다. 왜냐하면 영토 경계선이 국가와 지구시민사회를 가늠하는 본질적인 기준은 아니며, 두 공간의 대상 범위, 즉 지구시민사회와 국가의 구성원이 중첩될 수 있기 때문이다.

주권국가와 지구시민사회 관계는 양자의 성격과 공존과 관련한 규범적 질문이다. 이는 기존의 영토적 공간과 지구화로 인해 확장된 공간의 성격을 규정하는 질문이기도 하다. 국가와 지구시민사회의 관계는 지구적 문제가 어떻게 다루어지느냐에 따라 상호협력적이기도 하고, 반목적이기도 하다. 1997년 체결된 대인지뢰금지조약은 국가와 지구시민사회의 일원인 INGOs 간의 상호협력을 잘 보여준 사례이다. 이를 통해 국가와 지구시민사회의 상호 신뢰와 지구촌에서의 공존이 매우 절박한 과제라는 인식이 있다면, 국제사회의 경쟁적인 이해관계도 일정부분 억제될 수 있음을 볼 수 있다(김현 2006). 한편 정보사회와 관련한 새로운 관리 메커니즘을 만들기 위해 모였던 1차 정보사회세계정상회의(WSIS)는 공동의 초국가적 거버넌스를 창출하기 위한 시도가 주권국가의 이해관계에 따라 성공적이지 못했던 점에서 주권국가와 지구시민사회의 평행적 관계를 확인시켜 준 예이다(유현석 2005, 345-349). WSIS의 경우가 아니더라도, 아직도 국제사회는 주권국가의 권력에 의해 움직이며, 권력정치의 관점에서 볼 때 주권국가는 어느 초국가적 기구, 지구시민사회보다 우위임은 말할 것도 없다. 이런 점에서 우리는 정치적으로 베스트팔렌 체제의 주류 속에 있음을 부정하지 않는다. 그러나 지구시민사회의 주요 구성원의 하나인 국제기구와 NGO 등이 갖는 특정 문제에 대한 전문성과 신속성, 제시되는 아젠다의 독창성, 나아가 사회적 기업의 등장, 유엔과 같은 정부 간 기구의 개혁 움직임을 보면서, 필자는 지구시민사회와 국가의 상호협력적인 관계가 아직 걸음마 단계이지만 마냥 불가능한 것이라 단정지을 필요는 없다고 생각한다. 지구시민사회의 역량과 초국적 협력 관계가 국가체제에 비해 미약함은 분명 사실이지만, 주권국가의 권력이 영원하리라는 것 또한 너무 자신 있게 확신하지 말아야 한다.

새로운 통치성의 패러다임으로 제시되고 있는 지구시민사회 형성을 위해 중요한 것은 주권국가의 퇴각이냐 잔류냐가 아니라 어떻게 양자가 지구촌의 공존을 위해 상호협력 관계를 이룰 수 있는가이다. 지구화 시대, 주권국가의 힘은 영역과 아젠다에 따라 약해질 수도 혹은 이전보다 더욱 강해질 수도 있다. 국가의 경계를 넘어서는 지구시민사회의 구성이 주권국가 체제의 부정을 의미하는 것은 아니다. 일련의 지구적 위기의 해결 과정에서 보여지듯이, 지구촌에서 일어나는 위기 해결의 주역으로 주권국가의 역할은 현재 진행형이다. 이는 2001년 9.11 사건 이후 각 국가들이 보여준 대응과 최근의 세계 금융위기에서 추진되고 있는 글로벌 공조도 국가 기반이었다. 지구시민사회가 국가의 경계를 초월하는 영역이라 해서 국가와 무관하게 이루어질 수는 없다. 위에서 언급했듯이, 지구시민사회와 주권국가를 구분하는 기준이 단지 영토적 경계에 있지 않은 것처럼, 주권국가가 거부되고 영토적 공간의 초월성에 대해 강조한다해서 자동적으로 지구시민사회가 형성되는 것은 아니다. 국가는 역사적 공동체이며 그것이 행해 온 정치, 경제, 사회적 역할은 의미 있는 것이었다. 주권국가를 단지 이데올로기일 뿐이라고 치부해 버리기엔 그것이 배태한 역사적 의의가 만만치 않다. 영토를 벗어난 초월적인 장으로서의 지구시민사회는 국가에 의해 닫혀진

틀, 즉 국가에 의한 정치적 정체성의 독점적 부여, 폐쇄된 내셔널리즘의 관행을 거부하고자 하는 것이지 국가 자체를 부정하는 것은 아니다.

　베스트팔렌 체제의 정치적 규범은 특정 영토에 기반하는 국가의 정치적 권위가 배타적인 합법성을 갖는 것이었다. 윈저(P. Windsor)가 주장하듯이, 베스트팔렌 체제는 국내적으로는 국가의 주권을 확보하고, 국외적으로는 외부 간섭을 받지 않는 이중주의 현저한 업적을 이루었을지도 모른다(Windsor 1984, 45). 국제사회를 지배하는 주요 패러다임으로 근대 이후의 시기를 풍미했던 베스트팔렌 체제가 이제 변화를 맞이하고 있다. 정치적, 경제적 세계 환경의 변화를 인지하고 이에 대한 대응책을 궁구함에 있어, 국가란 정치 공동체의 다양한 유형의 하나로 그것의 틀이 절대적으로 변할 수 없는 것은 아니라는 유연하고 탄력적인 정치 공동체에 대한 이해가 요구된다. 지구시민사회는 단순히 국가 퇴각의 결과가 아니라, 갈등의 국제체제와 경쟁의 자본주의 시장 대신 공존을 위한 새로운 가능성을 여는 정치적 공간이자 공론장이어야 한다. 이를 위해 역사적으로 형성된 국가 공동체의 의미와 가치가 부정되어서는 안 되지만, 동시에 특정한 시기의 역사성을 지나치게 보편화시켜 이에 집착하는 시대착오적 오류는 없는지 반성할 필요가 있다. 그속에서 국가 이후의 새로운 통치 패러다임으로서 지구시민사회가 지녀야 할 정체성과 규범에 대한 논의가 이루어질 수 있다.

IV. 지구시민사회의 정치적 규범: 민주주의

오늘날 주권국가의 정당성은 민주주의에 있다. 다시 말해 민주적 절차 여부에 따라 국가는 정당성을 획득한다. 민주적 정부의 경우, 대표성과 이에 수반되는 책임성의 조건을 충족하여 정당성을 갖는 반면, 비민주적 정부는 대표성도, 책임성도 결핍되어 있다. 일국 민주주의는 특정 영토 국가의 정치적 발전을 주도하며 전체 시민의 권리 확보를 제도적으로 정착시키는 데 일조를 해왔다. 미국의 자유주의 이론가 웰만 (C. Wellman)에 의하면 일국 민주주의가 중요한 이유는 한 국가 내에서 정치적, 경제적 불평등은 서로 상호 연관적이지만 다른 사회와의 정치, 경제적 불평등과는 별 연관도, 영향력도 없다고 한다(Wellman 2000, 535-539). 밀러(D. Miller) 역시 지구적 차원에서의 민주주의는 성립 불가한데 이는 민주주의에 대한 합의를 하고자 하는 국민이나 민족과 같은 공동체의 단위가 없기 때문이라 한다(Miller 1999). 그러나 우리는 더 이상 웰만이 상정하고, 밀러가 언급한 세계에 살지 않고 있다. 웰만의 주장과 달리, 네트워크로 연결된 지구화된 사회에서 정치적, 경제적 불평등은 어느 곳에서든 연계적이다. 예컨대 다른 사람의 빈곤이 내 개인의 당면 문제는 아니라 할지라도 정치적, 경제적 혹은 심리적으로 나에게 부담이 된다는 점에서 나와 다른 사람은 관계적이다. 나아가, 밀러의 주장과 대조적으로, 국가가 일국 민주주의의 단위이듯이 지구시민사회가 지구적 수준에서의 민주주의에 공감대를 갖고 이를 구현하고자 하는 단위가 될 수 있다. 국가 단위의 민주주의가 글로벌 거버넌스의 비민주적 구조와 세계화된 자본, 초국적 기업들에 대해 적절한 통제력을 전혀 갖고 있지 못한 상황에서, 지구적 수준의 민주주의는 새로운 통치 공간인 지구시민사회가 그 무엇보다 갖추어야 할 정치적 규범이다.[10]

　사회적 관계의 범위가 영토적 경계를 넘어서 세계로 확대되고 지역적, 초국적 거버넌스 조직들이 작동하면서, 통치 형태에 관한 규범으로서의 민주주의는 단지 개별 국민국가에 한정되지 않고 그 범위가 확대되고 있다. 지구적 수준에서의 민주주의는 개별국가 민주화의 확대, 이른바 '민주주의의 확산'과는 구별된다. 다소 정치적 이유에서 제안된 '민주주의의 확산'은 개별국가의 민주화를 전제하지만, 지구시민사회의 규범적 토대로 제기되는 지구적 민주주의는 국가 간, INGO, 국제기구, 초국적 기업 등 글로벌 거버넌스의 민주화를 의미한다. 이것이 중요한 의미를 갖는 이유는 네트워크화된 지구화 시대 개별국가의 민주주의 실현이 이전보다 더욱 국가 밖의 환경에 복잡하게 얽혀 있으며, 지구적 수준의 민주화는 일국 수준에서보다 더욱 관계적이고 그 파급효과가 크기 때문이다.

　지구적 수준에서의 민주주의에 대한 관심은 정치권력의 재정의 문

10　지구시민사회의 정치적 규범으로서의 민주주의는 매우 당연하고 상식적인 논의일 수 있다. 그럼에도 불구하고 글로벌 거버넌스의 민주화와 지구적 민주주의가 강조되는 이유는 그 상식이 따르지 않는 지구촌의 현실에 기인한다. 뿐만 아니라 학계에서도 효율성의 이유로 글로벌 거버넌스의 민주화에 한 유보적 입장이 견지되고 있는 것도 사실이다. 이런 점에서, 필자는 현 상황에서 지구시민사회의 민주주의에 대한 주장을 설득력 있게 제시할 수 있다면 이것만으로도 충분히 의미가 있다고 본다. 그러나 지구시민사회의 민주주의가 보다 깊이 있게 논의되기 위해서는 지구적 민주주의의 다양한 차원과 가치에 대한 연구가 필요함을 공감하며 이를 차후의 과제로 남기고자 한다.

제로 구체화될 수 있다. 베스트팔렌 체제에서 가치 분배의 권위, 즉 누가 무엇을, 언제 어떻게 얻느냐를 결정하는 주체는 다름 아닌 국가이다. 국가가 갖는 정치적 권위의 정당성은 영토 국가 구성원인 국민의 동의로부터 비롯되었다. 초국가적인 공간과 이로 인한 관계의 확장은 지구적 차원에서 가치 분배의 권위, 즉 정치적 관계에 대한 문제를 제기한다. 이는 국민국가에서 민주적인 가치 분배에 대한 원칙이 작동하듯이, 초국적 네트워크에서도 민주주의 원칙이 작동되어야 함을 의미한다.

이런 맥락에서 지구화 시대 새로운 관리체제로 부상하고 있는 글로벌 거버넌스의 민주화도 강조될 필요가 있다. 글로벌 거버넌스가 지구화 시대 새로운 관리체제로 기능함에 따라, 글로벌 거버넌스는 지구적 관계의 확장으로 인해 나타난 가치 분배의 권위를 재구성하는 데 주요 역할을 담당하기 때문이다. 앞에서도 언급했듯이, 국가 이외의 다양한 행위자에 의해 이루어지는 지배체제가 거버넌스이며 지구적 수준에서 이루어지는 다자적 지배체제는 글로벌 거버넌스라 명명된다. 거버넌스란 권력 관계의 다원화라는 점에서 민주적 의미를 배태하고 있다. 그러나 그 용어가 함축하는 의미와는 달리, 글로벌 거버넌스 체제에도 불구하고 실제로 이들의 비민주적 구조와 폐쇄적 운영이 비판되고 있다. UN과 IMF, 세계은행 등 글로벌 거버넌스 체제에서 강대국 이해관계의 지나친 반영, 실행 정책에 대한 책임 구속력 부재, 출연금의 할당에 따른 투표권 행사 등은 비민주적인 글로벌 거버넌스의 사례로 자주 지적되고 있는 예들이다.

글로벌 거버넌스의 비민주적 구조와 운영에 관한 비판을 직접적으로 염두에 둔 것은 아니지만, 헬드(D. Held)와 네그리(A. Negri)의 단일국가가 갖는 권한의 축소에 대한 언급은 이 같은 비판을 희석화시킬 수 있을지도 모른다. 즉 이들에 의하면, 강대국, 특히 미국의 거대한 구조적 권력이 현재의 세계질서 성격과 기능 속에 깊이 각인되어 있지만, 현대 지구화의 각종 유형이 더 이상 제국의 세력 팽창 논리 또는 제국의 강압적 제도와 연관되어 있거나 거기에 의존하지 않는다고 한다. 다시 말해 지구화의 거대한 흐름은 어느 단일한 국가에 의해 결정될 수 없다는 것이다(Held and McGrew 2002; Hardt and Negri 2001). 나아가, 앤더슨(K. Anderson)은 일국 민주주의도 실제로 완전한 민주주의 국가가 아니며 경쟁적인 이익집단의 공간인바, 글로벌 거버넌스의 민주적 결핍성을 말하는 것은 너무 기대가 큰 것이라 말한다(Anderson 2000, 91-120). 민주주의 이론의 거장인 미국의 정치학자 달(R. Dahl)은 글로벌 거버넌스의 민주화 실현을 효율성의 이유로 매우 회의적으로 본다. 민주주의의 중요성을 역설해 온 달마저 국제기구 등의 전문성을 언급하며 이 영역이 반드시 민주화되어야 하는지에 대해 회의적 견해를 보일 때, 지구적 수준의 민주주의가 하나의 이슈로 정착하기 위해서는 사회의 곳곳에서 더 많은 담론과 소통이 필요함을 절감한다(Dahl 2002).

필자가 여기서 강조하는 글로벌 거버넌스의 민주화란 세계의회의 창설이나 모든 안건이 반드시 선거를 통해 결정됨을 말하는 것은 아니다. 민주주의의 의미가 정치뿐만 아니라 사회, 경제 등 여러 영역에서 확대 적용되고 있지만, 민주주의의 첫 단계는 정부형태의 민주화를 의미한다. 마찬가지로, 절차적 민주주의의 기본조차 통용되지 않는 글로벌 거버넌스라면 이는 민주주의와는 거리가 멀다. 전문성 등을 이유로 지구적 수준의 통치 체제에 기본적인 민주주의의 의미조차 적용하지 않는다는 주장은 설득력이 약하다. 진정한 의미의 민주주의(genuinely democratic)와는 거리가 멀다 할지라도, 일국 수준에서 최소한의 절차적 민주주의의 정착이 얼마나 기본적이면서 중요한 규칙이었는지는 개별 국가의 민주화 역사가 잘 보여준다.

국제사회와 글로벌 거버넌스의 민주적 지배구조와 책임성의 결여에 대한 비판과 도전은 지구시민사회를 통해서 가능하다. 현대사회의 정보화 발달로 인해 정보에 대한 접근과 의견 수렴은 소수 특정 집단의 몫이 아니다. 손쉽게 접할 수 있게 된 인터넷 등의 통신매체를 통해 국가와 지역을 넘어 개인들은 자신의 의사 표현과 그것을 관철시키고자 하는 시도는 지구적 문제에 대한 관심과 의지만 있다면 할 수 있다. 이러한 정보 기술 발전은 한 국가의 시민, NGO들로 하여금 국내적 문제에만 한정하지 않고 지구적 차원에서도 지구시민으로서의 적극적인 참여와 감시 역할을 할 수 있도록 지원함으로써 지구시민사회 형성의 가능성을 한층 높여준다. 초국적 공론장 혹은 초국적 공공영역은 다름 아닌 지구시민사회가 맡을 수 있다.

이러한 취지에서 지구시민사회 스스로도 국가의 경계와 차이를 넘어 의사소통할 수 있는 민주적 공간이 되어야 한다. 포크가 지구시민사회의 활동의 요체를 '아래로부터의 지구화'(Falk 1999, 130)에서 찾은 것도 이와 무관하지 않다. 이 지적에서 시사되듯이 지구시민사회는 특정 계급과 조직이 아닌 전체를 아우를 수 있는 공동체 방식이어야 한다. 즉 지구시민사회는 지구화 지지 세력 혹은 초국적 자본의 지원 세력과 지구적 자본주의 반대 세력 혹은 국민국가를 고수하려는 세력 등 다양한 세력을 모두 포함할 수 있을 때 본연의 임무를 수행할 수 있을 것이다. 지구시민사회의 임무는 반세계화, 국가의 비판자가 되는 데 있는 것이 아니라 국가와 다른 초국적 행위자로 하여금 책임성, 투명성 그리고 정당성을 갖추게 하여 새로운 정치질서를 만드는 데 있다. 이 임무를 위해 지구시민사회가 준수해야 할 주요한 정치적 규범이 민주주의이다. 이 규범에 의거하여 지구적 문제들이 열린 공론장에서 논의되고 해결될 수 있을 것이다. 지구시민사회가 일국 수준을 넘는 민주주의 확립에 기여할 수 있을 때 그것의 정당성이 획득되고 지구적 연대활동과 협력 관계를 이루는 초석이 마련될 수 있다. 그럼으로써 지구시민사회는 힘겨루기의 국가 간 국제체제가 만든 정치적 불안정을 해소하는 새로운 통치성의 패러다임으로 그 가능성을 보여줄 수 있을 것이다.

V. 맺음말

커헤인(R. Keohane)은 초국적 네트워크와 상호의존이 고도로 발전한 상태에서 주권은 더 이상 국가의 영토적 지배와 연관되지 않는다고 주장한 바 있다(Keohane 2005). 이 언술은 언뜻 국가주권이란 더 이상 존재하지 않는 것처럼 들린다. 현대를 탈주권 시대라 명할 때, 이는 주권의 의미가 사라졌음을 가리키는 것은 아니다. 주권은 여전히 존재하되 주권의 유일한 소재지가 국가가 아니라 다양한 정치적 행위자들에게 확산되고 있음을 말한다. 왜 주권이 국가로부터 다른 행위자들에게로 분산되는가? 복잡하고 유기적으로 연관된 지구적 문제와 위기의 증대로 인해 국가체제는 한계를 갖기 때문에 다자적 정치구조가 필요하다. 그러나 갈등과 경쟁으로 점철된 국제사회에 대한 불신은 이를 대체하기 위한 새로운 패러다임을 위한 고민을 낳았으며 그 성찰의 결과가 지구시민사회이다.

　필자는 지구시민사회를 지구적 문제를 논의하고 해결하고자 하는 모든 형태의 지구적 협력이 이루어지는 새롭게 부상하는 공적 영역이라 정의했다. 영토적 경계의 주권국가와 국가의 경계를 초월하는 지구시민사회는 일견 긴장 관계처럼 보인다. 이러한 긴장은 영토적 경계의 넘나듦으로 인한 것은 아니다. 국가체제의 근대 패러다임에서 주어진 국가에 대한 충성심과 의무감으로 인해 지구시민사회에 대한 전적인 커미트먼트가 쉽지 않다. 지구시민사회가 구성과 역할에 있어 국가를 거부하려 한다면 둘 간의 긴장은 실재한다. 그러나 지구시민사회 논의의 핵심이 주권국가를 배제하는 데 있지 않다. 오히려 탈국가화한 시장은 오히려 전 세계적 불평등을 낳고 있다. 최근의 경제위기에 대한 대책 마련에 어느 조직보다 국가 간의 협력이 절실히 필요하다. 권력정치의 관점에서 볼 때 주권국가는 어느 초국가적 기구보다 막강한 권한을 갖고 있음이 분명하고 우리는 그 국가체제 속에 살고 있다. 그럼에도 배타적인 공적 권위체로서 국가는 절대적으로 변할 수 없는 정치 패러다임이 아니라, 정치적, 경제적 세계 환경의 변화에 적응해가야 할 역사적 공동체일 뿐이라는 정치 공동체에 관한 유연한 인식이 요구된다.

　국제사회의 위기로 인해 부상하고 있는 지구시민사회 또한 주권국가의 대체물이거나 다른 초국가적 기구보다 우월한 기제가 아니다. 근대 권력정치의 관점으로 지구시민사회를 이해한다면, 지구시민사회의 정체성은 상실된다. 지구시민사회는 갈등의 국제체제와 경쟁의 자본주의 시장을 대신하여 지구촌의 공존을 위한 새로운 통치성으로 이해되어야 하고, 이는 무엇보다 지구적 민주주의의 실현을 통해 결실을 맺을 수 있을 것이다. 지구화 시대의 새로운 관리체제로 기능하는 글로벌 거버넌스의 민주화의 필요성을 인식하고, 배타와 독선이 아닌 소통의 민주적인 지구시민사회를 이루고자 할 때, 지구시민사회의 정당성과 미래가 확보되리라 믿는다.

지구시민사회의 규범적 논의는 현실의 권력정치 앞에서 힘없는 시도라 생각될 수 있다. 이는 한국처럼 지구화의 영향을 크게 받고 있거나, 혹은 지구화의 흐름에 개입조차 하지 못하고 있는 빈곤국가의 경우 더욱 그러하다. 그럼에도 지구적 수준의 민주주의를 논의함은 지구시민사회가 모든 형태의 지구적 협력을 도모하는 공적 영역이 되기 위해 요구되는 방식이라는 믿음에서 비롯된다. 즉 국가라는 공동체에서 공적 영역의 민주적 조건에 관해 합의하듯이, 지구적 차원에서도 이 과정이 확대될 수 있어야 한다. 그럼으로써 지구시민사회가 갈등과 경쟁으로 점철된 이해관계의 각축장이 아니라 지구촌 사람의 공존을 위한 새로운 정치 패러다임으로 작동할 수 있을 것이다.

일국 민주주의가 우리 사회에 가장 바람직한 이념으로 받아들여지고 제도화되는 데 몇 세기의 시간이 필요하였다. 개별국가의 민주주의가 정착 혹은 공고화를 위해 여전히 진행 중에 있다. 이에 비한다면, 지구시민사회, 지구 민주주의의 담론은 이제 시작 단계이다. 이 상황에서 지구적 수준의 민주주의가 하나의 아젠다로 자리잡지 못하고 있음은 그리 놀랄만한 일도 아니다. 그 출발점에 서서, 초국가적 민주주의에 관한 다양한 담론과 실천을 통해 새로운 통치성의 하나로 지구시민사회가 정착되기를 기대해 본다.

참고문헌

김성주. 2006. "주권 개념의 역사적 변천과 국제사회로의 투영."『한국정치외교사논총』27집 2호, 195-223.

김현. 2006. "국가와 지구시민사회의 관계: INGO를 통한 협력을 중심으로."『신아세아』13권 4호, 7-39.

박상필. 2005.『NGO학: 자율·참여·연대의 동학』. 서울: 아르케.

유현석. 2005. "글로벌 거버넌스에서 국가와 지구시민사회: WSIS 사례를 통해서 본 글로벌 거버넌스의 가능성과 한계."『한국정치학회보』39집 3호, 331-352.

이혜정. 2004. "주권과 국제관계이론."『세계정치』25집 1호, 123-156.

이화용. 2008. "지구화시대 정치공동체의 변화: '신중세론'의 비판적 이해."『국제정치논총』48집 1호, 93-114.

Anderson, Kenneth. 2000. "The Ottawa Convention Banning Landmines, the Role of International Non-governmental Organizations and the Idea of International Civil Society." *European Journal of International Law* 11(1): 91-120.

Anheier, Helmut, Marlies Glasius, and Mary Kaldor. 2001. "Introducing Global Civil Society." In *Global Civil Society 2001*, edited by Helmut Anheier, Marlies Glasius, and Mary Kaldor, 3-22. Oxford: Oxford University Press.

Ashley, Richard K. 1989. "Living on Border Lines: Man, Poststructuralism, and War." In *International/intertextual Relations: Postmodern Readings of World Politics,* edited by James D. Derian and Michael J. Shapiro, 259-321. Lexington, Mass.: Lexington Books.

Ashley, Richard K. and Rob B. J. Walker. 1990. "Reading Dissidence/Writing the Discipline: Crisis and the Question of Sovereignty in International Studies." *International Studies Quarterly* 34(3): 367-416.

Baylis, John, Steve Smith, and Patricia Owens 저·하영선 외 역. 2009. 『세계 정치론』. 서울: 을유문화사.

Brown, Chris. 1992. *International Relations Theory: New Normative Approaches.* Hemel Hempstead: Harvester Wheatsheaf.

Bull, Hedley. 1977. *The Anarchical Society: A Study of Order in World Politics.* London: Macmillan.

Dahl, Robert A. 2002. "Can International Organizations be Democratic? A Skeptic's View." In *The Global Transformations Reader: An Introduction to the Globalization Debate,* edited by David Held and Anthony McGrew, 530-541. Cambridge: Polity Press.

Falk, Richard. 1999. *Predatory Globalization: A Critique.* Cambridge: Polity Press.

Falk, Richard. 2006. "Reforming The United Nations: Global Civil Society Perspectives and Initiatives." In *Global Civil Society 2005/6,* edited by Helmut Anheier, Marlies Glasius, and Mary Kaldor. London: Sage Publications Ltd.

Hardt, Michael and Antonio Negri. 2001. *Empire.* Cambridge: Harvard University Press.

Held, David and Anthony McGrew. 2002. *The Global Transformations Reader: An Introduction to the Globalization Debate.* Cambridge: Polity Press.

Hinsley, Francis H. 1986. *Sovereignty.* Cambridge: Cambridge University Press.

Hobbes, Thomas. 1996. *Hobbes: Leviathan,* edited by Richard Tuck. Cambridge: Cambridge University Press.

Keane, John. 2001. "Global Civil Society." In *Global Civil Society 2001,* edited by Helmut Anheier, Marlies Glasius, and Mary Kaldor, 23-47. Oxford: Oxford University Press.

Keohane, Robert O. 2005. *After Hegemony: Cooperation and Discord in the*

World Political Economy. Princeton: Princeton University Press.

Krasner, Stephen D. 1999. *Sovereignty: Organized Hypocrisy.* Princeton: Princeton University Press.

Locke, John. 1988. *Locke: Two Treatises of Government,* edited by Peter Laslett. Cambridge: Cambridge University Press.

Miller, David. 1999. "Bounded Citizenship." In *Cosmopolitan Citizenship,* edited by Kimberly Hutchings and Roland Dannreuther, 60-80. London: Macmillan.

Murphy, Craig N. 2002. "Why Pay Attention to Global Governance." In *Global Governance: Critical Perspectives,* edited by Rorden Wilkinson and Steve Hughes, xi-xvii. London: Routledge.

O'Byrne, Darren. 2005. "Globalization, Cosmopolitanism and the Problem of Civil Society: Some Introductory Remarks." In *Global Ethics and Civil Society,* edited by Darren O'Byrne and John Eade, 1-14. Aldershot: Ashgate.

Osiander, Andreas. 1994. *The States System of Europe, 1640-1990: Peacemaking and the Conditions of International Stability.* Oxford: Clarendon Press.

Osiander, Andreas. 2001. "Sovereignty, International Relations, and the Westphalian Myth." *International Organization* 55(2): 251-287.

Rosenau, James N. 1990. *Turbulence in World Politics: A Theory or Change and Continuity.* Brighton: Harvester Wheatsheaf.

Salamon, Lester M., Helmut K. Anheier, Regina List, Stefan Toepler, and S. Wofciech Sokolowski. 1999. *Global Civil Society: Dimensions of the Nonprofit Sector.* Baltimore: Johns Hopkins Center for Civil Society Studies.

The Commission on Global Governance. 1995. *Our Global Neighborhood: The Report of the Commission on Global Governance.* Oxford: Oxford University Press.

Walker, Rob B. J. 1993. *Inside/outside: International Relations as Political Theory*. New York: Cambridge University Press.

Waller, Michael and Andrew Linklater. 2003. *Political Loyalty and the Nation-State*. London: Routledge.

Waltz, Kenneth N. 1979. *Theory of International Politics*. Boston, Mass.: McGraw-Hill.

Walzer, Michael. 2003. *Toward a Global Civil Society*. New York: Berghahn Books.

Wellman, Christopher H. 2000. "Relational Facts in Liberal Political Theory: Is There Magic in the Pronoun 'My'?." *Ethics* 110(3): 537-562.

Windsor, Philip. 1984. "Superpower Intervention." In *Intervention in World Politics*, edited by Hedley Bull. Oxford: Clarendon Press.

4장 네덜란드공화국 건국기의 '통합의 정치': 종교, 정치, 경제를 중심으로*

이동수

I. 서론

다양성(diversity)은 근대의 사유 방식과 생활양식, 사회구성의 철학적 기초이다. 인간해방을 추구하는 근대는 개개인의 존재와 가치를 인정하고 각자 자신의 자율성 확보와 자기실현을 최종 목표로 삼는데, 이는 사회적으로 다양성을 전제해야만 가능하다.

하지만 다양성은 사회적 측면에서 커다란 결함을 안고 있다. 다양성의 사회는 다양한 개개인의 존재와 그들의 의견 그리고 그들의 이익

---

* 이 글은 『OUGHTOPIA』 37권 1호(2022)에 게재된 "네덜란드공화국 건국기의 '통합의 정치': 종교, 정치, 경제를 중심으로"를 수정·보완한 것이다.

을 인정하고 보호해야 하며, 따라서 그들 사이의 경쟁과 갈등 및 충돌이 빈번하게 발생할 우려가 있다. 이런 걱정을 불식시키기 위해 사회적 통일성(unity)을 추구하기도 하며, 다른 한편 다양성의 보장을 위해 개개인의 다양성이 분절화되는(segmented) 것을 방치하기도 한다.

그러나 이러한 두 극단은 다양성의 사회적 문제를 해결하지 못한다. 한편으로는 다양한 개체들의 자율성이 보장되면서도, 다른 한편 이들의 파편화를 막고 사회적 응집력을 확보하는 것이 필요하다. 이것이 바로 '통합의 정치'(politics of integration)이다. 일반적으로 정치를 이해관계나 의견의 조정(coordination)이라고 정의하는데, 이는 정치의 본질이 통합에 있다는 것을 내포한다. 하버마스(Habermas 1996)도 정치의 목표를 다양한 시민들이 공론장에서 소통과 합의를 통해 사회통합(social integration)을 이루는 것이라고 설파하였다.

현대사회에서 사회적 분절을 극복하고 '통합의 정치'를 이룩한 예로 네덜란드를 들 수 있다. 1960-70년대 네덜란드는 복지를 확대하는 가운데 오일쇼크와 대량실업으로 인해 재정 부담이 크게 늘고 경제는 어려운 상황에 직면하였다. 이런 상황에서 각 진영과 집단들은 서로 반목했는데, 먼저 종교적으로는 프로테스탄트와 가톨릭 진영이 대립했고, 이념적으로는 자유주의와 사회주의 진영이 격돌했으며, 각 진영들은 별개의 노동조합과 사용자 집단을 따로 만들어 대결하였다. 또한 다양한 집단과 이익단체들은 각자 성향이 비슷한 정당을 지지하면서 정치적 충돌이 격화되어 사회적 혼란이 극에 달하면서 소위 '네덜란드병'(Dutch disease)을 앓게 되었다(선학태 2012, 370).

이런 상황을 겪은 후 각성한 네덜란드 시민들은 1980년대 중반 이후 정치집단들이 서로 경쟁하는 대신 연정(coalition)을 구성하고 협의를 통해 의사를 결정하는 '합의민주주의'(consensual democracy)를 수립하고, 사회경제적으로는 노동조합과 사용자 집단들이 정부의 중재에 따라 서로 타협하는 '조합주의'(corporatism)를 복원해 위기로부터 탈출하였다. 이는 네덜란드 정치문화의 오랜 전통이었던 협의와 설득을 통한 '통합의 정치'를 다시 되살려낸 것으로서, 사회적 혼란을 불식시키고 '네덜란드병' 대신 소위 '네덜란드 모델'을 정립시키는 반전의 결과를 가져왔다(Andeweg 2000, 697-698).

이러한 극적인 전환이 가능했던 것은 네덜란드 고유의 정치문화 덕분이다. 먼저 레이파르트(Lijphart 1999)와 같은 학자는 20세기 초 자유주의, 기독교 보수주의, 사회주의 세력들 간의 갈등이 심했을 때 정치 지도자들이 '1917년의 타협'(Pacification of 1917)을 통해 서로 협력하고 평화를 유지한 것이 중요한 역사적 계기가 되었다고 설명한다. 또한 안데벡(Andeweg 2000)과 같은 학자는 고대로부터 생존을 위해 척박한 토지를 새로운 간척지로 개발하고 이를 바닷물로부터 보호하기 위해 서로 협력해야만 했던 선조들의 '간척지 모델'(polder model)을 그 원형으로 소급한다. 그리고 대다수 학자들은 16세기 네덜란드가 스페인으로부터 독립해 네덜란드공화국을 수립할 당시의 정치문화가 오늘날까지 이어진다고 생각한다.

이들은 모두 오늘날 네덜란드의 '통합의 정치'가 네덜란드인들의 역사적, 문화적 산물이라는 데 동의한다. 네덜란드는 고대로부터, 혹은 근대 공화국 건국기로부터, 혹은 현대 민주주의가 확립될 무렵부터 본질적으로 극심한 갈등과 분절을 지양하고 상호 협력을 통한 사회적 통합을 추구하는 특징이 있다는 것이다. 즉 네덜란드에는 "갈등, 복종, 강제보다는 평화, 조화, 협의, 설득을 통해 사회적 안정과 통합을 추구하는"(de Jong 2011, 47) 정치문화가 오랜 시간 동안 전통으로 자리 잡고 있다는 것이다.

특히 16세기 후반 스페인의 식민지 상태에서 벗어나 근대적인 국가를 건설한 네덜란드공화국(1581-1795)[1] 건국기의 정치문화는 이 중에서도 핵심이다. 먼저 네덜란드의 독립과 발전과정은 종교개혁 시대 개신교의 발전과정과 맞물려 종교적 자유와 관용이 자리를 잡았다. 1530년대부터 저지대[2]에 칼뱅교도들이 늘어났는데, 이들은 1566년 가톨릭 옹호자인 스페인에 저항하는 '성상파괴운동'(Beeldenstorm)을 벌여 독립운동의 단초를 제공하였다. 또한 저지대인들은 1576년 '헨트 평화회의'(Pacification of Ghent)와 1579년 '위트레흐트조약'(Treaty of Utrecht)을 통해 독립의 명분으로 종교의 자유를 내세웠으며, 1618-19년 진행된 '도르트총회'(Synod of Dort)에서는 종교의 자유를 국가가 아닌 교회가 보장케 함으로써 '국가교회주의'를 탈피하고 관용에 따른 칼뱅교와 가톨릭의 공존을 이룩하였다.

정치적 측면에서는 독립운동 시기 '위트레흐트동맹'(Union of

---

1 일반적으로 네덜란드 독립운동의 출발은 1566년 스페인의 압제에 반대해 발발한 '성상파괴운동'이 전국적으로 확산된 1567년을 기점으로 삼으며, 네덜란드공화국의 출발은 빌렘 오란예가 저항군을 지휘하면서 독립을 선언한 1581년을 기점으로 잡는다. 한편 7개 주들이 모여 공식적으로 네덜란드공화국을 선포한 것은 1588년이다. 이 글에서는 네덜란드공화국의 출발 시기를 통상적으로 사용하는 1581년으로 삼았다.

2 저지대는 네덜란드, 벨기에, 룩셈부르크 지역을 통칭할 때 사용하는 용어이다. 오늘날 네덜란드 영토는 저지대 지역 중 북부에, 벨기에와 룩셈부르크 영토는 남부에 속한다. 이 글에서 남부 저지대는 벨기에 지역을, 북부 저지대는 네덜란드 지역을 지칭할 때 사용할 것이다.

Utrecht)의 선례에 따라 '연합국가제'(confederation)를 정치체제로 채택했는데, 이는 7개 자치 주들이 연합국가를 만들고 주 대표들이 '전국의회'(Staten Generaal)에 모여 만장일치로 결정하는 방식으로서, 연합과 합의의 정신에 기초하였다. 이 방식은 중세의 자치적인 도시정부의 전통을 이어받은 것으로서, 각각의 자치 주들은 거부권을 가지며 자신의 자율성이 최대한 보장되면서도 궁극적으로는 협의와 설득을 통해 참여자들의 통합을 추구하였다.

한편 경제적 측면에서도 '통합의 정치'가 작동하였다. 17세기 해외 무역을 통해 네덜란드의 '황금시대'(the golden age)를 이끌어간 주체는 1602년 설립된 '통합 동인도회사'(Vereenigde Oostindische Compagnie)인데, 이 회사의 본질도 분절적 경쟁을 대신한 통합에 있었다. 이 회사는 회사명에 '통합'이라는 단어가 들어가 있듯이 원래 여러 선구회사(voor-compagnien)들이 아시아와의 무역을 각자 수행하다가 상호경쟁이 지나쳐 별다른 성과를 거두지 못하자, 이에 대한 대안으로 국가가 선구회사들을 모아 통합회사로 재편한 것이다. 이 회사는 국가로부터 독점권을 보장받고 조약체결이나 군사 충원과 같은 국가의 권한을 부여받았는데, 이는 일종의 '국가와 자본의 결합'의 표본이 되었다.

이러한 문제의식 아래 이 글은 역사적 사실들을 종교적, 정치적, 경제적 분야로 나누어 기술하고 이것들을 '통합'이라는 틀을 이용해 재해석함으로써, 오늘날 네덜란드의 '통합의 정치'가 예전부터 오래된 네덜란드 고유의 정치문화, 특히 16세기 후반 근대국가로 탄생한 네덜란드공화국 건국기의 전통이 그 바탕임을 밝히고 그 특성에 대해 살펴보는 것을 목표로 한다. 이를 위해 서론에 이어 Ⅱ장에서는 네덜란드공화국의 독립과정이 정교분리에 따라 종교적 자유와 관용은 허용하되 정치적으로는 칼뱅주의(Calvinism)로 통합되는 과정을 서술하고, Ⅲ장에서는 정치적 통합의 상징인 '연합국가제'와 '전국의회' 및 지역 '자치의회'의 관계에 대해 알아보며, Ⅳ장에서는 경제 부문에 있어서 통합의 상징인 '통합 동인도회사'에 대해 살펴본 후, 마지막 결론에서 하버마스의 이상적인 사회통합과는 달리 '통합의 동학'(dynamics of integration)에 입각해 '통합의 정치'의 의미를 재해석할 것이다.

Ⅱ. 종교적 자유와 관용: 정교분리

네덜란드공화국은 16세기 후반 식민지 지배를 하던 스페인에 대항하여 대략 80년간의 독립전쟁을 거쳐 1648년 '베스트팔렌조약'을 통해 독립을 쟁취하였다. 네덜란드는 네덜란드어로 저지대를 의미하는 네덜란트(Nederland)에서 비롯되었는데, 이는 해수면보다 낮은 지역이라는 뜻이다. 원래 이 지역은 바닷물의 침범이 잦고 토지가 소금기를 머금어 농경지로는 부적합해, 주민들은 둑을 쌓고 간척지를 개발해 겨우 생활을 유지하였다. 따라서 저지대인들의 삶은 매우 척박하였다.[3]

---

3   로마 역사가 플리니우스(Plinius, 23/24-79)는 네덜란드 지역을 다음과 같이 묘사하였다: "그곳(네덜란드의 프리슬란트-흐로닝언 지역)은 하루에도 두 번씩 바닷물에 잠겼다가 마르고 해서, 사람들은 자신들이 서 있는 곳이 바다인지 땅인지 몰랐다. 주민들은 손으로 쌓아 올린 둑 위에서 살고 있었다. 밀물 때 그들의 모습은 마치 선원 같았으며, 썰물 때 그들의 모습은 마치 난파당한 배의 선원들과 같았다. 이런 열악한 환경에서 살던 그들은, 로마에 의해 정복되자, 자신들이 이제는 노예

이 지역이 발전하기 시작한 것은 13세기부터이다. 그 이전까지는 부분적으로만 간척이 이루어졌고, 지역의 중심은 농경이 가능한 내륙 지역에 있었다. 하지만 이때 전국적으로 제방을 쌓아 바닷물과 강물의 범람을 막을 수 있게 되었다(Israel 1995, 9). 또한 저지대 남부와 북부 연안을 중심으로 북독일 한자동맹과 경쟁하는 상업도시들이 발달하기 시작했으며, 이에 따라 지역 자치권이 점차 확대되었다.

하지만 이 지역은 정치적으로 독립되지는 못했다. BC 51년엔 로마에 정복되었으며, 로마 멸망 후엔 프랑크왕국에 편입되었다. 그 후 843년 '베르됭조약'으로 프랑크왕국이 삼분될 때 중프랑크로 분리되었다가 다시 동프랑크에 귀속되었다. 이후 자치권을 얻기 위해 지역 반란들이 계속 일어났으나, 955년 오토대제에게 최종 진압되어 독일왕국 및 신성로마제국의 일원이 되었다. 또한 14-15세기엔 혼인과 정복을 통해 부르고뉴공국에 병합되었으며, 1477년 부르고뉴공국이 프랑스에 패하자 부르고뉴 공의 딸 마리(Marie)가 가문을 살리고 지역의 지배권을 유지하기 위해 주민들에게 권한을 대폭 이양하는 '대칙령'(이름 없는 헌장)을 발표하고 자치권을 인정하였다.

그러나 그녀가 합스부르크가의 막시밀리안과 결혼함으로써 결국 이 지역은 합스부르크가의 영역이 되었다. 특히 저지대 남부 헨트에서 태어난 막시밀리안의 손자 카를 5세(재위 1516-1555)는 성장 후 스페인의 왕이 되고 최종적으로 신성로마제국 황제에까지 올랐는데, 이로써 16세기에 저지대 지역은 스페인 왕의 통치하에 놓이게 되었다. 카를 5세

의 상대로 전락하게 되었다고 한탄하기까지 하였다"(김영중·장봉익 1994, 12 재인용).

는 저지대 지역을 직접 통치하지 않고 총독을 파견해 통치하게 했는데, 예전부터 자치권을 추구하던 지역 주민들과 스페인의 중앙집권적 통치를 집행하려는 총독 사이에는 항상 충돌이 빚어졌으며, 저지대인들은 자치를 위해 독립의 길로 나아가게 되었다. 다만 가톨릭이 우세하고 스페인군이 장악한 남부지역을 제외하고 장기간의 독립전쟁을 거쳐 북부지역만 독립을 쟁취해 국호를 네덜란드공화국으로 삼았다.[4]

그런데 네덜란드공화국 수립과정에서 특징적인 것은 국가의 독립과 발전과정이 종교개혁 시대 개혁교회의 발전과정과 맞물려 있다는 점이다. 즉 네덜란드의 정치적 자유(libertas ergo)는 종교적 자유(religionis ergo)와 함께 손잡고 나아갔다(Frijhoff 2002, 30). 이 과정은 1566년 가톨릭 옹호자인 스페인에 저항하는 저지대 칼뱅교도들의 '성상파괴운동'을 필두로, 저항군이 종교의 자유를 최우선 가치로 내세운 1576년 '헨트 평화회의'와 1579년 '위트레흐트조약' 그리고 정교분리를 통해 종교의 자유를 국가가 아닌 교회가 보장토록 결정한 1618-19년의 '도르트 총회'까지 이어진다.

먼저 저지대 지배자인 스페인 왕 카를 5세는 1517년 종교개혁이 일어나자 가톨릭을 옹호하면서 가장 강력하게 대응하였다. 특히 그는

---

4 스페인에 비해 군사력이 열세임에도 불구하고 네덜란드가 독립을 성취할 수 있었던 것은 당시 상황이 네덜란드에 유리했기 때문이다. 먼저 스페인은 저지대 저항운동 초기에는 강한 군사력을 앞세워 진압할 수 있었지만, 1580년대 이후엔 영국과 프랑스의 국력이 강해지면서 경쟁국인 이들을 견제하는 것이 더 중요한 관심사가 되었다. 따라서 스페인군 주력은 1588년 영국원정을 추진하였고, 1590년부터 세 차례에 걸쳐 프랑스 침공을 시도하였다. 이러한 대외 전쟁으로 스페인 재정은 파탄에 이르러 1556년, 1575년, 1596년 파산선고를 하였다(Elliott 2000, 227).

1530년 신성로마제국 황제에 오르자, 광대한 제국의 통일성을 유지하기 위해 혼란을 가져오는 개혁신앙을 철저히 탄압하였다. 심지어 종교적 충돌이 최고조에 이른 1550년엔 '피의 칙령'을 통해 모든 개신교도를 처형하라고 명령하였다. 그러나 신성로마제국 황제에 대항하려는 다른 군소 군주들은 종교적 이유뿐만 아니라 정치적 이유로 인해 개신교를 허용하고 종교전쟁을 벌였으며, 1555년 '아우크스부르크 종교화의'(Peace of Augsburg)는 군주들이 개신교를 자유로이 선택할 수 있도록 결의하였다. 이에 분개한 카를 5세는 아들인 펠리페 2세(재위 1556-1598)에게 왕좌를 양위하였다(김영중·장붕익 1994, 91-92).

저지대인들은 종교개혁 이후 개신교를 적극적으로 수용하기 전까지 스페인의 지배에 대한 저항감은 별로 크지 않았다. 그러나 1520년대 루터교와 1530년대 재세례파가 들어오고, 이후 칼뱅교가 본격적으로 도입되자 상황이 달라졌다. 특히 저지대 남부엔 칼뱅(Calvin, 1509-1564)과 베즈(de Bèze, 1519-1605)가 주도하던 제네바에 유학했던 칼뱅주의 지식인들이 귀국해 칼뱅교를 널리 전파하기 시작했다. 심지어 칼뱅 자신도 저지대의 개혁신앙을 가진 자들에게 직접 편지를 보내 스페인의 박해에 굴하지 말고 신앙적 정체성을 수호할 것을 권하였다(안인섭 2021, 11-12).

가톨릭의 강력한 옹호자인 펠리페 2세는 점차 늘어나는 저지대의 칼뱅교도들을 뿌리뽑기 위해 가혹한 탄압과 압제를 강행하였다. 이에 맞서 그들은 1566년 '성상파괴운동'을 시작했는데, 여기엔 스페인의 폭정과 경제적 어려움에 불만을 품은 하급 귀족, 중산층, 빈민층 등 모든 계층이 참여하였다. 당시 덴마크와 스웨덴이 '북방 7년 전쟁'(1563-1570) 중이었는데, 이 전쟁은 척박한 농토 때문에 식량을 수입해야 하는 네덜란드가 동유럽으로부터 곡물을 수입하는 루트인 손트(Sont) 해협을 봉쇄시켜 네덜란드 주민들을 극심한 기근에 시달리게 하였다. 또한 통치권자인 펠리페 2세는 오스만투르크, 영국, 프랑스 등과의 전쟁으로 재정이 어려워지자 저지대인들에게 예전보다 훨씬 무거운 세금을 부과해 그들의 생활은 더욱 빈곤해졌다.

이듬해 '성상파괴운동'은 북부지역에 이르기까지 전국적으로 확산되었다. 이에 펠리페 2세는 강경파인 알바(Alba) 공을 총독으로 파견해 진압을 명령하였다. 그는 '폭동재판소'를 설치해 반란자 1만여 명을 처형하고 총독부의 중앙집권을 강화하고 세금을 증액하는 등 압제를 더욱 강화하였다. 이에 반발한 저지대 남부의 칼뱅교도들과 상인들이 북부지역이나 해외로 이주함으로써, 칼뱅교도들의 저항은 일단락되었다.

저지대인들의 반격은 1572년 '해상 거지들'이라는 해적 떼가 스페인군에 타격을 입히면서 시작되었다. 이후 북부에 거점을 둔 저항군은 몇 차례 전투에서 승리하고 교통의 중심지인 도르드레흐트(Dordrecht)를 함락시켰다. 북부의 중심인 홀란트 주는 '자치의회'를 열어 전투를 지휘한 빌렘 오란예(Willem Oranje)를 자신들의 총독(Stadhouder)[5]으로 추대했는데, 이때부터 저항운동은 빌렘이 구심점이 되어 보다 체계적으로 진행되었다. 빌렘은 가톨릭교도지만 저항군을 성공적으로 이끌기 위해 가톨릭에서 칼뱅교로 개종했는데, 이런 종교적 태도는 저항운동의 중심인 칼뱅교도들뿐만 아니라 여전히 다수를 차지하고 있는 가톨

---

5   저항군이 임명한 총독의 성격은 스페인이 파견한 식민지 총독의 그것과는 차이가 있다. 후자는 식민지의 최종 통치권자 역할을 했지만, 전자는 군사적 지도자의 성격이 강하며 정치는 주로 의회에서 이루어졌다(Secretan 2010, 83).

릭교도들의 마음을 움직였다. 그 결과 저항운동은 칼뱅교도들 뿐만 아니라 가톨릭교도들이 다수 참여하면서 더욱 기세를 얻었다(김영중·장봉익 1994, 106).

빌렘의 개종은 프랑스 '위그노전쟁'(1562-1598) 때 나바로의 앙리(앙리 4세)의 개종과 유사한 측면이 있다. 16세기 프랑스에서 가톨릭교도와 칼뱅교도인 위그노들(Huguenots)이 36년간 수차례 격돌한 '위그노전쟁'에서, 위그노들을 이끌던 나바로의 앙리가 1593년 파리점령을 목전에 두고 승리 후 프랑스를 통치할 때 다수인 가톨릭교도들을 통합하기 위해 가톨릭으로 개종하였다. 그리고 그는 왕위에 오른 뒤 1598년 '낭트칙령'을 발표해 본래 자신과 함께 싸웠던 위그노들에게 종교의 자유와 관용을 허락하였다(이동수 2018, 10-15). 빌렘은 나바로의 앙리보다 앞선 1572년 가톨릭에서 칼뱅교로 개종함으로써, 독립운동의 주축인 칼뱅교도와 스페인으로부터의 독립이라는 측면에서 공감하는 다수파 가톨릭교도 모두로부터 지지를 이끌어낼 수 있었다.

한편 네덜란드 독립운동기에 종교적 자유가 공식적으로 논의된 것은 1576년 '헨트 평화회의'에서이다. 이 회의는 저지대에 파견된 스페인 군대가 본국의 재정파탄으로 봉급을 못 받자 폭동을 일으켜 저지대 남부의 핵심 도시 안트베르펜(Antwerpen)을 점령해 노략질하고 8천여 명의 시민을 학살하자, 이 사태를 안정시키기 위해 헨트에서 열린 전국회의이다. 이 회의에서는 일종의 타협책이 제시되었는데, 저지대인들은 스페인 왕의 통치권은 인정하되 스페인 군대의 철수를 요청하고, 빌렘 오란예를 홀란트와 제일란트의 총독으로 인정하며, 그 두 주에서는 칼뱅교도들의 예배를 허용하는 안이었다. 그런데 이렇게 타협이 이루어진 배경은 저지대 남부의 주들은 스페인 군대를 몰아내는 데에는 동의

하지만, 가톨릭이 우세한 자신의 주에서 개신교 예배가 허용되는 것에는 반대했기 때문이다. 이는 칼뱅교를 그들의 종교로 삼은 것이 아니라, 각 주들이 가톨릭과 칼뱅교를 자유로이 선택할 수 있는 종교적 자유를 그들의 기본 입장으로 삼은 것이다(안인섭 2018, 288).

하지만 펠리페 2세는 이런 타협책을 무시하고 전략가인 파르마(Parma) 공을 새 총독으로 임명해 저지대인들에게 계속 압박을 가하였다. 파르마 공의 전략은 저지대 주들이 스페인에 대항할 때는 연합전선을 이루지만 종교적으로는 남부와 북부가 각각 가톨릭과 칼뱅교로 나뉘어 있다는 사실에 착안해 저항군 진영을 남북으로 분열시키는 것이었다. 그리하여 그는 1579년 저지대 남부에서 가톨릭 보호를 명목으로 가톨릭 중심의 '아트레흐트동맹'(Union of Atrecht)을 결성하고 우호 세력을 확보하였다. 이에 대한 맞대응으로 같은 해 빌렘의 형 나사우 오란예(Nassau Oranje)는 칼뱅교가 우세한 북부지역과 남부 상업도시인 안트베르펜, 헨트, 브뤼허를 중심으로 '위트레흐트동맹'을 결성하고 대치하였다. 이 동맹은 1576년 칼뱅교가 가장 활발한 북부의 홀란트와 제일란트 주가 연합한 것이 모태가 되어 여기에 동조하는 다른 주와 도시들을 포함해 연합체를 확대한 것이다.

그런데 이 동맹의 참여자들은 단순히 칼뱅교를 자신의 종교로 삼는 것이 아니라 종교적 자유를 각 개개인에게까지 확대하는 방안을 채택하였다. 동맹의 참여자들은 '위트레흐트조약'을 작성해 공유했는데, 이 조약의 13조는 개인의 자유를 인정하고 각 개개인은 종교적인 문제와 관련해 자신이 원하는 대로 할 수 있다는 것을 명문화하였다. 즉 종교적 자유의 단위를 영지나 주와 같은 정치적 단위가 아니라 개인 각자에게 둠으로써 개인의 종교적 자유를 보장한 것이다. 이는 1555년

'아우크스부르크 종교회의'에서 영주의 종교 선택권을 보장하고, 1573년 '헨트 평화회의'에서 각 주의 종교적 자유를 보장한 것으로부터 한 걸음 더 나아가, 각 개개인의 종교적 자유를 최초로 인정한 것이다.

하지만 1585년 파르마 공이 이끄는 아트레흐트동맹은 위트레흐트동맹에 참여한 남부의 최대도시 안트베르펜을 함락시켰다. 이는 저항군에게는 큰 손실이었으며 이후 남부 도시 헨트와 브뤼허가 동맹에서 탈퇴함으로써 위트레흐트동맹은 온전히 북부지역만의 연합체로 남게 되었다. 그러나 안트베르펜 함락 시 10만-15만 명에 이르는 남부의 많은 학자와 상인, 유대인들이 북부로 이주해 저지대의 핵심이 남부의 안트베르펜이 아니라 북부의 암스테르담으로 대체되는 결과를 빚었다. 요컨대 안트베르펜 함락은 저항운동의 중심이 남부에서 북부로 완전히 옮겨지는 계기가 되었으며, 또한 북부 저항군에게는 남부에서 온 이주민들의 인력과 자본이 큰 도움이 되어 전화위복의 계기도 되었다 (김영중·장붕익 1994, 112-113).

사태가 이렇게 되자 북부지역은 1588년 홀란트(Holland), 제일란트(Zeeland), 위트레흐트(Utrecht), 헬더란트(Gelderland), 프리슬란트(Friesland), 오버레이설(Overijsserl), 흐로닝언(Groningen) 등 7개 주의 대표들이 모여 네덜란드공화국의 독립을 선언하였다. 이는 가톨릭이 우세한 남부지역을 제외하고 칼뱅교가 득세한 북부지역만 따로 독립을 추진한 것이다. 그러나 북부지역도 전체적으로 볼 때 가톨릭교도가 다수였으며, 국가를 주도하는 홀란트와 제일란트에만 칼뱅교도들이 주축을 이루고 있었다.

이런 상태에서 북부의 정치지도자들이 고안한 것은 종교적으로는 가톨릭과 칼뱅교의 자유와 공존을 허용하되 정치적으로는 칼뱅주의를 주축으로 삼는 것이었다. 즉 국가의 정치적 정체성은 칼뱅주의로 통합하되, 신앙적으로는 개인의 종교적 자유를 허락해 칼뱅교 외에 가톨릭이나 유대교 등이 공존할 수 있도록 관용을 베푼 것이다. 이를 위해 먼저 전국의회를 구성하는 각 주의 대표 자리는 칼뱅교도들에게만 문호를 개방하였다. 칼뱅교도가 다수인 홀란트와 제일란트의 대표자는 칼뱅교도를 자연스럽게 선출했으며, 가톨릭교도가 다수인 다른 내륙주들은 하는 수 없이 칼뱅교도를 대표로 선출했다. 이는 정치적 결정은 칼뱅주의 노선을 따르게 한 것으로서, 이런 점 때문에 전국의회가 만장일치라는 결정 방식을 무리 없이 유지할 수 있었다. 다만 신앙적 차원에서 일반 시민들에게는 칼뱅교 외에 가톨릭이나 유대교 등의 종교적 자유와 관용이 보장되었다. 그런 점에서 네덜란드공화국은 칼뱅주의 노선을 견지했지만, 칼뱅교가 국가종교가 아니었으며 칼뱅교 교회들도 국가교회는 아니었다(de Jong 2011, 55).

이러한 방식은 '정교분리의 원칙'에 따른 것인데, 이 원칙은 16세기 후반부터 시작된 칼뱅교 내에서의 아르미니우스파와 호마루스파의 신학 논쟁을 통해 최종 정립되었다. 먼저 아르미니우스주의자들(Arminians)은 에라스투스(Erastus, 1555-1584)가 주장한 바와 같이 교회는 국가의 통제에 따라야 한다고 생각하고 국가가 종교적 자유를 보장해주는 국가교회를 원하였다. 반면 호마루스주의자들(Gomarists)은 교회가 국가로부터 자유로우며 교회가 개개인의 종교적 자유를 강화해줄 것을 요구하였다. 그들은 본래 칼뱅교 교리가 국가의 교회에 대한 통제를 부인했다는 점을 강조하면서, 시민 정부의 권위는 하나님 아래 있기 때문에 전능하지도 절대적이지도 않다고 보고 국가와 교회의 분리를 주장한 것이다. 이는 개인의 종교적 자유는 국가가 보장해주는 것이 아니라 교회에서 스스로 선택해야 한다는 것으로서, 국교의 불필요성을 피력한 것이다. 결국 이 논쟁은 1618-19년 '도르트총회'에서 호마루스주의자들이 승리함으로써 막을 내리고 '정교분리의 원칙'이 최종적으로 확정되었다(안인섭 2018, 300-301).

칼뱅주의 노선을 따르는 국가이지만 개인의 종교적 자유가 보장된 네덜란드공화국에는 많은 종교적 이민자들이 몰려들었다. 일찍이 저지대 남부의 많은 칼뱅교도들이 1567년 알바 공의 '폭동재판소'를 피해서, 그리고 1585년 안트베르펜이 함락되었을 때 북부로 이주하였다. 또한 1580년 포르투갈이 스페인에 병합되었을 때는 포르투갈에 거주하는 가톨릭교도 유대인들이 종교재판에 회부되자 네덜란드로 종교 이민을 감행하였다. 정복자 스페인이 가톨릭 순혈주의를 강조해 가톨릭교도이어도 다른 종교에서 개종한 자들(conversos)을 용납하지 않고 이단으로 처형했기 때문이다. 이들은 대체로 교육받고 부유한 상인들이었으며, 종교적 자유가 보장된 네덜란드로 이주해 다시 유대교로 개종하고 정착하였다. 유대인의 이민은 동유럽으로부터도 이어졌는데, 1635년부터 1750년 사이에 1만 명의 동유럽 유대인들이 종교적 박해와 집단학살을 피해 네덜란드로 이주하였다. 또한 17세기 말에는 프랑스로부터 종교탄압을 받은 위그노들이 다수 이주해왔다. 프랑스 칼뱅교도들은 '낭트칙령'으로 관용을 얻었는데, 1685년 루이 14세가 이 칙령을 무효화시키자 20여만 명이 프랑스를 탈출했으며, 이 중 5-6만 명 정도가 네덜란드로 이주했던 것이다. 그리하여 네덜란드는 전 유럽에 걸쳐 수많은 프로테스탄트 그룹들의 안식처가 되어 높은 수준의 종교적 자유를 얻었으며, 네덜란드도 이민자들이 가져온 인적·물적 자본을 통하여 경제적 발전에 박차를 가할 수 있었다(de Jong 2011, 53-54).

III. 연합과 합의의 정치체제: 연합국가제

　정치체제 측면에 있어서 네덜란드공화국은 연합국가제(confedera-tion)를 채택하였다. 이는 자치권을 갖는 각 주들이 연합해 국가를 구성하는 것으로서, 강력한 중앙정부의 조정을 인정하는 미국식 연방국가제(federation)와는 사뭇 다르다.[6] 네덜란드공화국의 연합국가제는 중앙정부 특히 각 주 대표들이 모여 만장일치를 통해 결정하는 전국의회가 최종 권한을 갖지만, 각 주나 그 아래 도시나 마을 단위에서는 이에 따르지 않을 수 있을 정도의 자율성과 자치권이 보장되는 느슨한 연합이다. 즉 도시와 마을, 그 상위 정치단위인 주, 그리고 그 주들의 연합인 국가가 각자 자율성을 가지면서도 상하로 연결되어 자율과 연합 그리고 합의를 통해 결정하고 이를 위해 상호 협력하는 것을 특징으로 한다. 그런 점에서, 로마 역사가 살루스티우스(Sallustius, BC 86-34)의 'concordia res parvae crescunt'(작은 것들이 자라 화합을 이룬다)로부터 영감을 받았다고 할 수 있다. 즉 네덜란드공화국의 건국 기조는 화합(con-cordia)에 있는 것이다(Maissen 2008, 125).

　연합국가제 채택은 네덜란드 독립운동 과정에서부터 이어진 전통에 따른 것이다. 1579년 아트레흐트동맹과 스페인 통치에 대항해 출범

6　미국 독립 시 매디슨(J. Madison)은 『페더랄리스트 페이퍼』 20장에서 근대 초 독일과 네덜란드, 스위스 등이 채택하고 있는 연합국가제를 비생산적이고 비효율적인 제도라고 비판하면서, 미국은 이와 달리 연합체의 중앙정부에 강력한 권한을 주는 연방국가제(federation)를 채택해야 한다고 주장하였다.

한 위트레흐트동맹 자체가 연합국가적 성격을 띠고 있었다. 처음 이 동맹엔 저지대 북부의 홀란트, 제일란트, 위트레흐트 3개 주가 참여하였고, 이후 북부의 4개 주와 남부의 도시들이 가담해 최종 완성되었다. 이 동맹은 1588년 네덜란드공화국 출범의 모태가 되었는데, 공화국 출범 당시엔 남부지역 도시들이 빠지고, 북부의 7개 주 즉 홀란트, 제일란트, 위트레흐트, 헬더란트, 프리슬란트, 오버레이설, 흐로닝언이 참여한 연합국가제로 성립되었다(Boogman 1979, 377).

그런데 7개 주는 인구와 경제력 등에서 큰 차이가 있었다. 홀란트, 제일란트, 프리슬란트와 같은 북해 연안의 주들은 인구가 많고 경제적으로 부유해서 연합국가 재정의 많은 부분을 담당하였다. 특히 17세기 국제무역 중심지로서 네덜란드의 '황금시대'를 주도한 홀란트는 다른 주들에 비해 상당한 영향력을 가진 반면, 위트레흐트, 헬더란트, 흐로닝언, 오버레이설 같은 내륙 주들은 연안 주들에 비해 인구도 적고 경제적으로도 훨씬 뒤처진 상태였다. 또한 연안 주들에서는 상인계급이 정치적으로 가장 중요한 반면, 내륙 주들은 농업생산이 여전히 중요했기 때문에 대토지 소유자들의 정치적 영향력이 높았다.

한편 홀란트의 도시들은 중세부터 발전을 계속해 도시정부 시스템을 갖기 시작한 1525년경에는 도시인구 비율이 40% 정도였으며, 1550년경에는 20여 개 도시에 60%의 인구가 살았다. 그리고 홀란트 주 인구는 전체 공화국 인구의 45%이고 제일란트주는 7% 정도로 2개 주의 인구가 전체 인구의 과반을 넘었다. 경제적인 비중에서도 홀란트 주는 전체 재정의 58%를 차지했고, 공채를 통한 조달을 포함하면 그 이상이었다. 이런 재정적 힘 때문에 자연스럽게 홀란트는 전국의회에서 제일 큰 영향력을 가지고 있었다(de Jong 2006, 151).

종교적인 문제도 영향력의 차이를 만드는 원인 중 하나였다. 스페인의 종교탄압을 계기로 남부지역의 많은 개신교도들이 북부로 이동했는데, 이들을 포함하더라도 당시 북부의 칼뱅교도는 총인구의 30% 정도에 불과했다. 하지만 그들이 '성상파괴운동'과 독립운동을 주도하면서 군대를 조정하고 정치를 담당해 지배계층이 되었다(Boogman 1979, 381). 따라서 네덜란드 전체 주민의 다수는 여전히 가톨릭이지만 국가를 주도하는 홀란트와 제일란트는 칼뱅교도들이 다수였으며 권력을 장악하고 있었다. 국가 내에서는 관용에 따라 가톨릭이 허용되었지만, 칼뱅교도인 국가주도층은 가톨릭교도들을 전적으로 믿지 않았으며 정치적으로는 의심스러운 사람들로 간주하였다. 따라서 가톨릭교도들에게는 홀란트나 제일란트뿐만 아니라 다른 지역에서도 도시정부에 참여하는 것이 공식적으로는 금지되었는데, 이에 따라 내륙 주들의 칼뱅교도 대표자들의 대표성은 다른 주요 도시들의 대표성보다는 적었기 때문에 발언권이 강하지 못하였다(de Jong 2006, 154-155).

이런 영향력의 차이에도 불구하고 위트레흐트동맹이나 네덜란드공화국이 여러 주들의 연합국가 체제를 이룬 것은 중세부터 발전한 도시의 통치 형태를 그 모태로 삼았기 때문이다. 따라서 자치권을 갖는 각 주들도 그 주에 속한 도시와 마을들의 자치를 허용했으며, 각 도시나 마을들의 자치의회에서의 결정이 어쩌면 가장 중요한 결정이라고도 볼 수 있다. 따라서 네덜란드공화국은 중앙의 '전국의회'보다 주와 그 아래의 도시나 마을의 지역 '자치의회'들이 더 중요한 '지방자치적 정치'(municipal politics)의 형태를 띠었다(de Jong 2006, 151-152).

그러면 정치제도에 대해 구체적으로 살펴보자. 각 주는 별도의 총독을 두고 있으며, 한 주의 총독은 다른 주 총독을 겸임할 수 있다. 그러나 총독은 군사 지도자의 성격이 강하며 주요 정책 결정은 각 주 대표들이 모인 전국의회에서 이루어진다. 주 대표의 규모와 선발방식은 주별로 차이가 있으나, 총 40여 명이 전국의회를 구성하였다. 그들은 주로 국방과 외교, 대외무역과 징세를 결정하였다. 그런데 결정을 실현하기 위해서는 각 주의 총독 및 지역에 있는 자치의회의 영향력을 계산해야 했으며, 과거 통치자였던 부르고뉴공국 및 합스부르크가 시절부터 이어져 온 전국의회 권력의 제한성이 존재하였다(Grever 1982, 125).

전국의회 의원들은 회의가 개최되는 헤이그에 상주했으며, 보통 25-30명이 정기적으로 회의에 참석하였다. 7개 주는 주요 사안의 심의와 최종 의결과정에서 모두 1표씩 행사함으로써 평등성을 유지했으나, 가장 영향력이 큰 주는 인구나 조세 부담에 있어서 월등한 홀란트와 제일란트였다. 7개 주 간의 합의는 비교적 신속하게 이루어졌는데, 설사 어떤 주들이 반대하더라도 이들은 칼뱅주의라는 정체성을 공유해 다수의 의견에 따르도록 설득하는 것이 용이했다. 또한 전국의회는 자주 소집되어 17세기 초엔 월평균 16-17일 정도 소집되었고, 어떤 경우엔 한 달에 25일이나 회기가 계속되기도 하였다(김준석 2008, 157-158).

전국의회는 산하에 각종 위원회를 두었다. 산하 위원회들의 역할은 본 회의에서 논의할 사안들을 미리 정하고 본 회의 결과로 채택된 최종 결의안의 문안을 작성하는 것이었는데, 특히 군사와 외교 분야에서 많은 활동이 이루어졌다. 군사를 담당하는 위원회에서는 군사 재정의 확충, 지휘관 임명, 부대의 이동과 요새의 유지 및 보수 등에 관해 전문적으로 다루었고, 외교를 담당하는 위원회에서는 유럽의 주요 국가들과의 관계를 전문적으로 연구함으로써, 위원회들은 실제 행정업무 기능까지 담당하였다(김준석 2008, 158).

또한 전국의회는 국가 재정의 핵심인 세금 문제도 중요 의제로 다루었다. 이때 중요한 것은 단일세제를 통해 중앙정부가 일괄적으로 세금을 징수하는 것이 아니라, 전국의회는 총세입의 분담금을 결정해 각 주에 할당해주고 각 주는 다시 하위 단위인 도시와 마을에 그 몫을 할당해줌으로써, 단위별로 분담금을 책정해 나름대로 징수하게 했다는 점이다. 이러한 징수체계는 단일세제를 통해 징수하는 것보다 훨씬 번거롭고 징수가 확실히 보장되지 않는 어려움이 있었으나, 조세권이야말로 각 주들이 주권을 행사하는 가장 중요한 자율성으로 인식했기 때문에 이 방식을 택하였다. 독립운동기나 '황금시대'에는 이러한 징세가 잘 이루어짐으로써, 위로부터의 지시 혹은 아래로부터의 주도 없이 '회합의 합의'를 통해 결론에 이르는 퀘이커교도들의 모임과 비슷하게 기능하였다(Kindleberger 2004, 149).

이렇게 지방자치나 위원회를 활용하는 시스템을 사용한 것은 네덜란드 독립을 주도하는 홀란트나 제일란트의 도시들이 중세부터 위원회(council)에서 결정하는 독특한 형태의 의사결정 구조를 가졌기 때문이다. 중세부터 도시정부들은 도시의 원로들로 이루어진 위원회가 중심을 이루었는데, 대체로 치안이나 심의를 담당하는 위원회 형태를 띠고 있었다. 위원회의 구성원은 '도시 대부'(city father)나 '현인'(wise man)이라 불리고, 시민을 대변하고 시정에 조언하는 동시에 감시하는 역할을 하였다. 위원회 위원들은 계속 복무할 수 있었는데, 이론상으로는 가장 현명하고, 존경받으며, 부유한 시민을 선택한다고 하지만, 실제로는 많은 위원회들이 구성원을 자체적으로 선택해 충원하였다. 그러나 각 주의 총독들이 강력한 경우, 위원을 임명함에 있어서 총독의 견제를 받기도 하였다. 대체로 각 도시의 위원회 구성원은 20-40명 정도였다(de

Jong 2006, 151-152).

도시정부는 시장(burgomasters), 치안판사(magirtrares), 시의원(alder-men), 보안관(sheriff) 등으로 구성되며, 입법, 사법, 행정의 임무를 수행하였다. 매일매일의 시정 운영은 2-4명의 시장들이 담당했는데 실제로 이들은 매일 만났다. 보안관과 약 17명 정도의 시의원은 사법행정을 담당하였다. 대체로 시장들과 치안판사들은 위원회에서 충원되고, 이후에도 위원회 위원직은 그대로 유지되었다. 그들은 1-2년을 임기로 서로 순환하였다. 요컨대 도시위원회는 시정부 구성원 임명에 큰 영향을 미치며, 도시위원회나 시정부 구성원은 흔히 '레헨트'(regent)[7]로 불리며 큰 영향력을 행사하였다(de Jong 2006, 152).

네덜란드의 레헨트들은 소수의 부유한 자들로서 과두적인 성격을 갖고 있었다. 그러나 그들은 특권을 소유하거나 세습이 가능한 귀족은 아니며, 그렇다고 해서 시민을 대신하는 대표자나 시민의 섭정도 아니다. 레헨트는 공직을 담당하는 자로서 공무의 관리자 혹은 통치자라 할 수 있다. 레헨트의 자식들은 레헨트 가문에 속하기는 하지만, 자기 자신이 경쟁을 거쳐 공직을 담당하지 못하면 레헨트가 될 수는 없었다. 또한 레헨트 가문들은 혼인을 통해 연대하고 호선을 통해 서로 밀어주기도 하지만, 레헨트 직 자체는 세습되지 않았다. 더욱이 레헨트에 임명되더라도 도중에 박탈당하는 경우도 있어서 죽을 때까지 그 직이

---

7   네덜란드에서 레헨트(regent)는 원래 통치자(ruler)라는 뜻으로 사용된다. 그런데 영어로는 regent로 번역하기 때문에, 한국에서는 영어 번역을 따라 흔히 '섭정'으로 번역되기도 한다. 하지만 레헨트에는 다른 사람을 대신해 섭정한다는 의미는 전혀 없다. 이 글에서는 이러한 오해를 피해 그냥 네덜란드이 '레헨트'로 사용하고자 한다. 이에 대한 자세한 설명은 주경철(2008, 110 주57)을 참조하라.

자동으로 보장되는 것은 아니었다(Israel 1995, 125).

레헨트가 성립된 것은 일찍이 부르고뉴공국이 저지대 지역을 통치하면서부터다. 부르고뉴공국은 저지대의 주인이지만, 지역의 통치는 주민들에게 의존했는데, 이때 공무를 담당할 사람들을 지역의 부유한 자들로 구성하였다. 공무를 수행하는 데에는 자유, 시간, 수단 등이 필요한데, 부자만이 가능하다고 생각한 것이다. 또한 레헨트에게 필요한 조건은 그 지역 토착민이어야 한다는 것과 본국이나 총독의 지시에 어긋나면 언제든지 그 자리에서 물러날 수 있어야 한다는 것이었다. 이런 레헨트를 이용해 부르고뉴공국(이후 합스부르크가)은 지역통치의 안정성과 효율성을 도모하였다. 이것이 소수의 부유한 토착민이 지역 정부를 구성하지만, 그 직이 세습되지 않고 총독에 의해 교체가 가능한 형태로 만들어진 이유이다(Israel 1995, 125).

이러한 통치방식은 공화정 시절의 고대 로마와 유사한 측면이 있다. 당시 로마는 원로원이 정치의 중심이었고 그 외에 집정관을 비롯한 행정관들과 대의회를 통해 과두적 성격의 공화정을 펼쳤는데, 이것이 중세 네덜란드 도시들의 모델이 되었다. 중세에 세워진 네덜란드 도시들의 청사 건물에는 아직도 S.P.Q.R.이라는 글자가 새겨져 있는데, 이는 로마의 라틴어 문장 'Senatus Populus que Romanus'의 약자로 '로마의 원로원과 대중'을 뜻하며, 로마의 주화, 공공사업이나 기념물의 헌정문, 로마 군단의 군단기 등에도 나온다(de Jong 2006, 159).

통치에 있어서 과두적인 성격은 한 주나 도시 내에서뿐만 아니라 각 주나 도시들 사이에서도 적용된다. 네덜란드의 주들이나 각 도시 및 마을들의 경우 자치가 허용되지만, 자치의 정도나 비중에 있어서는 서로 다르다. 연합국가를 구성할 때부터 위트레흐트동맹을 이끌던 홀란트와 제일란트가 국가를 주도하였으며, 특히 그 주의 도시들이 더 많은 자치권을 갖고 영향력을 지니고 있었다. 홀란트와 제일란트에 있는 도시들의 레헨트들은 자신의 주나 도시문제뿐만 아니라 공화국과 주 전체 상황에 대한 책임을 공유하였다. 그들은 심지어 여러 주 정부와 연방정부를 대리하기도 하였다. 더욱이 그들은 해외무역을 주로 하고 있었기 때문에 해군본부와 커다란 무역회사들에도 직접적으로 연관되었다. 그러나 도시위원회 위원직은 레헨트들에게 가장 근본적인 직책으로 남았는데, 여기에 각자의 위신과 권력이 놓여있었기 때문이다(de Jong 2006, 152).

이러한 연합국가 체제는 17세기 후반에 접어들면서 변화를 겪기 시작하였다. 특히 1650-51년 사이에 많은 홀란트 도시들이 위원회의 인원을 줄이기로 결정했는데, 이는 적은 위원회 인원이 개인에게 보다 많은 영향력과 위신, 그리고 수입을 가져다주기 때문이다(de Jong 2006, 152-153). 또한 17세기 초중반 전쟁에서 공을 세운 총독들, 예컨대 헨리(Frederic Henry, 재위 1625-1647)와 빌렘 2세(재위 1647-1650) 때에는 총독의 권한을 강화하고 전국의회의 권한을 축소하자는 논의도 있었다(Grever 1982, 125). 결국 '황금시대'를 지나면서 도시의 위원회나 자치의회, 그리고 전국의회에서는 점차 과두제의 폐해가 심해졌으며, 결국 네덜란드 공화국 출범 당시의 연합과 협력의 기조는 점차 사라지게 되었다.

한편 네덜란드는 17세기 후반부터 해외무역에서 큰 위기를 겪으면서 경제가 침체되었다. 그 주된 원인은 영국 때문인데, 영국 내란에서 권력을 획득한 크롬웰이 1651년 영국으로 수입되는 물품은 그 물품의 원산지 국적 선박이나 영국 선박만 허용한다는 '항해조례'를 만들어 네덜란드의 운송업과 무역업에 큰 타격을 입혔다. 이후 네덜란드는 17세기 후반 영국과 세 차례에 걸쳐 '영란전쟁'[8]을 치렀으며, 17세기 말에는 루이 14세의 프랑스와 장기간에 걸쳐 진행된 '네덜란드-프랑스전쟁'(1672-1678)으로 큰 타격을 입었다. 이후 네덜란드는 영국(그리고 프랑스)에 기존의 상권을 잃기 시작하다가 '나폴레옹전쟁'의 결과 공화국은 막을 내리게 되었다.[9]

IV. 국가와 자본의 결합: 통합 동인도회사

경제적 측면에서 '통합의 정치'의 기조를 보여주는 예는 통합 동인도회사의 설립이다. 네덜란드공화국은 스페인과 한창 독립전쟁 중이던 1602년 전국의회의 결의로 아시아무역을 담당하는 통합 동인도회사를 설립하였다. 이는 1590년대 개별적으로 경쟁하던 선구 회사들을 조정을 통해 통합한 것으로서, 국가로부터 전폭적인 지원을 받아 큰 성

---

8 '영란전쟁'은 모두 4차례에 걸쳐 진행되었다. 1차는 1652-1654년, 2차는 1665-1667년, 3차는 1672-1674년이다. 그리고 18세기 후반에 벌어진 '4차 영란전쟁'(1780-1784)에서 영국이 최종 승리함에 따라 네덜란드의 국력이 크게 쇠퇴하고 영국의 해양 패권이 확립되었다.

9 1795년 네덜란드를 점령한 프랑스는 네덜란드공화국 대신 괴뢰정부인 바타비아공화국을 세우고, 1806년 나폴레옹의 동생 루이 보나파르트를 왕으로 임명해 홀란트왕국을 수립하였다. 1815년 '비엔나 회의' 후 네덜란드는 독립해 벨기에, 룩셈부르크 지역과 연합왕국을 이루었는데, 1830년 벨기에가 독립하고 1890년 룩셈부르크가 떨어져 나갔다. 네덜란드는 1848년 자유 헌법을 채택해 예전처럼 의회의 권한이 다시 강화되었다.

공을 거두었다. 근대 주식회사의 전형으로 간주되는 통합 동인도회사는 1799년까지 아시아 지역에 20여 개의 상관(factory)을 운영하면서 유럽과 아시아를 잇는 대륙 간 무역과 아시아 지역 내에서의 역내무역을 주도하였고, 이를 통해 네덜란드의 경제이익을 극대화하고 국력을 크게 신장시켰다. 이 장에서는 독립전쟁 당시 네덜란드의 경제 상황과 여기서 국가 주도로 탄생한 통합 동인도회사에 대해 자세히 살펴보기로 한다.

먼저 네덜란드에서 비약적인 경제성장이 시작된 것은 1590년대부터이다. 저지대 북부지역인 네덜란드는 예전부터 조선업이 발달하고 발트해를 통한 무역이 활발했는데, 1585년 스페인 총독 파르마 공이 남부의 중심도시 안트베르펜을 함락시키고 압제를 강화하자, 남부지역 자본가, 상인, 지식인, 유대인 등이 북부로 이주해 무역을 주도하면서 경제가 크게 발전하였다. 또한 1648년 '30년 전쟁' 이후 체결된 '베스트팔렌조약'에서 네덜란드의 독립이 국제적으로 공인되고 전쟁이 종식되자, 1650년대에는 네덜란드 경제에 있어서 최고의 전성기가 도래하였다. 그리하여 네덜란드는 1588년 네덜란드공화국이 탄생했을 때부터 1672년 영국과 '3차 영란전쟁' 및 '프랑스-네덜란드전쟁'이 발생할 때까지 소위 '황금시대'를 구가하였다(de Jong 2011, 46).

해양 국가인 네덜란드는 일찍이 12세기부터 화물선 코허(Kogge)를 이용해 어업과 해운업을 키웠다. 당시 네덜란드 연안을 포함한 발트해 무역은 북독일 한자동맹이 사치품 무역을 하면서 주도했으며, 네덜란드는 적재함이 개방된 코허를 통해 목재나 곡물과 같은 벌크화물의 교역을 담당하였다. 13세기부터는 저지대 남부의 브뤼허와 안트베르펜이 발트해 무역의 중심지가 되었고, 이 지역 상인들은 운송을 북부의 홀란트, 제일란트 선주들에게 용역을 주었다(장봉익 2013, 238).

네덜란드는 16세기에 접어들면서 새로운 화물선인 플루트(Fluit)를 개발하였다. 이 선박은 코허와 달리 유선형 모양으로 적재량이 늘어났는데도 운항 속도가 빠르고 승선 인력도 줄어들어 한자동맹의 선박보다 더 경쟁력이 있었다. 따라서 발트해에서 곡물 무역을 담당하던 네덜란드는 전통적인 곡물 집산지인 폴란드의 단치히(Danzig)와 리투아니아의 쾨니히스베르크(Königsberg)에서 대량의 곡물을 수송해 일부는 자국의 수요를 충당하고 나머지는 서유럽에 중개무역을 함으로써 커다란 부를 축적하였다. 이렇게 발트해 무역이 성장한 데에는 정치적 협력관계 구축도 큰 역할을 하였다. 이 무역의 성패는 북독일 홀슈타인과 덴마크 사이의 손트(Sont) 해협의 안정성에 달려 있었는데, 한자동맹은 다른 국가들과 수차례 전쟁을 벌인 반면 네덜란드는 협상력을 발휘해 다른 국가들과 평화적 관계를 구축해 안정성을 확보하였다. 이에 따라 네덜란드는 호위함대 파견과 같은 불필요한 비용을 절감하고 교역의 효율성을 높일 수 있었다(장봉익 2013, 239-242).

한편 16세기 '대항해 시대'로 접어들면서 유럽은 발트해나 지중해 무역과 같은 역내무역뿐만 아니라, 교역 대상이 대서양과 인도양으로 확대된 대륙 간 무역을 활발히 전개하였다. 유럽에서 처음 아프리카의 희망봉을 돌아 인도양과 동아시아에 진출한 국가는 포르투갈인데, 포르투갈은 16세기 초 인도에 진출한 이후 아시아의 향신료와 후추를 유럽에 들여와 다른 국가들에게 재분배하였다. 이 과정에서 네덜란드는 포르투갈로부터 인계받은 후추를 유럽에 판매하는 중개무역을 담당하였다.

그러나 스페인의 펠리페 2세가 1580년 포르투갈을 병합하고 1585

년 무역 독점을 위해 모든 외국선박의 스페인-포르투갈 항구의 입출항을 금지시키자 네덜란드의 중개무역은 타격을 입었다. 또한 후추의 수요는 계속 늘어나고 포르투갈의 상품공급이 부족해 후추가격이 상승함에 따라 아시아무역의 경제성이 높아졌다. 이런 상황에서 후추 시장에서 배제된 네덜란드는 소극적인 중개무역에서 벗어나 포르투갈과 경쟁하면서 직접 아시아 시장을 개척하게 되었다(주경철 2005, 5-6). 이로써 네덜란드 무역은 발트해의 벌크 무역 즉 목재와 곡물과 같은 부피는 크지만, 부가가치가 크지 않은 물품들을 중개무역 하는 방식에서 벗어나, 아시아무역 시장에 뛰어들어 후추와 향신료와 같이 부피는 작지만, 부가가치가 높은 사치품 무역을 직접 수행하는 방식으로 전환하게 된 것이다(Israel 1995, 315-316).[10]

그런데 네덜란드가 아시아무역을 직접 시작하게 된 데에는 또 다른 이유가 있다. 네덜란드에 사치품 무역에 투자할 수 있을 정도의 거대한 자본의 형성이 그것이다. 이 자본은 남부 저지대에서 북부로 이주해온 이주민들 덕분이었다. 앞서 말한 것처럼, 1585년 저지대 남부 핵심 도시 안트베르펜 함락 후 많은 남부 주민들이 스페인의 압제를 피해 자유로운 북부지역으로 이주하였다. 이들은 주로 자본가나 상인, 기술자 등 고급인력으로 그 수가 10만-15만 명에 이르렀다. 이 중 일부는 영국이나 독일로 가기도 했으나 대부분은 홀란트와 제일란트로 이

---

10 발트해 무역은 네덜란드 전체 교역의 절반을 넘어 통합 동인도회사나 서인도회사를 합친 규모보다 더 큰 비중을 차지하였다. 하지만 이윤의 측면에서는 사치품을 교역하는 아시아무역이 너 큰 수익을 올렸으며, 고부가가치의 사치품을 직섭 교역함으로써 위상이 한 단계 격상하게 되었다.

주했으며 특히 홀란트의 중심 도시인 암스테르담에는 3만 명 정도가 정착하였다. 조선업과 운송업이 발달해 많은 선박을 갖고 있던 네덜란드는 이 기회를 놓치지 않고 남부 이주민들의 거대한 자본을 활용해 대륙 간 무역을 진행할 수 있었던 것이다(Israel 1995, 308-309).

그리하여 1590년대 네덜란드에서는 직접 아시아무역을 개척하는 회사들이 다수 만들어졌는데, 이를 '선구 회사'라고 부른다. 이 회사들은 항해를 마치고 돌아와 손익을 분배한 후 공식으로 해산되는 일회용 회사로서 일종의 모험 조합 성격을 지녔다. 선구 회사의 총수는 15개 정도였으며, 이들은 1598-1601년 사이 총 65척의 선박을 아시아에 보내 경제활동을 하였다. 어떤 경우엔 이익이 발생하기도 했으나, 대부분은 큰 성과를 거두지 못했다. 예컨대 암스테르담 대상인들이 주도해 만든 '원거리 회사'는 1년에 1회 출항해 2년 6개월 동안 항해를 하고 돌아와 손익을 분배한 결과, 초기 투자 비용 29만 길더를 충당하는 정도에 그쳐 사업적으로 큰 의미가 없었다. 다른 회사들도 대체로 같은 결과를 얻었는데, 그 이유는 이 회사들이 서로 지나치게 경쟁했기 때문이다(주경철 2005, 6-7).

이에 중앙정부는 지나친 경쟁으로 인한 공멸의 위험을 감지하고, 적극적으로 개입해 선구 회사들의 통합을 시도하였다. 그러나 중앙정부가 모든 것을 결정할 수는 없었으며, 각 주와 회사들의 이해관계를 반영하는 조정과 합의의 과정이 필요했다. 예컨대 동인도회사의 본부는 어디에 둘 것인가, 이사진은 어떻게 배분할 것인가, 최대 세력인 홀란트와 제일란트 간의 경쟁을 어떻게 조정할 것인가 등의 문제가 주요 조정과 합의의 대상이었다. 이 과정에서 제일란트가 계속 동의해주지 않자, 중앙정부는 제일란트를 제외하겠다고 협박함으로써 동의를 얻어

내 1602년 동인도회사를 공식 출범시켰다. 회사명은 각 지역에서 활동하던 이전의 여러 회사들을 연합해 하나의 회사를 만들었다는 의미에서 '통합 동인도회사'로 결정되었다(주경철 2005, 8).[11]

통합 동인도회사는 암스테르담, 호른, 엥크회이젠, 델프트, 로테르담, 제일란트에 각각 독립적으로 지사를 구성해 활동했으며, 이 중 제일란트 지사를 본부로 삼았다. 회사 이사진은 총 60명이었는데, 이 중 암스테르담 20명, 제일란트 12명, 나머지 지역들은 7명씩 배당하였다. 행정 부문에서는 레헨트 그룹이 중심을 이루듯이, 회사에서는 이사들이 핵심 구성원이 되었다. 그리고 이사들 중 17명을 뽑아 '17인 위원회'(Heren XVII)를 구성하고 여기서 최종 결정이 이루어졌다.

국가는 통합 동인도회사에 전례 없는 특권을 주었다. 아시아무역에 있어서 이 회사의 독점을 인정하고, 공인된 독점권을 잘 유지할 수 있도록 회사에 국가의 기능까지 부여한 것이다. 예컨대 통합 동인도회사는 중앙의 전국의회를 대신해 아시아 국가 및 영주들과 조약을 체결하고, 전쟁을 선포하며, 요새와 상관을 건설하고, 군인을 충원할 수 있는 권한을 가졌다. 이로써 동인도회사는 '국가 밖의 국가'가 되었으며,

---

11 영국은 엘리자베스 1세가 1600년 아시아무역에 대한 독점권을 부여한 동인도회사(East India Company, EIC)를 설립한 바 있다. 영국 동인도회사는 네덜란드 통합 동인도회사보다 2년 빨리 설립되었지만, 이는 공식적인 설립만 빠를 뿐이지 실질적으로는 네덜란드보다 뒤처져 있었다. 네덜란드인들은 이미 선구 회사들을 통해 아시아무역을 수행했으며, 영국의 동인도회사는 네덜란드의 선구 회사들을 추격하기 위해 만든 것이었다. 영국인들은 후발주자로서 포르투갈, 네덜란드와 힘겨운 싸움을 벌여야 했으며, 1708년 새로 설립된 회사가 기존의 회사를 합병해 확대한 이후에야 아시아무역에서 주도권을 얻게 되었다.

네덜란드의 자본주의적 발전이 국가주의와 결합되었다. 특히 네덜란드의 경우 국가가 자본을 억압하지 않고 둘 사이에 긍정적인 관계가 이루어졌다. 국가는 자본에 대해 군사와 행정 등의 면에서 도움을 줄 뿐 자신이 직접 사업을 관장하지 않아서, 자본의 실용적인 이윤 추구가 가능하였다. 그 결과 통합 동인도회사의 첫 항해는 265% 이익을 얻어 대성공을 거두었다. 이 성공에 힘입어 통합 동인도회사가 자본을 모집하자 투자자들이 몰려들었으며, 초기엔 소액 자본가들이 많이 참여하였다. 이때 자본 총액은 6,424,588 길더였는데, 당대 신기록을 수립할 정도였다(주경철 2005, 10-11).

　　그런데 통합 동인도회사가 무한한 자유를 누릴 수 있었던 것은 아니다. 이 회사는 국가와 같은 특권을 가졌지만, 그 대신 네덜란드 국가의 감독(supervision)을 받아야 했다. 우선 조약이나 동맹, 아시아 현지 총독에 대한 지시사항들은 모두 전국의회의 승인을 받아야 했고, 아시아에서의 일반적 사무에 대해 정기적인 보고서를 중앙정부에 제출해야만 했다. 또한 특권을 부여한 특허장의 유효기간은 21년이어서, 그 이후에는 전국의회에 의해 다시 검토되고 갱신되어야 했다. 그리고 동인도회사의 모든 군사령관이나 외교를 담당하는 자들에게는 회사뿐만 아니라 국가에 대한 충성의 맹세도 해야 하는 이중의 서약 의무도 있었다(Israel 1995, 322).

　　또한 본사의 17인 위원회에서 현지 총독과 그 총독이 함께 의논해야 할 위원회의 위원들을 임명했는데, 이때 초대 총독으로 보트(Pieter Both)가 임명된 이유는 그가 홀란트나 제일란트 출신이 아니며 어떤 현지 상관과도 관계가 없었기 때문이다. 이는 통합 동인도회사 총독의 성격을 잘 나타내주는데, 스페인이나 포르투갈의 총독이나 부왕(viceroy)과 전혀 다르다는 것을 알 수 있다. 통합 동인도회사 총독은 지배자도 아니고, 궁정 법관도 아니며, 어떤 종류의 귀족이나 대인이 아니다. 그의 지시는 그동안 있었던 중요한 결정들, 예컨대 승인된 조약이나 법령들, 그리고 보고서들에 의해 제한을 받으며, 오직 현지 위원회와 협의한 이후에만 결정을 내릴 수 있었다. 이것은 공화국의 집단책임제(system of collective responsibility) 원칙을 적용한 것으로서, 통합 동인도회사 총독의 결정은 단순히 총독 일인에 의해서가 아니라 여러 사람과의 협의 및 합의에 따라 이루어졌던 것이다(Israel 1995, 322-323).

통합 동인도회사 설립 후 네덜란드는 포르투갈의 아시아무역을 앞지를 수 있었다. 그 이유는 앞서 지적한 것처럼 국가와 자본이 결합되어 무역의 경제활동과 국가의 지원이 잘 맞아떨어졌기 때문이다. 이에 비해 포르투갈의 아시아무역은 소위 '왕실의 무역'으로서 무역의 이익을 왕실이 독점하는 형태였다. 또한 포르투갈의 아시아 진출은 무역 외에 가톨릭 선교를 주된 목적으로 삼아 정치적, 종교적 의도가 개입되어 경직된 반면, 네덜란드의 경우 무역을 정치 및 종교와 확실히 구별함으로써 보다 개방적이었다. 예컨대 일본과 처음 무역을 시도한 국가는 포르투갈이었는데 그들은 가톨릭 전도를 내세웠기 때문에 일본과의 무역에서 제외되었고, 선교를 내세우지 않은 네덜란드만 유일하게 쇄국정책을 취한 일본에서 무역을 할 수 있었다(이묘희 2017, 58-59).[12]

---

12 아시아무역에서 포르투갈과 네덜란드의 차이에 대해 스테인스가르트(Steensgaard 1976)는 포르투갈은 아시아에 형성된 기존 네트워크를 이용해 재분배하는(redistribute) 방식이었던 반면, 네덜란드는 아시아에 시장경제를 확대해 이윤을 얻는 방식이었다고 설명한다.

그러나 17세기 말부터 통합 동인도회사는 어려움을 겪기 시작하였다. 설립 초기엔 소액주주들이 많이 있었는데, 이때가 되면 소수의 대주주들이 주식을 독점하게 되었다. 예컨대 제일란트 지사 주식의 75%는 암스테르담 시민 108명이 소유하게 되었으며, 전체적으로 소액주주들의 수가 점차 줄어들고 소수의 대주주들이 주식을 매집했던 것이다. 또한 주가가 너무 많이 올라 수익은 크지 않았으며, 중국과 일본의 쇄국정책으로 인해 동아시아 무역에서는 한계가 있었다. 1700년대 이후엔 신대륙에서도 향료, 설탕 등 상품이 수입되기 시작하면서 아시아무역으로부터 얻는 수익도 줄어들게 되었다. 결국 18세기 말 통합 동인도회사는 사실상 파산 상태에 이르렀으며, 나폴레옹이 세운 괴뢰국인 바타비아공화국 정부에 의해 국유화되었다가 1799년 최종 해산되었다.

V. 결론

이상의 논의를 요약하면 다음과 같다. 첫째, 16세기 말 건국된 네덜란드공화국은 그 기조가 화합으로서 '통합의 정치'의 좋은 예이다. 이는 고대로부터 주어진 척박한 토지를 생활 가능한 간척지로 만들기 위해 서로 협력했던 전통, 중세 상업 도시들이 위원회에서 협의를 통해 결정했던 방식, 근대 초 스페인으로부터 독립하기 위해 서로 연합했던 경험이 있기 때문이다. 둘째, 네덜란드공화국의 '통합의 정치'는 종교와 연관되어 정교분리의 원칙 속에서 신앙적으로는 칼뱅교, 가톨릭, 유대교 등의 종교적 자유와 관용이 허용되지만, 국가 운영은 기본적으로 칼뱅주의적 노선에 따라 이루어졌다. 셋째, 정치체제 측면에서 '통합의 정치'는 7개 주 대표들이 모여 협의하는 전국의회가 주요 사항을 결정하지만, 각각의 주와 그 하위의 도시 및 마을들이 자치의회에서 이를 거부할 수 있는 자치체들의 연합국가 체제로 운영되었다. 넷째, 경제적 차원에서 '통합의 정치'는 기존의 선구 회사들을 통합한 통합 동인도회사에서 볼 수 있는데, 이 회사는 각 주에 배당된 이사들로 구성된 17인 위원회가 중심 역할을 수행하지만 6개 지사들이 각자 독자적으로 경제활동을 수행할 수 있는 연합의 성격을 지녔다.

이러한 '통합의 정치'는 다양성을 대신해 단일성을 지향하는 '통일의 정치'나 다양성의 개별적 특성만 강조하는 '분절의 정치'와는 성격이 전혀 다르다. '통일의 정치'는 혼란된 사회에 질서를 부여한다는 명목으로 전제적인 정치를 초래하기 쉽고, '분절의 정치'는 종교적, 이념적, 민족적, 계급적 분열을 초래함으로써 사회를 파탄시키기 쉽다. 반면 '통합의 정치'는 다양한 개체성을 보존하면서도 그것들 사이의 연합과 협력을 통해 사회적 갈등을 완화하고, 사회적 응집력을 만들어낸다.

그런데 여기서 유의할 것은 사회적 통합을 이룰 때 각각의 개체성이 동등한 비중을 갖고 평등하게 연합되는 것은 아니라는 점이다. 즉 통합은 일종의 '통합의 동학'(dynamics of integration)의 결과이기 때문에, 통합의 출발 단계에서는 개체들 사이에 비중의 차이가 존재하며, 어떤 지향성이나 코어(근간)가 형성되어 그 동학의 과정을 추동한다. 다만 그 지향성이나 코어가 폐쇄적인 단일성이 아니라 그 자체도 연합과 결합으로 이루어진 것이어서 다양성 자체를 보존할 수 있어야 한다.

이런 '통합의 동학'은 히버마스(Habermas 1996)가 말하는 사회통합과는 다르다. 그에 의하면, 사회통합은 '이상적 발화 상황'(ideal speech situation)과 '소통의 평등'(equality of communication)이 가능한 공론장(pub-lic sphere)에서 사회적 합의(consensus)가 이루어질 때 실현된다. 그러나 이런 사회통합은 '이상적 발화 상황'이나 '소통의 평등'이라는 이상적인 조건을 전제해야만 하므로 비현실적이다. 이와 달리 현실 속에서 통합은 다양하지만 비대칭적인 개체들이 자신의 필요와 상황의 변화에 따라 협상하고 조정한 결과로서 나타난다.

그런 점에서 네덜란드공화국에서의 '통합의 정치'는 보다 현실적인 통합의 예를 보여준다. 먼저 공화국을 구성하는 7개 주가 전국의회에서 만장일치를 통해 정치적 의사를 결정하는데, 여기에 참여하는 7개 주가 모두 동등한 위치를 점하고 있는 것은 아니다. 앞서 살펴본 것처럼, 전국의회에서 7개 주는 모두 1표씩의 권리를 행사하지만, 여기서 주된 의견은 대부분 인구수와 재정담당의 측면에서 전체의 과반을 차지하는 홀란트와 제일란트에 의해 제기된다. 다만 이 중 어느 주도 홀로 주도권을 가질 수는 없다. 특히 홀란트는 칼뱅주의적 요소나 인구수, 경제적 측면에서 주도적인 주이기는 하지만 제일란트의 도움 없이 혼자서는 과반을 획득할 수 없는 한계를 지니고 있다. 따라서 홀란트는 언제나 제일란트와의 공조를 필요로 한다. 또한 홀란트와 제일란트의 공조 역시 과반을 겨우 넘을 정도여서 이 두 주들의 연합만으로는 만장일치를 이루기가 불가능하기 때문에 두 주는 아무리 주도권을 갖고 있다손 치더라도 타협과 설득을 통해 나머지 주들의 합의를 이끌어내야만 한다.

또한 통합 동인도회사의 경우에도, 이사회를 이루는 60인의 구성을 보면 홀란트와 제일란트가 32인을 차지해 겨우 과반을 넘기는 정도이며, 최종 결정을 내리는 17인 위원회에서도 두 주의 이사들이 과반을 점유하지만 나머지 위원들의 동의 없이는 운영에 어려움이 생기기 마련이다. 따라서 홀란트와 제일란트는 통합 동인도회사의 주도권을 갖지만, 이 주도권은 통합의 기조 속에서만 작동이 가능한 것이다. 한편 종교적 측면에서는 정교분리의 원칙 아래 국가 정체성과 국정운영의 기조는 건국기의 칼뱅주의 노선을 따른 통합을 추구하면서, 신앙적으로는 다수를 이루는 가톨릭과 과반이 안 되는 칼뱅교 및 유대교 등이 종교적 자유를 구가한다. 요컨대 네덜란드공화국에서의 '통합의 정치'는 홀란트와 제일란트 및 상업주의와 칼뱅주의라는 코어를 중심으로 종교적 자유와 사회적 다양성이 용인되는 체제였던 것이다.

그러나 이와 같은 코어 중심이 초래할 전제적 위험성을 제거하기 위해, 네덜란드공화국의 '통합의 정치'는 하위 단위에서의 거부권을 인정해주었다. 만장일치에 의해서만 전국의회에서 결정할 수 있다는 것, 각 주나 그 하위의 도시 및 마을에서조차 전국의회의 결정을 최종적으로 따르지 않을 수 있도록 배려한 것 등은 통합이 자칫 전제로 타락할 가능성을 인지했기 때문이다. 그런 점에서 네덜란드의 '통합의 정치'는 묘한 측면이 있다. 즉 동등하지 않은 비대칭적 요소들이 어느 주도적인 코어 아래 통합을 이루지만, 그 통합이 각각의 개별성을 억압하고 무시하지 않게 최대한의 안전장치를 마련했다는 것이다.

그런 점에서 현실 세계에서의 통합은 사실 동등한 참여자들의 이상적 합의(consensus)보다는 비대칭적인 구성원들 간의 적절한 타협(compromise)에 의존한다. 즉 통합은 하버마스가 강조하는 보편적인 공통감각(common sense)에 의존하기보다는 서로 다른 개체들이 공존과 공동의 목표를 위해 서로를 인정하고 타협하면서도 서로를 견제하고 감시하는 끈을 놓지 않는 상황에 대한 적절한 균형감각(balanced sense)을 필요로 하는 것이다.

이러한 '통합의 정치'는 우리에게 많은 시사점을 던져준다. 오늘날 우리 사회도 통합이 절실히 필요하기 때문이다. 한국 사회는 현재 수많은 분절된 세력과 집단들, 예컨대 보수나 진보라는 관념에 사로잡힌 이념집단, 아직도 지역적인 감정에 의존하는 지역집단, 2030, 4050, 6070으로 나누는 세대분절, 심지어 남성과 여성이라는 성적 구별을 정치적으로 악용하는 남녀분절이 사회적 분열을 확대시키고 있다.

이는 명분을 중시하면서 정의와 불의, 선과 악의 구분에 따라 사태를 파악하는 전통적 정치문화가 여전한 가운데, 아직 민주주의의 본질인 '통합의 정치'가 자리 잡지 못한 결과이다. 어느 한쪽이 명분을 얻고 그것을 바탕으로 독주하려 할 때 통합은 불가능해진다. 정의나 선, 명분보다 공동체 자체의 중요성이 인정되고 그 공동체가 추구하는 공동선이 존재할 때 '통합의 정치'는 비로소 가능하다. 네덜란드공화국은 다양한 구성원들, 예컨대 칼뱅교도와 가톨릭교도 및 유대교도들, 그리고 무역 중심의 홀란트와 제일란트, 프리슬란트 같은 연안 주들과 농업 중심의 내륙 주들이 스페인의 압제로부터의 독립과 해외무역 확대를 통한 경제성장이라는 공동의 목표를 추구하는 가운데 '통합의 정치'가 작동했다. 우리의 분절된 구성원들에게는 어떤 공동선과 공동의 목표가 있을까? 우리의 '통합의 정치'는 이 질문에서부터 시작해야 할 것이다.

참고문헌

김영중·장붕익. 1994. 『네덜란드사』. 서울: 대한교과서.

김준석. 2008. "국가연합(confederation)의 역사적 재조명: 미국, 독일, 네덜란드 그리고 유럽연합." 『국제정치논총』 48집 1호, 143-169.

선학태. 2012. "네덜란드 민주주의 동학: 합의제 정당정치와 조합주의 정치의 연계." 『한국정치연구』 21집 3호, 369-393.

안인섭. 2018. "도르트 총회(1618-1619) 직전 시대의 네덜란드 교회와 국가 관계의 배경 연구." 『한국개혁신학』 57호, 279-312.

안인섭. 2021. "네덜란드 연방공화국을 통해 전망하는 통일 한반도의 미래." 『기독교와 통일』 12권 1호, 5-38.

이동수. 2018. "16세기 위그노전쟁과 정치적 정의로서의 화해." 『정치와 평론』 23집, 1-22.

이묘희. 2017. "17세기 초 네덜란드 동인도회사의 동북아시아지역 차(茶) 무역에 관한 고찰." 『한국예다학』 5호, 55-68.

장붕익. 2013. "발트해 무역과 17세기 네덜란드: 곡물교역을 중심으로." 『동유럽발칸연구』 33권, 231-253.

주경철. 2005. "네덜란드 동인도회사와 아시아 교역: 세계화의 초기 단계." 『미국학』 28호, 1-32.

주경철. 2008. 『대항해시대: 해상팽창과 근대세계의 형성』. 서울: 서울대학교 출판문화원.

Andeweg, Rudy B. 2000. "From Dutch Disease to Dutch Model?: Consensus Government in Practice." *Parliamentary Affairs* 53: 697-709.

Boogman, Johan C. 1979. "The Union of Utrecht: Its Genesis and Consequences." *Bijdragen en mededelingen betreffende de geschiedenis der Nederlanden* 94(3): 377-407.

de Jong, Joop. 2006. "Visible Power?: Town Halls and Political Values." In *Power and the City in the Netherlandic World,* edited by Wayne te

Brake and Wim Klooster, 149-175. Leiden: Brill Academic Publishers.

de Jong, Joop. 2011. "The Dutch Golden Age and Globalization: History and Heritage, Legacies and Contestations." *Macalester International* 27(7): 46-67.

Elliott, John H. 1963. *Imperial Spain 1469-1716*. NY: Edward Arnold; 존 H. 엘리엇 저·김원중 역. 2000. 『스페인 제국사 1469-1716』. 서울: 까치.

Frijhoff, Willem. 2002. "Religious Toleration in the United Provinces: From 'Case' to 'Model'." In *Calvinism and Religious Toleration in the Dutch Golden Age*, edited by R. Po-Chia Hsia and Henk Van Nierop, 27-52. Cambridge: Cambridge University Press.

Grever, John H. 1982. "The Structure of Decision-Making in the States General of the Dutch Republic 1660-68." *Parliaments, Estates and Representation* 2(2): 125-153.

Habermas, Jürgen. 1996. *Between Facts and Norms: Contributions to a Discourse Theory of Law and Democracy*. Cambridge: The MIT Press.

Israel, Jonathan. 1995. *The Dutch Republic: Its Rise, Greatness and Fall, 1477-1806*. Oxford: Oxford University Press.

Kindleberger, Charles P. 1996. *World Economic Primacy: 1500-1990*. Oxford: Oxford University Press; 찰스 P. 킨들버거 저·주경철 역. 2004. 『경제강대국 흥망사 1500-1990』. 서울: 까치.

Lijphart, Arend. 1999. *Patterns of Democracy: Government Forms and Performance in Thirty-Six Countries*. New Haven: Yale University Press.

Maissen, Thomas. 2008. "Inventing the Sovereign Republic: Imperial Structures, French Challenges, Dutch Models, and the Early Modern Swiss Confederation." In *The Republican Alternative: The Netherlands and Switzerland Compared*, edited by André Holenstein, Thomas Maissen, and Maarten R. Prak, 125-150. Amsterdam: Amsterdam University Press.

Secretan, Catherine. 2010. "'True Freedom' and the Dutch Tradition of Republicanism." *Republics of Letters* 2(1): 82-92.

Steensgaard, Niels. 1976. *The Asian Trade Revolution of the Seventeenth Century: The East India Companies and the Decline of the Caravan Trade.* Chicago: University of Chicago Press.

5장 영국 공화정 전환에 나타난 통치성의 변화

이병택

I. 들어가며

나라마다 그에 적합한 통치체제를 수립하는 것은 대단히 어려운 일이고 오랜 시간이 소요되는 일이다. 사회적 정황들의 변화에 따라 통치성의 양식도 변화를 비껴갈 수 없다. 이러한 점을 고려한다면 안정적인 체제를 수립하고 유지하는 일은 정치공동체의 큰 과제이다. 이 글은 1688년 명예혁명 이후 안정된 체제로 기능하고 있는 공화정을 품고 있는 영국의 입헌군주제가 어떻게 수립되었는지에 대한 흄의 통찰을 드러내는 데 목적이 있다. 통상 '입헌군주제'라 말하는 영국의 군주제는 '세습 제한 군주정'(hereditary, limited monarchy)이다. 여기서 필자는 흄의 영국정치사 서술에 담긴 사회의 진화 내지, 발전의 내적인 논리와 더불어 그에 적합한 통치성의 양식도 밝혀볼 생각이다. 간단히 말해 사회와 경제적 조건의 성장으로 자유를 갈망하는 습속을 가진 인민에 적합한 통치성을 찾은 영국인들의 정치적 창의성이 이 글의 핵심이다.

영국 공화주의자들은 로마의 공화주의 사상을 탐독했고 로마의 모델을 본받고자 했다. 그러나 크게 보면, 영국의 공화정은 강력한 과두정의 특징을 가진 로마 공화정과 달랐다. 그 차이는 노예노동에 기초한 고대사회와 상업을 기초로 한 현대사회의 차이에서 비롯된 것일 수 있으나, 그 두 공화국의 역사적 궤적 또한 차이가 난다. 로마는 왕정에서 공화정으로, 그리고 공화정에서 원수정으로 변해갔다. 반면 영국은 공화정의 요소를 강하게 품으면서도 왕정의 형태를 계속 유지하는 독특한 역사적 궤적을 보여준다. 전승에 따르면 왕정에서 공화정으로 로마가 이행한 것은 타르퀴니우스 왕족의 '거만'(superbia)에서 비롯되었다.[1] 왕(rex)의 존재를 배격한 선례는 공화정의 몰락 이후 왕정으로의 복귀를 불가능하게 했다. '원수'(princeps)는 사실상 어떠한 일에 있어서의 '제1인자'를 의미하는 말이었다. 왕이란 말은 사용이 금지된 것이기 때문에 다른 이름이 필요했던 것이다.

로마의 공화정은 대체로 귀족들이 과두적 지배를 하는 방향으로 진행되었다.

귀족 지도자들이 권력의 기반을 닦고 왕정복고의 위험을 씻어버릴 때까지 평민 중 상류층에 속하는 사람들의 군사적·정치적 지원을 얻

---

1 리비우스는 '거만한 왕을 몰아내는 것'(Superbo exacto rege)을 공화 정신의 핵심으로 간주한다(Livy 1919, 219).

으려 했을 가능성이 있다. 위기가 가시고 평민들의 지원이 더 이상 필요가 없어졌을 때, 귀족들은 틀림없이 관직 독점을 제도화하고 부유한 평민 가문들을 배제한 채 배타적인 사회 정치적 집단이 되는 방향으로 나갔다(Heichelheim 1999, 117).

왕의 거만한 통치에 대한 전반적인 불만으로 귀족을 중심으로 한 공화정이 시작되었다. 마찬가지로 귀족들 간의 격렬한 경쟁적 싸움으로 야기된 사회적 혼란에 대해 더 이상 참을 수 없다는 전반적 의견은 1인 지배를 마지못해 수용하게 했다. 다수 권력자들 간의 경쟁에 의한 혼란과 약탈보다는 차라리 한 사람으로부터 억압과 약탈이 더 낫다고 생각하는 것이다.

이[아우구스투스]의 1인 통치에 반대하는 사람은 아무도 없었다. 대담무쌍한 벌족은 모두 전사하거나 사형 선고를 받아 사라져 버렸고, 살아남은 자들은 노예처럼 굴복하는 것이 정치적으로나 금전적으로 성공할 수 있는 길이라는 것을 알아챘다. 그들은 변혁 과정을 통해 큰 이득을 본 까닭에 이제는 위험하고 불확실한 옛 정치 상태보다 안전한 기존 상태를 선호했다.
게다가 속주의 주민들도 새로운 질서에 반감을 품지 않았다. 그들은 권력자들 사이의 경쟁과 정무관들의 탐욕 때문에 원로원과 귀족의 (populi) 지배를 싫어했고, 법은 폭력과 음모, 그중에서도 특히 수뢰에 의해서 무력화되어 그러한 문제점들을 바로잡지 못했다(Tacitus 2005, 44).[2]

로마 정체의 변화를 통해 볼 때 통치의 승인은 통치에 대한 어떠한 이상적인 체제를 설계하는 것으로 볼 수 없을 것이다. 통치는 통치받는 사람들이 참을 수 없거나 용인하는 정도에 궁극적으로 근거한다. 다시 말해 단순한 아이디어 차원에서의 최상의 통치가 문제가 되는 것이 아니라 '현실'로서 체감되는 통치에 대한 승인 정도가 핵심적 사안이다. 흄에 따르면 "통치는 의견에 근거한다". 여기서 의견(opinion)은 단순한 아이디어가 아니라 우리가 현재 생생하게 느끼는 인상과 결합되어 믿음을 불러일으키는 관념이다. 즉 현재의 관습, 필요, 그리고 믿음으로 해명되지 않는 제도나 규칙은 공동체 성원에게 승인을 받지 못할 것이다.

다른 한편 통치의 효과성은 대단히 많이 과거에 의거한다. 통치에 있어 새로운 사물의 효용은 사람들의 단순한 계산을 넘어선다. 우리를 둘러싼 정황들의 큰 변화는 그에 대응할 수 있는 큰 조치를 요구하는 것도 맞는 말이다. 그러나 새로운 사물에 대한 인간의 자연적 저항을 고려해야 하고, 새로운 사물이 일관성을 가진 일반적 사물이 되기까지의 시간도 염두에 두어야 한다. 다시 말해 새로운 사물이 공동체 성원의 일반적인 승인을 얻는 일은 지난한 과정이란 점이다. 그렇기 때문에 새로운 사물을 헌 자루에 담으라는 말은 가볍게 넘길 수 없다.

그러나 가장 어려운 일은 체제 경쟁에서 나타나듯이 '더 나은' 사물의 상태를 평가하는 기준을 밝혀내는 것이다. 홈즈(Oliver W. Holmes Jr.)는 보통법을 로마법보다 더 선진적인 것이라 평가한다. 법에 있어 이

---

2   수정이 필요한 부분은 역자의 번역을 다소 바꾸었다.

러한 평가가 가능하다면 정치 체제의 평가에서도 우위의 기준이 존재할 것이다. 흄에 있어 이 기준은 인간 본성과 그를 둘러싼 외부적 정황의 성격에 크게 의존한다. 인간 본성에 대한 그의 해명이 오늘날에도 여전히 타당한 것인지 아닌지는 아직 결론이 나지 않은 듯하다. 그럼에도 한 가지 확실한 점이 있다. 흄의 영국사는 현대적 통치성의 생성에 대한 의미 있는 해명으로, 이후 아담 스미스(Adam Smith)의 사상에 큰 영향을 주었다. 곧 흄의 영국사는 자유의 습속을 가진 사람들의 생활 방식을 관찰하고 그에 적합한 통치를 그의 철학적 관점으로 풀어냈다.

II. 영국 사회와 경제의 발전 논리

노르만인들의 정복 이후 영국 사회는 거의 전적인 봉건제의 특징을 띠었다. 여러 가지 명목으로 앵글로-색슨인들은 노르만 귀족들에게 토지를 빼앗겼을 뿐 아니라, 토지를 소유한 자유민조차도 신변의 안전을 도모하기 위해서 귀족들에게 토지를 바치며 봉건의 관계를 맺었기 때문이다. 따라서 전반적으로 사회는 '노예 상태'(serfdom)에 빠졌다. 이러한 상태에서 내적인 변화의 주요 원인은 시간이었다. 봉건 관계는 사실상 대단히 불안정한 관계이다. 봉토는 주군에게서 온 은혜의 사물이기 때문에 원칙적으로 주군의 임의에 따라 언제든지 회수당할 수 있는 사물이다. 귀족들과 경쟁 관계에 있는 왕은 가급적 많은 '봉사'를 뜯어가려 했고, 귀족들은 왕으로부터 오는 친해를 막으려 노력했다.

이러한 불안정한 사물의 상태에 안정을 준 것은 시간이었다. 봄에

씨앗을 뿌리면 그 과실을 뿌린 자가 향유하는 것은 당연해 보였다. 그 기간 안에 토지를 빼앗을 수 없는 것이다. 일 년이 지나 다시 봉건 관계를 맺을 때 가신에게 큰 과실이 없다면 그에게 다시 토지를 하사하는 것은 자연스럽게 생각되었다. 이렇게 시간이 가면서 매년 의례적인 계약을 맺는 의식을 거행하는 것은 번거로운 것이 되었다. 그리고 전쟁터에서 가신이 전사할 경우 그 토지를 그의 자식들에게서 빼앗는 것은 불의한 것으로 보였을 뿐 아니라, 전의를 상실하게 할 가능성이 농후했다. 이렇게 민간에서 상속이 관행화된다. 이러저러한 정황들로 인해서 시간이 갈수록 불안정했던 봉토에 점유자에게서 빼앗을 수 없는 사물 곧 '재산'이라는 관념이 심어지게 되었다. 다시 말해 재산의 관념이 봉토에 뿌리내리게 됨으로써 봉건 토지에 안정이 생기게 되었다.

위와 같은 자연스러운 논리로 봉건제도는 시간이 흐름에 따라 귀족 세력이 압도적이게 된다. 왕과 귀족은 원거리에 위치하는 관계로 시간이 갈수록 소원해지는 반면, 귀족과 가신의 관계는 가까이에 거주하면서 자주 여러 가지 일로 거래하기 때문에 강화될 수밖에 없다. 노르만 정복 150년이 지나면서 노르만 귀족은 피정복민 앵글로-색슨을 포섭하여 왕에 대항하게 된다. 이것이 '대헌장'(Magna Carta)이란 사건이었다. 대륙의 봉건사회보다 영국의 경우 왕의 세력이 오랜 기간 강력했다. 그 이유는 소수의 노르만인들이 피정복민에 둘러싸여 있었기 때문에 왕을 중심으로 그들의 반란에 대비한 방어 태세에 있었기 때문이다.

이렇게 봉건제도의 안정은 곧 봉건제도의 내부 붕괴를 의미했다. 봉토에 대한 침해가 어려운 상황에서 왕의 탐욕은 더해갔고, 귀족들의 방어는 더 강화되어갔다. 계속되는 왕의 침해에 거만해진 귀족들의 반란이 이어졌다. 더 이상 이러한 상태의 지속이 어려워 보이는 지경에 이르렀다. 봉건 관계의 정점에 있는 봉건지주로서의 왕은 이 문제를 해결할 수 없었다. 이후의 역사가 말해주듯이 대륙에서의 해법은 상비군을 갖춘 '절대군주'였다. 영국은 다른 과정을 거쳐갔다. 대헌장에서 맹아를 드러냈듯이, 왕은 법에 의해서 제한을 받고 왕에 대한 충성은 절대적인 것이 아니라 잠정적이라는 발상이다. 이러한 발상에 기대어 에드워드 1세는 귀족들의 침해로부터 인민을 보호하는 정의의 원천으로서의 왕의 모습을 제시한다. 그의 치세에 봉토의 안정 문제는 마침내 굳어졌다. 그 대신 그는 부족한 세수를 확보하기 위해 지방의 대표들을 소집하여 하원의 제도화를 이끌어갔다.

그 이후 영국 사회와 경제의 큰 변화는 헨리 7세에 의해 일어난다. 에드워드 1세는 봉토를 안정시켰으나 그것의 이전(transfer)은 금했다. 다시 말해 봉토는 지정된 상속자에게만 이전이 가능했다. 상속이 지정된 토지(entails)는 재산을 집중시키게 되고, 그로 인해 토지를 바탕으로 한 귀족들의 정치적 영향력은 지속되었다. 봉건제도의 해체로 인해 과거 칼을 들었던 귀족은 차츰 칼보다는 '사치'(luxury)로 자신들의 존재감을 드러내고자 했다. 그래서 암암리에 귀족들은 그들의 토지를 팔곤 했다. 이러한 습속을 감지하고 헨리 7세는 귀족 세력의 정치적 영향력을 줄이기 위해 합법적으로 토지를 매매할 수 있게 길을 터주었다.

튜더 시대의 정치적 안정은 상업의 성장을 가져왔고, 상업의 발달에 따라 귀족들은 칼을 버리고 사치와 과시의 습관에 빠졌고, 그들의 토지는 하원을 구성한 세력들의 손에 들어갔다. 상업의 발전은 개인적 자유(personal liberty)의 향유를 가져왔고, 보다 온건하고 자유로운 직업으로 사람들을 몰아갔다. 종교의 예배 또한 변화를 겪는다. 과거의 화려하고 위엄한 분위기를 자아내던 의식을 멀리하고 소박하고 간편한 예배를 선호하게 되었다. 신에 대한 호칭도 '당신'(Thou)이라는 친근한 것을 선호하게 되었다. 자유와 개인의 성장에 따라 위압적인 귀족의 지위에 대한 저항도 빈번해져 갔다. 이러한 전반적인 정서의 변화는 비밀리에 시민에 의한 정치적 변혁을 준비하고 있었다.

요약하면 영국의 사회와 경제는 인신과 사물을 봉건적 관계에 예속시켰었다. 봉건제의 안정과 해체가 동시에 진행되면서 인신과 사물은 차츰 봉건적 예속에서 이탈하였다. 그 과정에서 혼란과 전쟁이 빈발했다. 중요한 점은 봉건사회의 이완에 긍정적인 방향을 제시하는 규정성이다. 그 규정성은 사물의 안정과 이전에 있다. 사물의 안정이 선행하지 않으면 왕이든 귀족이든 아니면 다른 형태의 힘 센 자들의 '도둑질'이 계속될 것이다. 법을 지켜야 하는 것으로 '믿기'까지(관행으로 되기까지) 오랜 시간과 사회적 혼란이 뒤따랐다. 일단 사회적 안정이 정착하자 귀족들의 '환대'(hospitality)에 기대어 빌붙어 살던 사람들도 각자 자신의 일을 찾아 나섰다. 그 이후 사물의 이전이 일어났다. 그럼으로써 초기에 지나치게 불평등하게 나누어졌던 토지가 싸움(혁명) 없이 다른 사람들에게 이전될 수 있었다. 새로운 사물의 도래와 과거의 끈질긴 유전은 서로 마찰을 일으키며 정치적 변화를 예고한다. 사회와 경제에서 마찬가지로 통치 권위에 있어서도 권위의 안정과 이전의 문제는 동일한 패턴으로 등장한다. 이러한 현상은 흄의 철학적 해명에서 드러나듯이 인간이 세계를 구성하는 과정으로 소급될 수 있다.

Ⅲ. 세습 제한 군주정 (1): 통치의 안정

1. 승계 규칙의 기원과 성장

윌리엄의 영국 정복 이전의 역사에서 세습의 규칙은 불명확했고 '권리'에 대한 관념은 전반적으로 미약했다. 윌리엄의 영국 왕위 주장도 실상 승계의 논란을 이용한 것이다. 따라서 야만적 군주정이 아니라 세습 군주정에 초점을 맞춘다면 봉건체제에 대한 설명으로부터 시작하는 것이 적절할 것이라 생각된다. 왜냐하면 영국의 왕위 세습 규칙은 봉건체제의 정착으로부터 유래하기 때문이다. 흄에 따르면 봉건체제는 정착과 동시에 해체의 과정에 들어서게 된다. 봉건체제는 임의 계약에 기초한 주종관계에 근거한다. 그러나 정해진 특정 토지에 장기간의 정착 생활을 통해 생긴 지속의 산물(시간)은 봉건적 임의성의 원칙을 해체해갔다. 아래에 소개될 봉건 정착의 과정은 의도치 않은 결과에 의한 제도 발전의 한 사례에 해당한다.

정치적 측면에서 주종관계의 임의적 계약에 기초한 봉건체제는 군주정보다는 귀족정으로 치우치는 기본적인 경향을 보인다. 그 가운데 왕의 권위는 제한적일 수밖에 없었다. 왕의 권위를 제한하는 몇 가지 정황들은 아래와 같았다.

첫째, 최고의 봉건영주로서의 왕은 그가 하사한 봉토에 조건 된 봉사를 제외한 나머지 영역에서는 봉신들의 동의와 자문에 의존해야 했다. 유럽의 북쪽 숲속에서 다져진 전사로서의 삶의 방식은 동의 없는 충성을 생각할 수 없게 했다. 이러한 습속은 정복지에 정착한 이후에도 지속되었고, 많은 봉신들의 동의나 자문을 얻지 못한 왕의 결정은 권위가 반감될 수밖에 없었다. 즉 봉건적 왕의 권위는 봉신들의 동의 라는 대단히 임의적(voluntary) 요소에 의존했다. 따라서 왕은 의사결정 의 장에 영주들의 참석을 바라지 않을 수 없었고, 반면 영주들은 왕으 로부터의 참석 요구를 일반적으로는(in general) 자신들의 '특권'으로 간 주하면서도 영지를 벗어날 때의 비용과 불편함 때문에 그 개별적(par-ticular) 행사에서는 면제되기를 바랐다. 그래서 의사결정에 참석하는 일은 일반적 시각에서는 특권이면서도 구체적 행사는 '부담'으로 간주 되었다.

둘째, 왕과 봉건영주의 관계는 봉건영주와 그 가신들에게도 동일하 게 적용되는 것이었으나, 그 실제적 작용에서는 크게 다른 결과를 낳 았다. 왕으로부터 멀리 떨어져 사는 봉신과 왕의 관계는 소원해졌고, 반면에 가까이 살면서 영주의 대소사에 함께 참여했던 가신들의 관계 는 가까워질 수밖에 없었다. 생활의 인접성의 차이로 인해 봉건체제는 강하게 귀족정으로 기울어지는 경향을 갖는다. 바꾸어 말하면 동일한 관계의 위계에서 왕과 영주의 관계는 시간이 흐름에 따라서 상대적으 로 소원해져갔다.

덧붙여 교황의 권위 또한 왕의 권위를 제한하는 것이었다. 교권과 왕권 간의 대표적 싸움은 헨리 2세(재위 1154-1189년)와 그의 총아로서 켄터베리 대주교에 앉은 베킷(Thomas Beckett)의 갈등이다. 헨리 2세는 교황의 권위를 제한하기 위해 그가 정치적으로 키웠던 베킷을 켄터베 리 대주교에 앉혔다. 그러나 베킷은 헨리 2세의 의도를 배반하고 교황 의 권위를 배경으로 그와 대결했다. 헨리 2세는 교회의 권위로부터 정 치 권위를 명확하게 구분하려 했지만, 실효를 거두지는 못했다.

위와 같은 봉건체제의 일반적 경향에도 불구하고 정복 이후 영국의 왕들은 대륙에 비해 큰 권위를 행사했다. 소수의 정복인이 다수의 피정복민을 통치하는 상황은 방어를 위해 왕을 중심으로 정복인들을 결집하게 했다. 윌리엄의 영국 정복(1066년)으로부터 대헌장(1215년)에 이르기까지 오랜 기간 동안 위에 언급한 귀족정으로의 경도를 늦춘 것은 다름 아닌 피정복민의 반란에 대한 공포가 영주들에게 자리하고 있었기 때문이다. 이러한 관계는 정복 이후 150년이 흐른 시점에서 전환점을 맞는다. 대헌장에서 영주들은 강력한 왕에 대항하기 위해 피정복민이었던 앵글로-색슨인들을 포섭한 것이다.

그런데 영국에서 왕의 권위를 불안하게 했던 것은 특히 왕위 승계의 규칙이 부재했던 데 있다. 정복왕 윌리엄 이후 평온하게 왕위에 오른 사람은 거의 없었다. 그렇기 때문에 정통성의 문제는 늘 현재 왕의 권위를 불안하게 했고 그렇기에 왕은 '난폭한'(violent) 통치로 이끌리곤 했다. 그러나 가장 큰 문제는 왕위 계승에 안정성을 부여할 관념(의견)이 없었다는 점이다. 크게 보면 존(John) 왕 이전까지 왕위 승계는 특정한 규칙이 없었다. 찬탈의 연속이라고 보는 것이 맞을 것이다. 존과 그의 둘째 형의 아들 아더(Arthur) 사이의 왕위 자격 논쟁과 전쟁 또한 승계 규칙의 혼란과 깊은 관련이 있다. 그러나 존 왕 이후에는 선왕과의 혈연적 가까움이 아니라 장자 상속의 원칙에 따른 '가문 대표'(representation)의 규칙이 점차 굳어졌고 에드워드 1세 치세에는 확실하게 수립된 것으로 나타난다(Hume 1983a, 408; Hume 1983b, 93).[3]

3 　맥아디는 흄이 세습 군주정을 신출 군주정에 비해 신호한다고 본다. 그 이유는 세
　　습군주정이 정부의 지속적인 안정성에서 선출 군주정에 비해 우위에 있다는 판단

영국에서의 왕위 승계의 규칙은 봉건체제의 관습에 기초한 장자 상속의 관념이 발전하면서 수립된 것이다. 대표성의 규칙은 장자가 죽은 경우 그에게 아들이 있으면 그 아들이 상속권을 갖는다. 그리고 그에게 아들이 없을 경우 둘째로 상속이 진행되는 방식이다. 덧붙여 남계(男係)가 없으면 여계로 상속이 이어진다. 여계로 상속될 수 있는 점에서 영국은 살리카 법(Salic law)의 지배하에 있던 대륙과 달랐다. 장자에 대한 특별한 지위는 봉건제의 관습으로부터 비롯된 것이다. 즉 아버지가 전쟁에서 죽을 경우 그를 대신해서 싸움을 할 수 있는 자는 싸울 나이에 이른 장자가 될 확률이 높기 때문이다. 장자 상속에 대해 흄은 두 가지 평가를 한다. 첫째, 그것은 왕위 상속의 규칙이 됨으로써 왕의 권위에 안정성을 부여했다. 둘째. 장자 상속은 재산의 불균형을 심화시켰다. 곧 장자 상속은 왕위 승계에 안정성을 부여했으나, 사적으로는 재산의 불균형을 심화시켰던 것이다.

앞서 말했듯이 봉토는 주종관계의 산물이기 때문에 언제든지 회수될 수 있는 성질의 사물이다. 곧 상속이란 관념은 봉건체제의 원래 관념과는 이질적인 요소이다. 봉토는 재산이 아닌 시혜적(beneficiary) 성격의 은대지로 이해되었기 때문에 상속의 대상이 될 수 없는 것이었다. 그런데 임의적 계약에 기초한 봉건체제가 정착하면서 그 체제에 이질적인 요소를 배태하였다. 이 변화는 민간으로부터 시작해서 왕위 승계

때문이다(McArthur 2007, 101). 맥아더는 흄의 정치사상에서 안정되고 세련된 군주정의 의의를 부각시키려 한다. 하지만 그는 영국정치사에서 펼쳐지는 세습 군주정과 제한 군주정의 성장과 충돌, 그리고 결합은 다루지 못하고 있다. 다시 말해 세습 군주정에 대한 흄의 선호는 그 당시의 정황을 고려한 결과이다.

로 확대되었다.

그러한 변화를 일으킨 관행의 형성과정을 간단히 설명하면 아래와 같다. 추수 이전에 토지에서 몰아내기는 힘들었다. 씨를 뿌린 자가 거두는 것이 이치에 맞는 것으로 보였기 때문이다. 봉토에 종속된 봉사를 잘 이행할 경우 그로부터 다음 해에 토지를 회수하기는 어려웠다. 매년 봉토를 주고받는 의식은 부담이었고, 따라서 그 의식을 거행하는 횟수는 점차 줄어들었다. 이렇게 해서 봉신의 보유(tenure)는 점차 종신으로 확대되었다. 그리고 전쟁에 참가해 죽을 경우 자식에게 봉토가 돌아가지 않는다면 왕은 봉신의 충성을 기대하기 어려울 것이다. 무엇보다 한정된 토지에 오래 거주하는 것은 거주자의 애착심을 불러일으켰다. 위와 같은 정황이 지속됨으로써 재산이라는 관념이 차츰 시혜적 성격의 봉토에 스며들었다. 이러한 재산의 관념이 무게를 얻어가면서 봉토는 아들이 없을 경우에는 그 소생의 딸에게도 상속되었다.

이러한 민간의 관습을 헨리 1세(재위 1100-1135년)는 처음으로 왕위 승계에 적용하려 했다. 그러나 형으로부터 왕위를 찬탈했던 헨리 1세는 그러한 왕위 승계를 확신할 수 없었다. 그래서 그는 기회가 될 때마다 귀족들에게 거듭 그의 딸에 대한 충성을 맹세하게 했다. 하지만 이것으로 아직은 그의 사후에 일어날 찬탈을 막을 수 없었다.

봉건체제가 갖는 높은 귀족정의 파고에도 불구하고 세습 군주정이 쉽게 전복되지 않은 원인이 있었다. 권위의 원칙적 측면과 정황적 요소들이 있다. 먼저 봉건체제를 떠받치는 권위의 원칙은 주종관계에 있었다. 이 권위의 원칙을 가장 예민하게 인지하고 있는 계층은 다름 아닌 대귀족들이었다. 이 때문에 그들은 왕에 대항할 때조차도 왕의 제거까지는 나아가지 못했다. 그것은 곧 하극상에 의해 자신들의 권위를 해체하는 결과를 가져올 것이기 때문이다. 존 왕에 대한 반란에서 대귀족들이 보여준 자제, 그리고 그의 아들 헨리 3세에 대한 온갖 반란에도 불구하고 그들은 왕을 제거하지는 못했다. 이러한 봉건적 권위의 관념을 대귀족은 가장 오랫동안 보유했던 계층이다. 그런 면에서 그들은 봉건체제의 인질이라 할 수 있다.

이에 덧붙여 정황적인 면도 있었다. 소귀족들은 대귀족들의 방종과 침입으로부터 피난처를 찾기 위해 왕을 지지했다. 그들은 왕을 법과 정의의 원천으로 간주했다. 그리고 인민들은 주권자의 장엄함을 여전히 선호했다. 그래서 정치공동체의 우두머리로서 왕은 전국적 전쟁의 발발과 참전을 통해서 권위를 높이려 했다. 여기에 왕의 지도자로서의 자질이 더해지면 왕은 큰 권위를 행사할 수 있었다.

위와 같은 요인들에 의해서 지탱되던 왕의 권위는 상속 규칙이 고정됨으로써 더 큰 안정을 찾았다. 상속 규칙의 고정이 가져온 효과를 몇 가지 사례들에서 찾아보자.[4] 첫째, 헨리 3세(재위 1216-1272년)가 죽었을 때 그의 왕위 계승자 에드워드[향후 에드워드 1세(재위 1272-1307년)]는 국내에 있지 않았다. 그리고 의도적으로 그는 국내로 들어오는 일정을 늦추면서 국내의 정세를 관찰했다. 그럼에도 그에 대항하는 왕위 경쟁자는 나타나지 않았다. 둘째, 에드워드 1세의 아들 에드워드 2세(재위 1307-1327년)는 자질 부족으로 대귀족들에게 경멸의 대상이 되었

---

4   아래에서 소개될 사례는 '관행의 힘'(force of convention)을 드러내는 것이다(Hardin 2007, 86-91). 하딘은 관행의 힘을 즉각적인 사례에 적용시킨다는 인상을 받는다. 그렇기 때문에 그는 흄의 영국정치사 서술로부터 관행의 힘이 다양한 방식으로 전개되는 과정을 찾아내지 못했다고 생각된다.

다. 부인과 부역자들이 그를 몰아내기 위해 프랑스에서 출발해 영국에 도달할 즈음, 국내의 귀족들은 배에 왕위 계승자인 어린 에드워드(향후 3세, 재위 1327-1377년)가 있다는 점을 확인하고 반역의 부담을 내려놓았다. 셋째, 강력한 왕이었지만 정통성이 결여된 헨리 4세(재위 1399-1413년)와 그가 폐위시켰던 허약한 왕이었지만 적통이었던 리처드 2세(재위 1377-1399년) 간의 권위 행사에서 나타난 차이이다. 즉 허약한 리처드 2세가 헨리 4세보다 훨씬 큰 권위를 행사했다는 점이다. 달리 표현해 상속의 정통성은 왕의 권위에 안정성을 부여했다. 그럼에도 야만적 단계를 벗어나지 못한 사회에서는 개인적 자질과 권위가 뒷받침되지 않을 경우에 왕위는 불안한 것이었다.

귀족정으로 경도되는 봉건제도의 경향에 맞서 왕은 권위를 유지하는 방법을 창안하곤 했다. 귀족들의 재산을 무리하게 침탈하는 일이 더 이상 가능하지 않은 단계에서 에드워드 1세는 조세의 원천을 넓히기 위해 지방의 대표를 포괄하는 의회를 부활시켰다. 이런 식의 의회는 그에 앞서 시몽 드 몽포르(Simon de Monfort)가 시도했었다. 그러나 에드워드 1세의 선친 헨리 3세에 맞선 그의 반란이 실패한 이후 그 선례는 폐지된 채 있었던 것이다. 그런 선례를 에드워드 1세가 부활시킨 까닭은 시몽 드 몽포르와 마찬가지로 봉건체제에 기초한 통치가 잘 작동하지 않는다는 판단 때문이다. 그는 대귀족들의 탈세 등으로 생긴 재정적 위기를 타파하기 위해서 조세의 원천을 넓힐 필요가 있다는 점을 절감했던 것이다. 둘째, 에드워드 1세는 등극하면서부터 대귀족들을 통제하기 위해 공평한 법의 집행을 실행하려 했다. 대헌장에서부터 대귀족들은 그들의 방종이 아니라 왕의 자의적 통치를 제어하려 했다. 이제 에드워드 1세는 대귀족들에게 동일한 잣대를 들이밀고 있는 것이다. 이와 같이 왕은 권위를 유지하기 위해 하원과 손을 잡고 대귀족의 방종을 억제하면서 봉건영주로서의 모습에서 서서히 탈피하지 않을 수 없었던 것이다.

2. 규칙 위반과 새로운 질문들

헨리 4세는 리처드 2세를 폐위시켰다. 흄에 따르면 그것은 공적인 성격의 것이라기보다 리처드가 그에게 가한 부정에 대한 사적인 복수의 성격이 짙었다. 이에 더해 그는 인민들의 지지에 편승해 리처드 2세의 적통 상속자를 제치고 왕위에 올랐다. 상속의 규칙을 어긴 대가로 그는 재위 기간 내내 반란에 시달려야 했다. 그 대가는 혹독한 것이었다. 말 그대로 한숨을 돌릴 틈이 없을 정도로 그는 거듭되는 전쟁에 빠지게 되었던 것이다. 그의 아들 헨리 5세(재위 1413-1422년) 또한 상속 위반의 약점을 기억했고, 그의 프랑스 왕위 요구와 전쟁을 추동한 것도 그 원인에서 상당히 빚진 것이었다. 프랑스를 완전히 장악하기 직전 헨리 5세의 갑작스러운 때 이른 죽음으로 한 돌도 채 지나지 않은 그의 아들 헨리가 왕위를 이어받았다. 헨리 6세(재위 1422-1461년)의 오랜 유년 기간과 더불어 전무한 국정운영 능력은 랭커스터 가문의 적통성 논쟁을 수면 위로 불러왔다.

여기서 두 가지 흥미로운 정치적 질문이 제기된다. 첫째, 헨리 4세가 그의 왕위 자격에 대해 어떻게 사고했을까? 흄은 헨리 4세의 왕위 등극의 정당성과 관련된 유사 추리 과정을 따라간다. 여기서 그는 아마도 헨리 4세가 '인민의 동의'라는 생각을 떠올리지 않았을까 추론한다. 세습의 정통성을 갖지 못한 그로서는 왕위 자격의 다른 근거들을 찾았으나, 결국 근거가 부족한 애매한 말들로 수습하지 않을 수 없었다. 인민의 동의라는 관념은 그 당시 사람들이 받아들이기에는 너무 낯선 것이었고, 또한 그 관념은 왕위에 '조건'을 붙이는 것이기에 그 스스로가 받아들이기 힘들었을 것이다. 그럼에도 정통성 결여 의식 때문에 헨리 4세는 의회의 동의 없는 과세 불가의 규칙을 양보하지 않을 수 없었고 그 규칙은 랭커스터 왕조에서 확고하게 수립되었다. 이 권력을 의회는 강력한 왕들인 에드워드 1세와 3세로부터 집요하게 요구했으나, 그들은 위기의 순간을 대비해 한 자락 임의적으로 세금을 거둘 수 있는 권력을 끝까지 남겨두고자 했다. 이 점을 고려한다면 위와 같은 왕의 양보를 가능하게 한 것은 역설적으로 바로 세습 군주정이 수립된 효과라고 볼 수 있다. 이 점에서 헨리 4세의 사례는 대헌장 이전에 흔히 발생했던 찬탈과 상대적으로 대조된다. 세습 규칙이 수립되기 이전 헨리 1세의 경우도 찬탈을 무마하기 위해 권리를 양보하는 '헌장'을 발표했지만 그에 대한 준수는 바랄 수 없는 것이었다.

둘째, 찬탈에 의해 수립된 왕조는 어느 정도 지속되어야 정당성을 획득할 수 있는가? 아니면 그것은 새로운 정통성을 만들 수 없는 것인가? 이것은 대단히 흥미로운 정치적 질문이다. 요크 가문의 리처드는 랭커스터 가문의 치세 50년을 넘긴 시점에서 왕위 요구를 주장했다. 랭커스터 가문의 상당히 긴 치세를 고려해서 그는 요구라기보다 일종의 제안이라고 생각될 정도의 절제된 요구를 했다. 과거의 부정을 바로잡는 시정의 요구는 그 기간 수립된 재산과 작위 그리고 법을 철회하는 것이었기에 그의 왕위 요구는 영국 사회를 두 파벌로 나뉘게 했다. 요크 가문은 원칙론을, 랭커스터 가문은 정세론을 펼쳤다. 원칙론은 과거의 잘못을 시정하지 못한다면 반역의 문을 열어놓는 것과 다름이 없다는 논리를, 정세론은 이미 수립된 것을 되돌리는 데 따르는 사회의 기반 붕괴를 경고했다. 흄은 두 주장 중 어느 쪽에 더 무게가 실리는 것인지 판단할 수 없다고 말한다. 이러한 흄의 입장은 사블의 헌정주의와는 사뭇 다른 태도라 볼 수 있다. 의견의 팽팽한 갈림으로 인해서 영국 사회는 장미전쟁이라 불리는 오랜 내전으로 접어든다.

그러나 한 가지 명백한 점은 헨리 4세의 규칙 위반은 세습 규칙의 예외를 구성하는 규칙적 성격을 갖지 못했다는 것이다. 그리고 대부분의 사람들은 그 점을 의식하였고, 그 약점을 배경으로 랭커스터 가문으로부터 정치적 양보를 얻어냈다. 흄에 따르면 사람들은 일반 규칙에 대단히 중독되어 있기 때문에 거의 예외를 두지 않으려는 습성이 있다(Hume 1978, 551). 그렇기 때문에 예외 자체가 규칙적인 성격을 갖지 않으면 규칙의 위반은 쉽게 망각될 수 없을 것이다. 전체적으로 볼 때 헨리 4세의 찬탈은 한 파벌의 권력 탈취로 볼 수 있기 때문에, 인민의 인정된 권리를 옹호한 1688년 혁명과 다른 것이라 평가할 수 있다(Hume 1983b, 319-321). 찬탈 이후의 역사적 반전과 시민전쟁의 발발은 그 점을 간접적으로 증언한다.

한편 흄이 왕위 자격의 하나로 '인민의 동의'라는 관념을 명시적으로 끌어낸 점은 흥미롭다. 대헌장 이후 하원의 수립은 인민의 정치적 무게감을 조금씩 성장시켜 왔다. 여기서 헨리 4세가 등극 이전에 인민 중심의 종교 운동에 관심을 가졌다는 점은 인민의 동의가 그의 마음에 자리했을 가능성을 강하게 시사한다. 이와 더불어 명심해야 할 점은 이른바 인민의 변덕이다. 흄은 전반적으로 헨리 4세의 등극을 인민의 변덕스러운 쏠림에 두고 있다. 때문에 인민의 동의가 정치적 비중을 갖고 세습 군주정을 제한하는 원칙으로 성장하기까지는 아직 긴 시간과 새로운 정황이 요구된다고 말할 수 있다.

3. 현재점유의 방점과 세습

왕위의 영속적 점유를 통해서 권위의 정통성을 수립하는 길은 없을까? 이 질문은 헨리 4세와 비슷한 처지의 헨리 7세(재위 1485-1509년)에 의해 제기된다. 그는 리처드 3세를 보즈워스 전투에서 물리치고 왕위에 올랐다. 그가 물리친 리처드 3세는 요크 가문의 에드워드 4세의 뒤를 이은 어린 상속자이자 조카인 에드워드 5세를 제거하고 왕이 되었다. 헨리 7세는 랭커스터 가문의 사람으로 리처드 3세의 잔악함에 이반한 요크 가문 사람들과 연합해 그를 물리쳤다. 그는 요크 가문의 지원을 받는 조건으로 엘리자베스와 결혼을 약속했다. 하지만 그는 여전히 요크 가문에 대한 증오심을 갖고 있었고, 또한 그보다 더 나은 왕위 자격을 가진 배우자에 기대어 왕관을 위태롭게 두고 싶지 않았다. 그의 랭커스터 가문의 적통 자격 또한 의문스러운 것이었다. 그런 처지의 헨리 7세가 헨리 4세의 사례를 준거로 삼아 위와 같은 질문을 던진 것이다.

그러나 영속적 점유를 실현하기 위해서는 한 가지 중요한 조건이 필요했다. 즉 그를 잇는 후계자들이 강력한 왕이 되어야 한다는 것이다. 통치 능력이 없는 헨리 6세와 같은 인물이 왕위에 오르는 일이 없어야 한다. 이러한 생각 끝에 헨리 7세는 정복과 유사하지만 무게감이 떨어지는 현재점유의 자격으로 강력한 통치를 하기로 결심한다. 이런 측면은 마키아벨리적 수완에 해당할 것이다. 다른 한편 요크 가문의 엘리자베스와의 결혼 약속을 지킴으로써 헨리 7세는 결과적으로 그의 후계자 헨리 8세를 왕위 자격 논란에서 해방시켜 주었다. 헌정의 위기에서 벗어나기 위해 헌정적 수단을 사용한 측면은 '헌정적 리더십'의 모범을 보여준다.

그러나 헨리 7세는 잘 드러나지 않지만 헌정에 중요한 변화를 가한다. 그것은 다름 아닌 현재의 국왕에 대한 충성법이다. 즉 현재의 왕에 대한 충성을 이유로 그의 사후에 왕의 명령을 집행한 자를 처벌하지 못하게 한 것이다. 그에게 충성하는 자들이 가질 수 있는 우려를 불식시켜 주려는 헨리 7세의 의도는 분명하다. 그러나 이 법에 대한 해석은 당대에도 분분했고, 그 이후에는 또 다른 해석을 낳았다. 당대에는 이법이 찬탈자에게 유리한 것이 아니냐는 의견도 있었다. 가령 왕위 상속자를 명확하게 확정할 수 있는 상황에서 찬탈자가 왕위에 오른다면 그에 대한 충성은 반역이 될 텐데, 그 찬탈자에게 충성한 자를 처벌하지 못하게 한 것은 문제가 있는 것이 아닌가. 또 다른 의견도 있었다. 즉 왕위 주장은 대체로 논쟁적이기 때문에 사회의 공익을 위해 일하는 사람에게 이 법은 유용하다는 것이다. 어쨌거나 이러한 분분한 의견 속에 이 법은 통과되었다.

상기 법의 의미는 엘리자베스 1세와 크롬웰의 집권기에 새롭게 드러난다. 우선 엘리자베스는 이 법의 의미를 대단히 예리하게 이해했다. 그는 왕위에 오른 뒤 그의 언니 메리의 명령으로 자신을 위협한 사람들을 처벌하지 않는다. 현재의 왕인 자신에 대한 충성이 핵심이라는 신호를 보낸 것이다. 흄에 따르면 엘리자베스는 과거를 딱 한 차례 떠올리고 치세 내내 다시 언급하지 않았다. 그 이후 이 법은 엘리자베스의 왕위를 위협했던 왕위 요구자 스코틀랜드의 메리 스튜어트를 제거하는 법적 근거가 된다.

이 법은 크롬웰 집권기에 다시 등장한다. 의회는 정치적 혼란을 안정시키기 위해서 크롬웰에게 왕위를 제안한다. 권한이 법적으로 정해지지 않은 호국관보다는 영국인에게 익숙한 왕위에 앉는 것이 조속히 혼란을 수습하는 길이라고 의회는 크롬웰을 설득한다. 여기서 의회는 명시적으로 헨리 7세의 법을 언급하며 영국의 정체는 혈통보다는 통치의 형태 곧 군주정에 방점을 두고 있다고 말한다. 헨리 7세는 혈통에 의한 세습의 관행을 제한하는 법을 제정한 것이었다. 그 법은 곧 혈통과 가문이라는 특정성(particularity)을 배경으로 물러나게 하고 군주정이라는 통치 형태의 일반성을 부각한 것이라고 할 수 있다.

튜더 왕조는 직계 상속의 원칙과 현재점유의 강조가 뒤섞여 있다. 우선 직계 상속의 관행이 작동한 방식을 보자. 헨리 8세의 아들이자 상속자인 에드워드 6세는 임종을 맞이해 종교를 이유로 가톨릭인 언니 메리를 왕위 계승에서 제외시켰다. 그러나 인민들의 전폭적 지지를 업고 메리는 왕으로 등극한 그레이를 3일 만에 몰아내고 등극하게 된다. 왕위 정통성에 대한 인민들의 의견은 에드워드 6세의 정치적 고려를 받아들이지 않았다. 헨리 4세의 규칙 위반이 가져온 시민전쟁의 기억으로 더욱 굳어진 승계 규칙의 관행은 종교적 이유로 직계 상속자를 배제하는 예외를 받아들이지 않았던 것이다. 동일한 이유로 메리는 그의 동생 엘리자베스를 왕위 승계에서 배제할 생각을 품지도 못했다. 가톨릭 종교에 심취한 메리는 엘리자베스가 아닌 그의 소생에게 왕위를 물려주고자 했으나 끝내 그 뜻을 이루지 못했다.

한편 외부적으로 왕위 자격의 논란에 휩싸인 엘리자베스 1세는 헨리 7세처럼 현재점유를 강조하는 통치 스타일을 추구하지 않을 수 없었다. 인민의 심기를 거슬리지 않으면서도 의존적 권위를 싫어했기 때문에 그는 결혼도 포기한다. 하지만 예정된 왕위 후계자가 없다는 점은 왕정의 안정을 흔드는 일이었다. 헌정의 위기인 것이다. 여기서 엘리자베스 1세는 그의 왕위를 위협했던 스코틀랜드의 여왕 메리를 처형함으로써[5] 그 아들 제임스 6세에게 영국의 왕위를 평온하게 이전하는 길을 연다. 메리를 처형한 이후 영국 사람들은 다음 후계자가 제임스가 될 것임을 예상하게 된다. 엘리자베스 1세의 현재점유 강조는 극적으로 직계 상속과 결합하면서 가문 간의 평온한 왕위 이전을 가능하게 했다. 과거에 가문에서 가문으로의 왕위 이전은 레짐의 변화에 해당하는 큰 혼란을 동반했다. 그러나 엘리자베스 1세의 정치는 그 어려운 이전을 평온하게 완성했다. 이제 세습의 규칙은 가문이라는 굴레를 벗어나서 보다 일반적으로 적용할 수 있게 된 것이다. 이 결과는 가문을 염두에 둔 헨리 7세의 의도와는 분명 다른 것이다.

전반적으로 볼 때 튜더 왕들은 대귀족의 권위와 권력을 줄이려는 정책을 일관적으로 추진했다. 오랜 시민전쟁의 기억으로 인민들 또한 그러한 노선을 전반적으로 따랐다. 헨리 7세는 봉건체제의 예속에 묶여 있던 토지를 자유롭게 이전할 수 있도록 법적인 퇴로를 열어주었다. 그 의도는 대귀족의 재산을 자연스럽게 줄임으로써 그들의 정치적

---

5   엘리자베스는 자신의 왕위를 위협해 온 스코틀랜드의 메리 여왕이 국내 정치 문제로 스코틀랜드에서 도망쳐 영국으로 들어온 이후 그를 10년 이상 감금 상태로 잡아두었다. 그러던 중 반란행위에 가담한 정황을 포착하고 재판을 통해 메리를 처형하게 된다.

권력을 축소하는 것이었다. 이 법의 의의는 간단하다. 봉건체제의 특정성(particularity)에 묶여서 이전이 고착되어 있던 토지를 이전이 자유로운 대상으로 만든 것이다. 튜더 시대를 통해 봉건적 주종관계의 특정성과 그 관계에 묶여 있던 사물들은 결정적으로 봉건적 규정성을 벗어나고 있다. 봉건 재산의 해체로 하원은 부를 쌓고 권력을 키웠다. 헨리 7세가 예상하지 못했겠지만 이제 그들이 왕의 권위에 도전장을 내밀게 된다.

IV. 세습 제한 군주정 (2): 공화정을 품은 왕정

흄의 『영국사』 중 공화정 실험을 포함한 스튜어트 왕조를 다루는 5권과 6권은 해석에 특별한 어려움을 제기한다. 그 부분은 전반적이고 일관적인 해석을 거부하는 것처럼 보이기도 한다. 정파의 대립과 갈등의 구도는 명백하게 드러난다. 그러나 그 갈등의 구도가 봉합되는 방식에 대해서는 명쾌한 해석이 없다. 세습 군주정과 제한 군주정의 최종적 양립에 대한 주장은 있지만, 그 방식에 대한 해명은 그다지 명쾌하지 않다. 무엇보다 흄은 1688년 혁명이 헌정에 중요한 변화를 가져온 것으로 보지만, 해석가에 따라서는 헌정의 지속성만을 강조하기도 한다.

따라서 영국의 입헌군주정을 이해하기 위해서는 1688년 혁명이 갖는 혁명적 성격을 잘 파악하는 일이 중요한 것으로 생각된다. 바로 그것이 1688년 혁명을 끝으로 흄이 영국정치사의 서술을 마무리하는 이유일 것이다. 그가 제시하는 군주와 인민의 오랜 갈등에 대한 큰 얼

개는 아래와 같다.

　왕의 권위를 전반적으로 제한하려는 의회의 시도는 왕과 갈등을 겪게 되고 찰스 1세 때에는 마침내 시민전쟁으로 귀결되었다. 찰스 1세의 재판과 처형은 특정 군주의 잘못을 처벌하는 것이라기보다 왕정의 폐지를 뜻했다. 그 결과 공화정이 실험대에 올랐다. 그러나 군주정을 대체한 공화정의 실험은 정치적 안정을 가져오지 못했고 크롬웰의 1인 독재로 치달았다. 크롬웰 사후 영국인들은 정국의 수습을 위해서 다시 스튜어트 가문의 상속자 찰스 2세를 복위시킨다. 세습 공화정을 부활시킨 것이다. 하지만 왕정복고 또한 바라던 정치적 안정을 가져다주지 못했다. 다만 정치적 교착의 문제를 지연시키는 정도의 역할을 했을 뿐이다. 여기서 왕의 권위를 압도적으로 수립하려는 제임스 2세의 초법적 혁신은 전 국민의 반발을 사게 되었다. 그의 사위 네덜란드의 오렌지 공(향후 윌리엄 3세)과 합세한 인민의 반란에 그는 갓 태어난 왕위 상속자를 데리고 프랑스로 도망쳤다. 이로 인해 다시 헌정의 위기가 찾아온 것이다. 이 위기에 대처할 작동 가능한 대책(remedy)은 무엇일까?

　의회는 논쟁을 통해 제임스 2세를 폐위하고 왕가를 교체하는 결정을 했다. 토리파는 군주정에 대한 애착을 갖고 있으면서도 자유를 포기하지 않았다. 반면 휘그파는 자유를 사랑했지만 군주정에 반대하지 않는 입장이었다. 그러나 두 정파가 연합하기 위해서 토리파는 가문에 대한 집착을 버려야 했고 휘그파는 공화정에 대한 맹신에서 거리를 두어야 했다. 먼저 토리파는 군주의 선출에 반대했다(Hume 1983d, 524). 군주를 선출하는 선례는 또 다른 선출을 불러올 것이고, 이것은 공화정으로 타락하거나 더 나쁘게는 소란스러운 군주정이 될 것이다. 이런 이유로 그들은 섭정을 지명할 것을 제안했다. 섭정의 지명은 여러 불편을 낳을 것이나 최소한 공적인 혼란을 종식할 전망이 있다. 그렇지 않고 승계의 권리를 내세우는 왕자가 남아있는 한 현재 주권자의 자격은 흔들릴 수밖에 없을 것이다. 군주정을 수립하면서 그 기반에 모순되는 원칙을 가진다면, 이것은 곧 영속적인 사회 격변의 기초를 놓는 일이 될 것이다. 위와 같은 토리파의 주장은 세습 군주제에 대한 믿음에서 나온 것이다.

이에 맞서 휘그파는 섭정에서 생기는 해악을, 나아가 섭정이 통치 논리상 부조리하다는 점을 지적한다. 그러면서 스튜어트 가문의 전 계보를 법에 의해 단절시킬 것을 제안한다(Hume 1983d, 525). 제임스 2세의 어린 왕자를 적통 상속자로 인정하더라도 그는 이미 영국 밖에 있다. 그곳에서 그는 영국의 헌정과 종교에 반하는 원칙들을 교육받게 될 것이다. 만일 그가 자식을 낳더라도 그의 자식 또한 그와 마찬가지의 반대에 직면하게 된다. 그리고 섭정이나 호국관에 의해 계속 통치되면 영국은 군주정이라기보다 공화정에 더 가까워질 것이다. 휘그파에 의하면 그것보다는 인민(의회)이 세습 정규 승계(hereditary regular succession)를 정하는 군주정이 더 낫지 않겠는가.

돌이켜 보면 가문 간의 왕위 승계는 엘리자베스 1세에서 제임스 1세로의 왕위 이전에서 경험했다. 나아가 의회가 크롬웰에게 왕위를 제안했을 때 혈통이 아니라 통치 형식을 강조하는 영국 헌정의 특징이 드러났다. 따라서 1688년의 독특한 점은 세습 승계에 '정규'(regular)라는 의미가 더해진 데 있다. 동일한 비중으로 그러한 승계를 정하는 주체는 곧 인민(의회)이란 점이 강조되어 있다. 여기서 '정규'의 의미는 헨리 4세와 같은 갑작스러운 찬탈을 배제하는 것을 넘어서 영국의 헌정과 종교에 반하는 원칙을 가진 왕위 상속자를 배제하는 것을 포함한다.

1679년 휘그파는 종교를 이유로 제임스(향후 제임스 2세)를 왕위 계승에서 제외시키려 법안을 상정했으나 통과시키지 못했다. 더 소급해서 올라가면 메리를 왕위 계승자에서 배제하려던 에드워드 6세의 실패가 있었다. 그러나 1688년 혁명을 통해서 최소한 영국의 헌정과 종교를 존중해야 한다는 대중적 정부(popular government)의 원칙이 세습 군주정의 원칙보다 우위에 선 것이다. 대중적 원칙의 우위는 특정 왕의 폐위에 그치지 않고 새로운 가문을 세우는 위대한 선례를 세움으로써 논쟁의 여지를 남기지 않았다(Hume 1983d, 531). 이것은 Ⅲ절 1에 언급된 에드워드 2세의 폐위를 앞두고 그의 어린 상속자 에드워드를 염두에 둔 귀족들의 생각과 구별된다. 그 사례와 달리 1688년 혁명에서 세습의 규칙은 인민의 동의 원칙에 의해 교정된 것이다. 이런 점에서 명예혁명은 세습 제한 군주정이라는 영국의 입헌군주정을 수립하는 신기원(a new epoch)을 이룬 것이다. 바로 이 지점에서 대헌장을 군주의 권위를 제한하고 인민의 조건적 복종을 확보한 군주와 백성 간의 '일종의'(a kind of) 원초 계약이라고 말한 흄의 의도를 이해할 수 있다. 1688년 혁명은 군주와 인민 간의 원초 계약을 인정했고, 군주가 그것을 어겼을 경우에는 인민에게 저항의 권리를 인정했다.

위에서 언급된 '정규'의 의미를 이해하기 위해서는 장기점유에 대한 흄의 통찰을 이해할 필요가 있다. 장기점유는 특정한 규칙에 기초한 승계에 적용된다. 왕위의 자리에 들어서는 일군의 사람들은 선임자에서 후임자로 이어지면서 복종의 대상을 형성한다. 이러한 승계는 일반적인 복종의 대상을 구성하게 된다. 정규 승계는 이 일군의 승계자들에 일정한 조건을 부여하는 것과 양립한다. 명예혁명은 왕위의 승계자들에게 일정한 조건 즉 대중적 정부의 원칙(조건적 복종의 원칙)을 삽입한 것이다.

다른 한편 '정규'의 의미는 통상적으로 인정되고 승인된 양식에 위배되지 않는다는 뜻을 가지고 있다. 이것은 폭력적이거나, 갑작스럽다거나 등의 인상과 대비된다. 헌정의 위기 상황에서 소집된 컨벤션 의회는 공동체의 정치의 문제를 다루어왔던 정규의 과정을 따르려 했다. 이와 더불어 오렌지 공의 절제된 일 처리 방식에도 정규성의 특징이 잘 드러난다. 따라서 사람들은 '마치 그가 가장 정규적인 방식으로 비어있는 왕위를 승계한 것처럼'(as if he had succeeded in the most regular manner to the vacant throne) 복종했다고 흄은 기술한다. 오렌지 공의 행위를 표현할 때 흄은 특히 '법적'(legally) 절차를 강조한다. 그 당시 법률가들은 정복의 권리와 현재 왕위를 점유한 자의 자격으로 통치할 것을 조언했다. 그러나 그는 그들의 의견을 물리치고 자유에 기초한 법적 절차를 따르고자 했다. 오렌지 공의 행위 양식에서도 이전의 거칠고 폭력적인 양상과는 구별되는, 말하자면 혁명적 성격을 느낄 수 없게 할 정도의 정규성이 드러난다. 그의 행위 양식은 헨리 4세, 헨리 7세, 또한 크롬웰과도 달랐다. 그런 그로부터 영국은 입헌군주정이라는 헌정의 형태가 시작되었다.

여기서 한 가지 주목할 점이 있다. 혁명은 흔히 원초적 계약의 뜻을 배반했다. 혼란의 소용돌이 속에서 인민의 목소리는 들어설 자리가 없었던 것이다. 그런 점에서 흄은 1688년의 혁명이 제한적 수준에서의 동의였지만 대단히 이례적이었다고 평가한다. 포퓰리즘적인 갈채와 환호 속에서 이전 정부와의 단절을 선언하기보다는 영국인의 몸에 익은 정부의 '복원'에서 인민의 의견은 경청 되었다. 통치는 의견에 기초한다. 통치의 안정은 자발적 동의에 기초한 것이 아니다. 자발적(voluntary)

동의에 기초한 통치는 봉건체제에서 유난히 두드러진다. 자발적 동의에 기댄 봉건적 통치는 온갖 소요와 혼란의 원인이기도 했다. 자발적 동의의 요구가 강력할수록 통치의 안정성은 떨어진다. 인민의 묵종(acquiescence)을 잘 이해할 필요가 있다는 말이다. 동의의 관념과 흄이 강조하는 의견의 차이가 극명하게 드러나는 지점이다. 의견에 대한 강조는 흄의 정치적 급진주의에 대한 경계와 밀접하게 연결되어 있다.

인민의 묵종이 중요한 이유는 정치적 정체성과 관련된다. 영국이란 나라의 정치적 정체성에 대한 인민의 의견이 중요하다는 의미이다. 정치적 정체성과 관련해서 휘그파와 토리파는 공히 왕위 후계자의 정통성을 인정하면서도 왕위 승계에서 배제해야 하는 큰 부담을 가졌다. 휘그파는 인민이 최근 경험한 반란과 더불어 왕위 후계자가 폐위된 왕과 더불어 적국으로 도망친 정황을 이용해서 그의 왕위 정통성을 망각에 묻어버릴 수 있길 희망했다. 반면 토리파의 경우에는 이 조치와 화해하는 데 애를 먹을 수밖에 없었다. 폐위와 더불어 후계자의 배제는 자신들이 내세운 절대적 복종의 관념과 크게 모순되었기 때문이다. 이 모순을 토리파는 어떻게 삼킬 수 있었을까? 흄에 따르면 인간의 가슴은 그러한 모순을 화해시킬 수 있게 이루어져 있다(Hume 1985, 69-71). 이 말을 이해하는 철학적 힌트는 정체성의 관념에 대한 흄의 논증에서 찾아질 수 있다.

V. 맺음말

'새 술은 헌 부대에 담으라'는 정치학의 격언이 있다. 이에 대한 해석은 사람에 따라 분분할 것이다. 이에 대한 한 가지 해석을 필자는 흄의 영국 입헌군주제에 대한 서술에서 찾아내고자 했다. 해석가에 따라서는 전통적 헌정과 같은 헌 부대에 방점을 둘 수도 있을 것이다. 위에서 필자는 새 술의 의미를 헌 부대에 담는 방식을 드러내고자 했다. 그리고 헌 부대 역시 새 술을 담으면 그 형태를 바꾸지 않을 수 없다는 점도 지적하고자 했다. 영국의 입헌군주제는 세습 군주정과 제한 군주정의 관행이 서로 결합한 것이지만 공화정을 품은 결합물로서의 새로운 체제의 모습은 과거의 것과 비교할 바가 아닐 것이다. 그럼에도 영국은 왕정을 끝내 벗어던지지 못했다. 그 이유는 여러 방향에서 고려해 볼 수 있으나, 무엇보다도 그 당시의 정황들이 공화정이 갖는 소요와 소란을 억누르기 힘들다는 현실적인 판단에 있을 것이다. 최고의 행정관을 뽑는 것이 반복되는 혁명 과정이 된다면 그러한 정치체제는 지속하기 힘들 수밖에 없을 것이기 때문이다.

흄의 해명에 의하면 지속적이고 독립적인 존재에 대한 우리의 관념은 지각의 일관성과 응집성(consistency and coherence)에서 발생한다. 지각의 일관성과 응집성은 사회철학에서 일반적 규칙(general rule)이나 규칙성(regularity) 등의 용어로 전환된다. 따라서 흄의 해명은 일반인의 존재에 대한 관념과 친화성을 가짐과 동시에 그 관념을 교정하는 역할을 한다 이러한 시각에서 1688년 혁명은 영국 헌정의 정체성을 가까스로 유지하면서 동시에 혁신을 이룬 혁명이라고 말할 수 있겠다.

위와 같은 시각에서 정치 세계의 안정을 의도한 토리의 교리도 교정된다. 1688년 혁명은 어떠한 경우에도 저항을 인정하지 않는 '절대적 복종'(passive obedience)의 과도한 경직성을 바로잡았다. 또한 군주의 권위를 신으로부터 부여받은 어떤 것으로 간주하는 미신적 사유도 마찬가지다. 그러한 사유를 확산시키려 한 의도가 현실적으로 약한 군주의 권위를 보완하기 위한 것이라 해석한다면 어느 정도의 변명이 제임스 1세의 행위에 주어질 것이다. 어떠한 정치체제도 직접적 방식으로나 간접적 방식으로 그 정체의 정당성을 홍보하는 이념교육을 필요로 하기 때문이다. 종교의 문제가 정치에 그토록 중요한 사안이 되었던 이유는 복종의 의견에 대한 종교의 영향력 때문이었다는 점을 기억할 필요가 있다.

다른 한편 변화를 추동하는 쪽에서 빠지기 쉬운 함정은 광신이다. 변화를 위한 열성은 곧잘 광신이 될 수 있다. 도래할 그 무엇에 대한 관념이 현실의 편의에 대한 고려를 압도하게 되는 것이다. 크롬웰이 종교적 광신으로 훈련시킨 군대는 전쟁에 대단히 유용했지만 그들을 시민적 통치에 복종하게 하기는 힘든 일이었다. 그러한 군대의 무력에 크게 의존할 수밖에 없었던 공화정의 실험이 성공하리라 상상하기는 쉽지 않을 것이다.

위에서 논한 입헌군주제 수립은 그의 『인성론』에 제시된 자연법의 전개 논리와 유사하다. 자연법의 전개에서 첫 번째 단계는 점유를 안정화시키는 것이다. 점유의 안전은 남의 물건을 훔치지 않는 데 있다. 이를 위해 나의 것과 너의 것을 구분하는 규칙이 필요하다. 그 규칙을 창안하는 일이 상상력에 크게 빚지고 있다는 점을 흄은 철학적으로 이미 논한 바 있다. 이 글에서는 봉토에 재산 관념이 형성되는 것과 관련해서 상상력의 기여를 보았다. 이러한 고착의 관행이 수립되면 그다음으로 이전의 문제가 발생한다. 이전은 재산상의 지나친 불평등을 교정하는 원칙이다. 전쟁을 통한 정복이나 강탈 같은 탈취 행위는 더 이상 인정되지 않는 행위이다. 이런 행위가 발생할 경우 사회는 다시 전쟁 상태에 빠지게 될 것이다. 그러나 재산을 점유한 자의 동의에 의해 재산을 이전하는 행위는 그와 같은 문제를 일으키지 않을 것이다. 이러한 이전이 가능한 관행이 수립된 이후 사회는 계약의 관행이 성장할 것이다. 흄이 철학적으로 전개한 자연법의 유사 발전 과정은 영국 사회의 발전에 대한 그의 통찰로부터 나온 것이라 생각된다. 앞서 헨리 7세의 봉토의 합법적 이전을 가능하게 한 법을 기억할 것이다. 홈즈에 의하면 계약법의 발전은 엘리자베스 시대에 주로 이루어진다.

오늘날 형식적으로는 대다수의 나라가 민주주의 원칙에 의해서 선거로 행정관을 뽑는다. 민주주의 공고화 이론은 몇 차례의 평온한 정권 교체 경험을 민주주의 공고화의 지표로 삼았던 적이 있다. 그러한 지표를 공고화의 지표로 삼은 이유는 아마도 정권 교체가 가질 수 있는 정치적 소요를 크게 고려한 것이라 생각한다. 정권 교체에 따를 수 있는 충격파를 넘지 못하면 정치 안정은 힘들고, 안정이 동반되지 않은 민주정치는 사실상 질서의 상태가 아니라 혼란의 상태로 간주될 수밖에 없을 것이다. 정권 교체에 따른 파열음을 방지할 목적으로 레임덕(lame duck)과 같은 제도가 있다. 그것은 선임자가 후임자에게 자리를 비켜주는 양식을 지시한다. 반대급부로 후임자는 '절름발이' 상태의 선임자를 안타깝게 생각하면서 정치적 보복을 가하지 않게 하는 것이다. 위와 같은 장치가 있지만 안정적 민주주의의 달성은 쉽지 않은 것으로 보인다. 선거 절차의 훼손, 정권 교체에 따른 반복되는 정치적 복수, 그리고 정부의 존재성을 무력화시킬 정도의 정파적 정권 교체 등은 반복적으로 민주정치에 동반되고 있다.

한국의 경우 선임자와 후임자의 관계는 정치 보복의 혐의를 완전히 벗어난 적이 없었다고 생각된다. 정치적으로 비슷한 색채를 가진 승계에 있어서도 사정은 크게 다르지 않았던 것으로 생각된다. 특히 정치적 색채를 달리하는 정권 교체의 경우에는 초기사회에서 가문에서 가문으로 정권이 변경될 때 나타나는 지각 변동을 겪고 있는 것이 아닌가 생각될 정도이다. 다시 말해 '자리'의 존재성을 심어줄 수 있는 '규칙성'(regularity)을 발견하기 힘들다는 것이다. 정부의 연속성이 결여될 때 현재점유의 안정성도 떨어진다는 점을 기억할 필요가 있다. 왜냐하면 반대 세력의 저항이 그만큼 거세질 것이란 예상 이외에도, 사람들의 눈은 현재 담당자에 대한 복종보다 다음 승계자에 대한 고려에 바쳐질 것이기 때문이다. 역사적으로 새로 등극한 국왕에 대한 인민들의 호의는 거의 본성적인 것이었다. 그 승계가 아버지에서 아들로 이어진 것이어도 마찬가지였다. 이러한 점들을 고려해 보면 선임자의 처지는 절망적인 것이다. 한국 정치에서 '하산길이 가파르다'는 말이 회자되는 이유이다. 권력이 겪는 일반적 사이클의 악순환을 벗어나는 길은 정치 권위의 안정에 있다. 정치 권위가 안정될 때 사람들의 정부에 대한 복종은 특정 정권을 넘어서 다음 정권으로 쉽게 전환된다.

참고문헌

Hardin, Russell. 2007. *David Hume: Moral & Political Theorist*. Oxford: Oxford University Press.

Heichelheim, Fritz M. 저·김덕수 역. 1999. 『로마사』. 서울: 현대지성사.

Holmes, Jr. Oliver W. 1881. *The Common Law*. Boston: Little, Brown, and Company.

Hume, David. 1978. *A Treatise of Human Nature, Second Edition*. Oxford: Oxford University Press.

Hume, David. 1983a. *The History of England: From the Invasion of Julius Caesar to the Revolution in 1688, Vol. I*. Indianapolis: Liberty Fund.

Hume, David. 1983b. *The History of England: From the Invasion of Julius Caesar to the Revolution in 1688, Vol. II*. Indianapolis: Liberty Fund.

Hume, David. 1983c. *The History of England: From the Invasion of Julius Caesar to the Revolution in 1688, Vol. III*. Indianapolis: Liberty Fund.

Hume, David. 1983d. *The History of England: From the Invasion of Julius Caesar to the Revolution in 1688, Vol. VI*. Indianapolis: Liberty Fund.

Hume, David. 1985. *Essays Moral, Political, and Literary*. Indianapolis: Liberty Fund.

Lewis, David. 2002. *Convention: A Philosophical Study*. Oxford: Blackwell Publishers.

Livy. 1919. *History of Rome Book I-II*, translated by Benjamin O. Foster. Cambridge: Harvard University Press.

McArthur, Neil. 2007. *David Hume's Political Theory: Law Commerce, and the Constitution of Government*. Toronto, Buffalo, London: University of Toronto Press.

Sabl, Andrew. 2012. *Hume's Politics: Coordination and Crisis in the History of England*. Princeton and Oxford: Princeton University Press.

Schelling, Thomas C. 1980. *The Strategy of Conflict.* Cambridge, Massachu-
    setts & London, England: Harvard University Press.
Schmitt, Carl. 2008. *Constitutional Theory*, translated by Jeffrey Seitzer.
    Durham and London: Duke University Press.
Tacitus, Cornelius 저·박광순 역. 2005. 『타키투스의 연대기』. 파주: 범우.

6장 프랑스혁명의 공화국과 자유주의적 통치성의 형성[*]

홍태영

I. 근대의 출발 그리고 통치성

통치성의 형성은 권력의 구성이면서 동시에 주체의 형성과정이다. 그러한 의미에서 근대정치의 현상이라고 할 수 있다. 데카르트 이래 이성의 주체로서 등장한 개인이 새로운 정치공동체로서 국가의 구성원, 즉 신민을 넘어선 주체로서 확립되는 과정이 근대정치의 중심으로서 국가의 구성과정이기도 하다. 이러한 과정을 푸코는 전통적 권력, 즉

---

[*] 이 글은 필자의 글 "푸코의 자유주의적 통치성과 정치"(『한국정치학회보』 46집 2호, 2012)와 "프랑스공화국과 공화주의의 탄생"(『한국정치연구』 30집 2호, 2021)을 근간으로 하여 재작성된 것이다.

"죽게 만들고 살게 내버려 두는 권력"에서 근대적 권력, "살게 만들고 죽게 내버려 두는 권력"의 확립과정으로 보았다. "살게 만드는 권력"은 결국 개인의 삶의 안전을 보장하는 권력으로 등장하는 것이며, 그것은 개인의 삶을 알아가고, 그 지식을 바탕으로 개인의 삶을 관리하는 권력의 등장을 의미하는 것이었다. 17-18세기에 주로 개인의 신체를 관리하는 권력장치와 기술이 등장하였고, 그 권력이 작용하는 대상은 사람의 생명이었다. 개인화의 모델에 따라 권력이 인체를 장악한 후 두 번째로 시도된 권력의 인체 장악은 개인화가 아니라 전체화였으며, 다시 말하면 육체로서의 인간이 아니라 종으로서의 인간을 향해 행해지는 권력 행사였다(Foucault 1998, 280-281). 인종에 대한 생명 관리 정치이다. 그것은 출생과 사망의 비율, 재생산의 비율, 그리고 한 인구의 생식력 등의 과정의 총체이다. 모든 정치적, 경제적 문제와 함께 출산율, 사망률, 평균수명 등의 문제야말로 18세기 후반기에 앎의 첫 번째 대상이었으며, 생명 관리 정치의 첫 번째 목표였다.

17-18세기를 거쳐 근대정치 철학의 과제는 개인의 권리에서 출발하여 국가권력의 정당성을 확정하고 공동체를 구성하는 작업이었다. 홉스가 『리바이어던』을 통해 행했던 작업은 근대정치 및 근대국가 구성의 틀을 제공하는 것이었다. 그리고 이후 근대정치 철학의 작업은 홉스의 틀을 유지하면서도 좀 더 자유주의적으로 구체화하고자 하였다. 그리고 1789년 프랑스혁명은 그러한 작업이 구체적 현실 속에서 어떠한 방식으로 작동할 수 있는지를 보여주었고, 또한 구체적 실재로 전환시키는 사건이었다. 그러한 의미에서 프랑스혁명은 근대 자유주의의 현실화 과정이었다. 17-18세기를 거쳐 형성된 시민은 현실적으로 스스로를 정치적 주체로서 확립하는 계기로서 프랑스혁명을 진행하였다.

프랑스혁명은 근대적 국민국가 형성의 직접적 계기이자 시험대였다. 1789년 프랑스혁명은 진행 과정에서 공화국을 구성하였고, 그것은 자유주의의 구체화 그리고 근대적 국가권력의 확립과 '시민'적 주체를 통한 '국민'의 구성에 있어서 공화주의적 색채를 갖는 자유주의 통치성 구성을 의미하였다.

그러한 의미에서 자유주의를 단지 하나의 이데올로기로만 한정 지을 수 없다. 푸코가 『감시와 처벌』(1975)을 쓸 시기만 하더라도 그에게 자유주의는 하나의 이데올로기로서 이해되었다. 그는 "실질적 그리고 부가적인 규율들은 형식적 그리고 법률적 자유들의 하부구조를 형성하고 있다"고 보았다(Foucault 1975, 223-224). 즉 맑스주의가 자유주의를 이데올로기로 파악하고 경제적 하부구조 위에 자유주의라는 이데올로기의 존재를 이해하듯이, 푸코는 경제적 하부구조를 규율적 권력관계로 대체하여 파악하였다. 한편으로 자유가 존재하고 다른 한편으로 그것을 가능하게 하는 권력의 기제들이 존재한다고 보는 방식이다. 하지만 이러한 자유주의에 대한 시각을 1978년 강의에서 스스로 교정한다. 자유는 "권력의 기술의 전환 내부에서" 이해되어야 한다는 사실을 강조한다(Foucault 2011, 87). 그리고 1979년 강의에서는 안전의 전략들은 "자유주의의 이면이자 조건"이라고 말하고 있다(Foucault 2004, 67). 『감시와 처벌』에서 제시되었던 '규율과 자유'의 대립항은 자유와 안전이라는 자유주의적 게임을 사고할 때 더 이상 유효하지 않았다. 규율이 아니라 안전이 문제가 될 때 푸코는 "판옵티콘의 경우처럼 통제는 더 이상 자유의 필연적 대척항이 될 수 없다"고 말한다(Foucault 2004, 69). 이제 통치히는 것은 자유로운 운동을 보장할 수 있는 장치들을 마련하는 것이 된다. 이제 외부에서 감시하고 통제하는 것이 아니라 자유를 자극할 수 있는 과정으로서 통제가 필요한 것이다.

자유주의는 이론이나 이데올로기가 아니라 새로운 통치실천이다.[1] 이제 정치는 자유로운 순환과 작동을 위한 새로운 장치(dispositifs)를 발명해야 했다. 자유방임의 경제적 원리 즉 경제적 자유주의와 국가와의 관계 속에서 개인의 권리에 대한 도덕적, 법률적, 정치적 원리 즉 정치적 자유주의를 구별하고 동시에 결합시키기 위해 새로운 정치적 실천 즉 건강, 위생학, 영양, 출생률, 사망률 등을 관리하는 새로운 정치적 합리성, 통치성이 등장한다. 여기에서 장치란 "지식의 여러 유형들을 지탱하고 또 그것에 의해 지탱되는 힘 관계의 전략들"이라고 푸코는 정의한다(Foucault 1994c, 300). 좀 더 구체적으로 푸코가 말하는 장치는 "생명체들의 몸짓, 행동, 의견 담론을 포획, 지도, 규정, 주조, 제어, 보장하는 능력을 지닌 모든 것"이라고 말할 수 있다(Agamben 2010, 33). 이러한 모든 장치는 주체화 과정 즉 권력에 의한 주체의 생산을 내포한다.

이 글은 1789년 프랑스혁명에서 공화국의 형태를 통해 시작된 근대 국민국가 형성과 자유주의 통치성의 프랑스적 특성을 살펴보고자 한다. 이를 위해 다음과 같은 구성을 갖는다. 우선 Ⅱ장에서 1789년 프랑스혁명에서 구체화 된 공화국과 시민의 상을 살펴보면서 자유주의적 통치성을 구성할 권력과 주체의 모습을 살펴볼 것이다. 그리고 Ⅲ장에서 19세기를 거쳐 진행된 프랑스 자유주의의 변화, 제3공화국의 공화주의 전환 그리고 그 과정에서 자유주의적 통치성의 근간을 형성하

---

1 자유주의는 단순한 이론도 이데올로기도 아니다. "오히려 실천으로서, 즉 지속적인 반성을 통해 목표들을 마주 보고 자신을 규제하는 행동 방법이다"(酒井隆史 2011, 76).

는 지식/권력 체계의 변화들을 살펴보면서 자유주의 통치성의 모습을 그려볼 것이다. Ⅳ장에서는 20세기에서 표출된 자유주의적 통치성 한계와 전환의 시도를 살펴볼 것이다. Ⅴ장 결론에서는 자유주의적 통치성 형성을 통해 작동하는 권력과 주체의 자유의 문제를 사유할 수 있는 계기가 무엇인지를 제시해보고자 한다.

Ⅱ. 프랑스혁명의 공화국과 시민: 통치성과 주체의 형성

푸코가 19세기 국가권력의 가장 큰 특징 중의 하나로 제시한 "살게 만들고 죽게 내버려 두는" 권력, 곧 삶을 관리하는 권력으로서 생명 관리 권력(bio-pouvoir)은 자유주의적 권력에서 출발한다. 삶을 관리하는 권력의 출현을 포착할 수 있게 해주는 지표는 '인구'라는 새로운 주체이자 객체의 등장이다. 프랑스혁명은 인구를 구성하는 개인을 권리의 주체 즉, 자유와 평등의 주체로서 확립시켰고, 국가는 이제 일반의지의 산물로서 그러한 시민을 보호하고 관리하는 권력을 집중화하는 중심으로 등장한 것이다. 또한 동시에 프랑스혁명 이후 형성된 공화국과 그 내용으로서 공화주의는 프랑스에서 구성될 자유주의적 통치성의 특수성을 결정한다.

1. 자유의 혁명에서 평등의 혁명으로

1789년 7월 14일 프랑스혁명은 절대왕정의 상징물이었던 바스티유 감옥을 함락한 '자유'의 혁명으로 위상 지어졌다. 근대의 이성적 주체로서 개인이 시민으로서 자신의 권리를 선언하고 또한 그것을 실현하기 위해 주권자로서 선언한 것이다. 물론 그 이전 7월 초 법령을 통해 절대군주의 주권은 국민의회를 통해 표현되는 국민주권으로 대체되었다. 그리고 1789년 8월 4일 밤 국민의회는 "봉건 체제를 전면적으로 폐지한다"고 선언하였고, 이어서 의회는 십일조 및 봉토의 위계질서 특히 장자상속제를 폐지하였다. 그리고 그때부터 준비된 '인간과 시민의 권리선언'은 8월 26일 채택되고 헌법의 앞머리에 삽입할 것을 결정하였다. 이제 소유권에 대한 근대적 개념이 확립되어 자연적 권리로서 인정되었다. 상업의 자유가 인정되면서 국내 유통에 제약이 되었던 다양한 세제들, 예를 들어 내국세관, 입시세(入市稅), 보조세 등을 폐지하였다 (Soboul 1984, 上 184). 또한 중요하게 노동의 자유와 생산의 자유, 기업활동의 자유 등을 보장해 주었고, 이를 위해 1789년 8월 4일 밤에 폐지된 동업조합의 특권은 물론 1791년 6월 동업조합 자체를 폐지하는 샤플리에(Le Chapelier) 법을 통과시켰다. 하지만 동시에 샤플리에 법은 도시나 농촌의 임금노동자들에게 집단적 청원과 회합의 권리를 금지하였으며, 결국 노동자들의 파업의 권리를 금지하는 것이었다. 샤플리에 법을 통해 동업조합이나 상인조합, 나아가 정치적 결사체들을 금지하면서 일반의지의 형성에 장애가 된다고 판단되는 모든 중간 집단을 제거하고 사회 속에 개인만을 남겨 두고자 한 것이다. 이 샤플리에 법은 이미 1789년 10월 21일 제정된 계엄법에 의해 투기와 생존에 대항하여

가격을 규제하는 인민의 직접적 행동에 대한 금지의 연장선상에서 그것을 보충하는 것이었다(Gauthier 1992, 56-57). 이제 사회 속에 남겨진 자유로운 개인들을 새로운 공동체의 주체인 시민으로 구성하는 작업이 필요하였다. 하지만 혁명 시기 다양한 세력들이 제기하는 시민의 모습 그리고 사회의 모습이 각각 상이하였다. 즉 권리의 주체로서 시민이 인정되었지만, 그 권리의 내용을 둘러싸고, 또한 그 권리를 실현시킬 국가권력의 역할과 범위를 둘러싸고 새로운 논의가 시작되었다.

혁명의 진행 속에서 1791년 헌법이 선포되고 입헌군주정이 자리잡았다. 그런데 새로운 입헌군주정에서 제시된 재산에 기반한 제한선거권이 쟁점으로 등장하였다. 1791년 4월 제한선거권이 확립되면서 소유와 물질적 재화, 즉 사유재산에 대한 자연권과 자유와 평등의 자연권 사이의 모순이 드러나는 것이었다. 이미 그러한 입법을 둘러싸고 혁명 초기부터 농민들의 폭동, 도시와 농촌의 노동자들의 연합 등이 발생한 것은 물론이었다. 1791년 헌법은 1789년의 원칙을 배반한 '백인 남성 부유층들의 귀족정'이라는 비난을 받아야 했다(Gauthier 1992, 65). 하지만 1789년에 채택된 '인간과 시민의 권리선언'은 프랑스는 물론 생-도밍고(Saint-Domingue)와 같은 식민지에서도 노예해방운동의 출발점이 되었다.[2] 즉 '선언'이 갖는 보편성의 원칙은 분명 양날의 칼과 같은 것이었다. 프랑스에서도 하층인민들의 운동은 점점 무제한적 소유 혹은 거대

---

2 자유주의적 공화주의자라고 분류될 수 있는 브리쏘, 콩도르세의 경우 귀족정에 반대하는 만큼이나 적극적으로 노예제에 대해 반대하였다. 그들의 입장에서 불평등의 해소는 자유로운 상업활동, 시장의 자유 그리고 그에 합당한 법률이라고 판단했기 때문이다(Raynaud 1991, 300).

생산자와 곡물 보유자들에게 투기를 허용하는 근거로 작동하기 시작한 소유권에 대한 자연권적 원칙에 대한 비판을 정교화하기 시작하였다. 농촌에서 국유재산의 매각을 둘러싸고 농민들의 토지에 대한 접근의 원활화, 소유와 상업에서 무제한적 자유에 대한 제한, 계엄법의 폐지 등의 사항을 중심으로 하는 하층인민들의 요구가 결집되기 시작하였다(Gauthier 1992, 66). 결국 인민들은 임금의 균형을 위한 최고가격제, 상업이윤의 최대치와 소유의 최대치를 제한하는 등의 요구를 통해 소유에 대한 무제한적 권리를 거부하는 요구를 전면에 내세우기 시작하였다.

이제 1792년 여름 이후 빵의 문제는 모든 정치적, 사회적 투쟁의 우선순위에 올라왔다. 국민공회에 제출한 한 청원서는 명백히 곡물 유통의 무제한적 자유에 대한 반대를 분명히 하고 있었다. "곡물의 상업적 자유는 우리들의 공화국의 존재와 양립할 수 없다. … 이러한 무제한적 자유는 인민의 신념에 반대되는 것이다. 그것이 발생시킬 무수한 봉기는 당신들을 충분히 두렵게 할 것이다"(Gauthier 1988, 125에서 재인용). 청원서는 곡물 가격과 하루 노동임금 사이의 공정한 비율을 확립시키는 것이 가장 시급한 문제임을 지적하고 있다. 이 시기 로베스피에르(M. Robespierre)는 인간의 권리로서 생존권에 대한 이론가 중 하나였다. 로베스피에르가 말하는 인민이란 "자신의 손 노동을 통해 살아가는 사람들이며, 임금 이외에는 아무것도 가지지 않은 사람들이며, 신사들이 하층민이자 저급한 사람이라고 깔보는 사람들"이다(Gauthier 1992, 68에서 재인용). 로베스피에르는 부자들의 타락에 대비되는 인민의 덕을 찬양하였고, 여전히 "민중의 이익은 보편적 이익이며, 부자들의 이익은 특수한 이익"이라고 주장하였다(Massin 2005, 147). 따라서 재산에 따른 제한선거권 제도는 자유로운 사람들의 사회를 구성하지 못하며, 부자와 인민의 새로운 억압자들의 특수한 이익에만 봉사할 뿐이라고 비판하였다.

1792년 8월 10일 인민의 봉기는 하층민들이 자신의 정치적 권리를 주장하는 것이었고, 제한선거권을 전복시켰고, 입헌군주정이 아닌 공화국의 선포로 이어진다. 자연스럽게 정치적 영역에 상뀔로트들이 등장하면서 동시에 그들에게 가장 민감한 문제라고 할 수 있는 '사회적인 것'의 문제가 부각되었다. 이제 소유에 대한 자연권적 문제의식에 대해 일정한 문제 제기가 본격화되었다. 소유는 생존을 위해 필요한 것이며, 따라서 사적 재산으로 간주될 수 없고, 공동의 사회적 특징을 갖는 것이라는 주장으로까지 이어졌다. 로베스피에르는 "첫 번째 사회적 법률은 사회의 모든 구성원에게 생존의 수단을 보장해 주는 것이다. 그리고 다른 모든 것에 그곳에 종속된다"라고 주장하였다(Gauchet 1989, 210에서 재인용). 1792년 가을 경제적 자유와 평등의 문제가 충돌하거나 적어도 경쟁하고 있을 시기에 로베스피에르에 대립하여 콩도르세는 '구호의 원칙'을 통해 그 문제를 해결하고자 하였다. 하지만 자유주의적 원칙에 근거한 구호의 원리는 기본적으로 노동에 대한 의무를 강조하면서 굴욕을 통한 구호였다고 할 수 있다. 반면에 로베스피에르의 개념 속에서 자유에 대한 권리는 물론 소유에 대한 권리까지도 정치적 참여의 권리와 결합되어 인간의 권리 속에 자리매김되었다. 생존을 위한 소유와 재산의 권리가 인간의 자유를 실현할 권리와 결합된 것이다. 이것은 1792년 8월 10일 봉기 이후 민주주의적 욕구의 분출이 확장하고자 하는 인간의 권리에 대한 새로운 개념의 등장이라고 할 수 있다. 이제 '인간과 시민의 권리'에 대한 자연권적 속성에 대항하여 '사회 속의 인간의 권리'라는 새로운 개념이 대체되었다. 국민공회에 출몰한 파리 시민들은 "빵이 없는 곳에는 법도 자유도 공화국도 더 이상 존재하지 않는다"고 주장하였다(Soboul 1984, 上 287). 파리 시민들은 곡물 거래의 절대적 자유를 비난하고 공정가격제를 요구하였다. 그리고 파리 시민들의 이러한 요구에 힘입어 지롱드파의 몰락과 산악파의 권력장악이 이루어졌다.

로베스피에르가 1793년 4월 24일 국민공회에 제출한 인권선언의 수정안에 따르면, "사회는 일자리를 제공하거나 일할 수 없는 사람에게는 생존의 수단을 보장함으로써 모든 사회성원의 생계에 필요한 것을 제공해야 한다. 필요한 것을 갖지 못한 사람에 대한 불가결한 원조는 여분을 소유한 사람의 의무이다"라고까지 급진적, 나아가 사회주의적이라고 할 수 있는 제안을 하였지만, 최종안에는 포함되지 못하였다. 결국 1793년 국민공회는 "모든 인간은 능력이 있는 경우 노동에 의해 생존할 권리를 가지며, 노동할 수 없을 경우 무상구호를 받을 수 있다"라고 선언하였다(Castel 1995, 190). 따라서 공적 구호는 기본적으로 "신성한 빚"으로 간주되어 사회가 시민에게 일자리를 통해서든 구호를 통해서든 의무적으로 제공해야 했다. 그리고 1793년 헌법 논의 과정에서 '공공의 행복'을 사회의 목적으로, 부조권, 노동권, 생존권을 사회구성원의 권리로 선포하는 수준에 이르는 합의가 이루어졌다.

'자유'의 혁명에서 시작한 프랑스혁명은 인민의 민주주의적 정치 참여를 통한 공화국을 선포하였고, '평등'의 문제를 직접적으로 제기하면서 '평등'의 혁명으로 전환되어 갔다. 하지만 당시에 '평등'의 혁명은 결국 공포정치와 함께 몰락할 운명이었다. 그런데도 불구하고 이 문제는 19세기 프랑스에서 계속해서 재등장하였다. '인간과 시민의 권리'를 둘러싸고 자유와 평등의 문제와 관련한 이러한 논의는 크게 세 가지 정도의 논점을 가지고 있었다. 우선 표면적으로 당시 논쟁에서 드러났던 것으로, 인간의 권리를 자연권으로 볼 것인가 아니면 사회적 권리로 이해할 것인가의 문제이다. 혁명 초기 자연권으로 이해되었던 소유권은 사회적 권리로 이해되어야 한다는 반론에 부딪혔고, 그것은 19세기 내내 논쟁의 대상이 되었다. 둘째는 자유와 평등과의 관계 설정의 문제이다. 발리바르의 문제 제기처럼 평등-자유(*l'égaliberté*) 명제, 즉 '인간과 시민의 권리선언'에서 제기한 자유와 평등의 관계를 두 개념의 동등성, 평등이 자유와 동등하다는 것으로 이해할 가능성과 필요성의 문제이다(Balibar 1992). 세 번째 문제는 아렌트가 제기한 것처럼, 정치적인 것의 영역에 사회적인 것의 문제가 침범하는 현상과 그것이 가져온 효과의 문제이다. 아렌트는 프랑스혁명이 정치영역을 빈민에게 개방함으로써 원래 가정의 영역이었던 문제, 즉 필요의 문제가 정치영역을 잠식하였다고 보았다(Arendt 2004, 175). 그리고 어떤 혁명도 해결하지 못한 사회문제를 정치적 수단을 통해 해결하려는 시도는 결국 테러를 불러왔을 뿐이라고 개탄하였다(Arendt 2004, 200-201). 아렌트가 보기에 프랑스혁명은 강조점이 "공적 자유에서 사적 자유로, 공적 행복을 추구하기 위한 공공업무의 분담에서 사적 행복의 추구가 공권력에 의해 보호되고 장려된다는 보장으로 이동"했다고 보는 반면에 미국혁명은 공적 행복과 정치적 자유라는 개념이 사라지지 않고 공화국이라는 정치체의 구조의 일부가 되었다고 주장한다(Arendt 2004, 231-235). 이상의 세 가지 문제는 동일하지는 않지만, 일정하게 결합되는 과제들이었고 또한 19세기 내내 프랑스공화국을 괴롭히는 문제였고, 당장은 1795년 테르미도르(Termidor)와 함께 새로운 방향을 찾게 되었다.

2. 다시 자유 그리고 소유의 공화국으로

퓌레와 리셰가 공동 저술한 1973년의 『프랑스혁명사』는 로베스피에르의 처형으로 끝을 맺는다. 그리고 마지막 문장은 로베스피에르가 처형되었다는 소식을 들은 상퀼로트의 혼잣말, "그놈의 최고가격제"였다. 로베스피에르와 함께 최고가격제는 사라졌다는 의미일 수 있지만, 또한 최고가격제 때문에 로베스피에르가 반격당했음을 의미하는 것일 수 있다. 테르미도르와 함께 등장한 것은 평등이 아닌 '소유(권)'였고, 또한 다시 '자유'의 문제였다. 그래서 흔히들 1789년이 자유의 혁명이었다면, 1793년의 평등의 혁명, 그리고 1795년 소유의 혁명으로 불려왔다. '소유'의 문제가 이 시기 가장 중요한 쟁점으로 자리잡은 것이다. 하지만 공화주의자로서 테르미도르의 혁명가들은 1789년과 1793년 사이에서 균형점을 찾고자 하였다. 우선 자유를 복원한다는 것은 경제적 문제에 대한 정치적 답변을 제공하는 것으로서 상업과 매뉴팩처가 굴러가도록 하는 것이어야 했다. 따라서 사회적 삶의 영역의 자유화를 진행하였고, 테러의 공포로부터 해방시키기 위해 자코뱅 클럽은 폐쇄되었고, 자의적인 구금이나 무고한 사람들을 석방하였다. 이제 시민(citoyen/citoyenne)이라는 호칭을 대신하여 신사(monsieur)와 숙녀(madame)라는 호칭이 다시 등장하였다. 그리고 그들의 활동무대로 살롱이 다시 활기를 띠기 시작하였다.

테르미도르와 함께 통제경제와 최고가격제가 폐지되고 곡물의 자유로운 유통이 허용되고 경제적 자유로의 복귀가 이루어졌다. 최고가격제의 폐기에 따른 직접적인 결과는 아시냐[3]의 가치폭락이었고, 그것은 계급의 새로운 재편을 가져왔다. 민중 계급은 더 힘들어졌고, 구체제의 부르조아와 아시냐로 상환받은 채권자들은 몰락하였다. 반면에 인플레이션, 국유재산의 매각, 군수품의 조달 등을 통해 부상한 새로운 부르조아들이 사업가로 변신하였고 이제 자본주의적 생산의 선도자가 되었다(Soboul 1984, 下 100). 다른 한편으로 지속된 전쟁은 정부의 재정적 압박의 강도를 높였고, 전쟁 비용을 감당하기 위해 정부는 금융업자, 은행가, 군수 조달 상인과 납품업자에 의지하지 않을 수 없었다. 그러한 점에서 프랑스는 왕정으로의 복귀나 공포정치로의 회귀를 모두 막기 위해 '경직된 부르조아들'에 의한 명사들의 공화국이 되어갔다. 테르미도르의 혁명가들은 자연스럽게 '소유자들'에게 기울었고, 공포정치 시기에 망가진 상업과 매뉴팩처를 부흥시킬 의지를 가진 명사들에게 기대었다(Baczko 1989, 345). 그것은 가장 계몽된 이들에 의해 통치되는 능력을 갖춘 이들의 민주주의 모델로 가는 길이었다.

또한 그러한 점에서 권리에 대한 문제의식 역시 추상적이기보다 구체적이었다. 이 시기 새롭게 작성된 '인권선언'의 1항은 "사회 속에서의 인간의 권리들"에 대한 묘사였다. 그것은 1789년, 1793년의 '자연권'이 더 이상 아니었고, 사회적 권리의 언어가 자연적 권리의 언어를 대체하였다(Gauchet 1989, 279). 이제 더 이상 자연(nature)은 권리의 준거점이 되지 못하였고, 소유권과 관련하여 생존권의 문제는 사회적 제도의 문제로서 이해되었다. 그러기에 '인간의 권리' 역시 '사회 속에 존재하는' 인간의 권리로서 이해된 것이다. 이것은 분명 고전적 공화주의의 특수하

---

3   1789년 혁명과 함께 의회는 교회 재산을 매각하기로 하고, 그에 상당하는 양의 아시냐를 국유재산을 담보로 지물 보승하는 어음 형태로 발행하였다. 고액권으로 발행된 아시냐는 이후 인플레이션을 불러일으켰고, 지속적으로 가치 절하되었다.

고, 역사적이며, 사회적 그리고 후(後) 정치적인 개념이었다. 자연법이나 어떠한 형태이든 전(前) 정치적인(prepolitical) 틀이나 근거점들은 거부되었고, 권리는 정치 이후(postpolitical) 내지는 사회적인 것으로 간주되었고, 헌법은 주요한 건축물로서 강조되었다. 1789년 혁명 시기 추상적 개인주의는 이제 현실주의적 개인주의로 대체되었다(Gauchet 1989, 283). 니꼴레의 지적처럼, 공화국은 "모든 형태의 초월적인 것에 대한 의식적인 거부"에 근거하여 확립되고자 하였으며, 그에 따라 공화국은 메시아적인 어떤 것과도 단절하고 인간적인 시간과 인간적인 행위 속에서 상상되고자 하였다(Nicolet 1994, 484; Jainchill 2008, 32). 또한 이 시기 '인권선언'은 입법자의 의무를 포함하고 있었고, 또한 동일하게 사회를 구성하는 사람들의 평등한 의무를 인정하고 있었다. 의무선언은 사적인 독립과 공적인 덕성의 상호의존성을 의미하는 것이었고 인민들이 공공선에 이르기 위한 도덕적 처신을 요구하는 것이었다. 이러한 내용들은 마치 루소의 『에밀』에서 말하는 좋은 아들, 좋은 남편, 좋은 아버지가 좋은 시민을 만든다는 언명을 반복하는 것이기도 하였다.

테르미도르의 혁명가들 특히 새로운 인권선언과 헌법을 준비하고 있었던 '11인 위원회'(la commission des Onze)가 출발로 삼았던 문서는 콩도르세(Condorcet)와 지롱드의 선언과 헌법안이었다. 그런데도 불구하고 그들은 "사회의 목적은 공동의 행복이다"라는 산악파의 선언 문구를 다시 가져오는 것에 대해서는 두려워하지 않았다(Gauchet 1989, 277). 정치적으로 테르미도르의 공화주의자들이 인민의 민주주의적 정치참여를 부차화하면서 대표에 의한 정치를 강조했다면, 그것은 '근대인의 자유'로서 정치적 자유보다는 '경제적 자유'에 대한 강조와 연결되었다. 이 시기 근대적 공화주의 사유를 전개했던 테르맹(Charles-Guillaume

Théremin)은 근대 공화국에서 인간성의 진보에 있어서 가장 고려해야 할 점은 근대적 경제 조건의 변화이며, 그것은 고전적 공화주의 사유가 적합하지 않은 상황, 즉 인민의 필요와 욕구에 있어서 근본적 변화가 발생했다는 사실을 강조하였다(Jainchill 2008, 117-119). 결국 근대공화국이 대의제 시스템을 도입하는 것은 인민에게 정치적 생활의 부담을 덜어주어야 하고, 그들에게 중요한 최상의 경제적 자유를 보장해야 한다는 것 때문이었다. 스타엘 부인은 이러한 경제적 자유의 발달을 통해 개인들의 능력의 다양화로부터 발생하는 불평등의 확장은 지극히 자연스러운 불평등이며 정당한 것이라고 보았다(Spitz 2000, 148-149). 그것은 그러한 자연스러운 불평등이 개인들의 능력 발휘의 결과물로서 사회의 일반적인 부의 증진에 기여하기 때문이다.

혁명력 5년(1797년) 봄 콩스탕(B. Constant)은 "힘과 정부의 안정"만이 "시민들에게 신체의 안전과 소유의 불가침권을 보장해 줄 수 있다"는 주장을 담은 저서 『정치적 반동들에 대하여』(Des réactions politiques)를 출판하였다(Holmes 1994, 18). 콩스탕은 그것이 자코뱅주의 그림자와 왕정의 망령으로부터 피할 수 있는 유일한 길이라고 판단하였다. 스타엘 부인 역시 동일한 입장을 표명하였다(Soboul 1984, 下 223). 결국 테르미도르 이후 다시 자유의 원칙을 강조하고, 소유와 경제적 자유를 우선에 두는 정책으로 선회했지만, 중도의 공화국이 가지는 좌우로부터의 공격에 따른 불안정성은 힘과 안정을 가진 정부를 원하도록 만들었다. 시에이에스(E. Sièyes)와 나폴레옹의 합작품이라고 할 수 있는 브뤼메르 쿠데타는 1789년 이래 포기되지 않았던 국민주권의 원칙과 안정되고 강력한 행정부를 양립시킬 수 있는 방식으로 선택된 것이라 할 수 있다. 그러한 의미에서 공포정치로 귀결된 민주주의적 공화주의와 더불어 자유주의적 공화주의 역시 군사적 전제정이라는 귀결을 가져왔다는 것은 한편으로는 아이러니를 보여준다. 그런데도 불구하고 소불의 지적처럼, 나폴레옹은 프랑스혁명에서는 없어서는 안 될 후주였다. 즉 나폴레옹 체제는 프랑스혁명 시기 동안 제기되고 실험되었던 다양한 근대적 시민의 권리와 국가권력의 틀을 법률적으로 확인하는 작업을 수행하였던 것이다. 혁명이 진행된 10여 년의 시간 동안에 실험된 다양한 정치체제와 다양한 방식으로 출몰하였던 시민의 모습들은 19세기를 거치면서 프랑스가 추구해야 할 공화국과 시민적 주체에 대한 선취였고 또한 합의를 위한 지점들이었다.

III. 19세기 프랑스와 자유주의적 통치성의 구성

프랑스혁명과 함께 19세기를 지배한 자유주의는 권력의 통치양식이 되면서 지속적으로 변화를 겪는다. 흔히들 경제적 측면에서 경쟁적 자유주의, 복지 자유주의, 신자유주의의 흐름으로 드러나지만, 그들 간에는 연속성과 단절이 존재한다. 권력은 자신의 작동을 위해 지식체계에 의존한다. 19세기 정치경제학의 변화 속에서 각각의 지식의 형태들은 사회 및 인구를 어떻게 이해했는가를 보면서 그와 더불어 진행되는 통치술(technologies de gouvernement)의 변화를 살펴보아야 한다. 결국 통치성 개념은 권력 형태와 지식 형태의 상호적 구성 위에서 작동한다고 볼 수 있으며, 따라서 권력의 기술에 대한 이해는 정치적 합리성에 대한 이해 없이는 불가능한 것이다(Lemke 2001, 191).

18세기 말 이후 사회과학에 대한 필요성, 즉 사회라는 새로운 지식의 대상이 설정되었고, 그에 대한 과학적 접근의 필요성이 제기되었다. 최초의 사회과학의 틀을 갖고 등장한 것은 '정치경제학'이다. 새로운 '이익(interest)의 체계'에 대한 인식이 등장하였고, 사회의 조직화가 인위적 장치가 아닌 '자연스러운' 시장을 통해 이루어지기를 기대하였다. 이러한 과정은 자본주의의 발전과 맥을 같이 하는 것이었다. 하지만 자본주의의 발전과 그로부터 제기되는 사회문제, 맑스의 표현대로라면 계급투쟁의 문제는 '경제적인 것'으로 환원되지 않는 문제였다. 그로부터 다양한 사회과학들이 등장하였다.

19세기 전반기 사회의 문제, 특히 산업의 발달에 따라 등장하는 사회적인 것의 문제를 해결하기 위한 방안을 적극적으로 제시한 것은 정치경제학(l'économie politique)이었다. 인구라는 주체-객체가 부의 분석에 도입되어 경제적 성찰과 실천의 영역에 개입하게 됨으로써 '정치경제학'이라는 새로운 지식의 영역이 형성되었다(Foucault 2011, 124-125). 정치경제학은 국가이성의 한계를 외부적으로 규제하는 것이 아니라 내적으로 그 한계를 지정하고자 했다는 점에서 16-17세기의 법률적 사고와는 근본적으로 차이를 드러냈다(Foucault 2004, 3-28). 16-17세기의 통치의 정치적 합리성의 근거가 되었던 것은 국가이성(raison d'Etat)이었으며, 국가이성의 한계를 규정했던 것은 자연권 및 계약론과 같은 법/권리(droit)의 담론이었다. 하지만 18세기 중반에 이르러 통치성의 합리성에 대한 내적 규제의 문제가 제기되었으며, 그러한 맥락 속에서 등장한 것이 정치경제학이다. 푸코는 아담 스미스가 제시한 '보이지 않는 손'이라는 개념은 본질적으로 정치적 주권자를 제거하는 역할을 하였다고 평가한다(Foucault 2004, 287-288). 즉 '보이지 않는 손'은 기본적으로 경제적 과정에서 주권자의 형성 가능성을 부정한 것이다. 따라서 정치경제학은 16세기 이래 존재해 온 국가이성에 의해 통치되는 국가, 내치 국가, 중상주의 국가 등에 대한 비판의 의미를 지닌다. 정치경제학은 국가의 부를 그 대상으로 하였지만, 그것은 이전 - 중상주의나 국가이성 등 - 과 달리 인구와 그들의 생존의 문제와 조절되고 부합하는 국부의 확대였다. 푸코는 '통치 이성의 자기제한'은 통치술(art de gouverner)에 있어서 새로운 형태였으며, '자유주의'라고 불리는 것의 탄생을 의미한다고 말한다. 무엇보다도 중심에 '인구'라고 불리는 것과 관련한 이른바 '생명 관리 정치'(biopolitique)의 탄생이었다.[4]

19세기 전반기 정치경제학이라는 지식체계에 근거한 경제적 자유주의는 더는 자연적 자유라는 단순한 체계 속에서 구성되지 않고, 진

4　푸코가 말하는 인구는 단순히 인구학적 의미에 한정되지 않는다. 그는 1977-78년 강의에 대한 요지에서 인구에 대해 다음과 같이 말하고 있다: "인구는 법 권리의 주체를 단순히 모아 놓은 것도 아니고 노동을 해야만 하는 일손의 총체로 구성된 것도 아니다. 인구는 한편으로 살아 있는 존재의 일반적 체제와 연결되어 있다(여기서 인구는 '인간이라는 종'에 속한다. 당시에는 새로웠던 이 개념은 '인류'와 구별해야 하는 어떤 것이다). 다른 한편으로는 신중하게 고려된 개입(법, 혹은 어떤 '캠페인'에 의해 획득될 수 있는 태도나 몸짓, 그도 아니라면 삶의 방식을 변경하는 것을 매개로 해서 행해지는 개입)에 단서를 제공할 수 있는 여러 요소의 집합으로 분석된다"(Foucault 2011, 489). 따라서 통치술의 대상으로 인구가 주체이자 객체로 등장했다는 점은 통치성에 있어서 근본적인 변화가 발생했음을 의미한다. 통치의 최종 목표로서 인구가 등장한 것이다. 그 의미는 인구를 통치한다는 의미가 아니라 "인구의 조건을 개선하고 인구의 부, 수명, 건강 등을 증진시키는 것"을 말한다(Foucault 2011, 159). 통치의 목표이자 수단으로서 인구의 등장이며, 이것은 완전히 새로운 통치술의 탄생을 의미하였다. 그리고 부의 여러 가지 요소들 사이에서 인구라는 새로운 주체가 등장함으로써 정치경제학이 구성될 수 있었다.

정한 시장 사회의 창조 과정에 각인되어야 했다. 자유주의 국가는 시장을 구성하기 위해 적극적이어야 했으며, 정부는 사회문화적으로 동일한 사회를 건설해야 하고, 그것은 시장 사회의 필요조건이었다. 자유주의 국가는 사소한 의미에서 자유방임이 아니라 시장의 건설과 보존의 의무를 가졌다. 간섭과 불간섭이 자유주의를 구분하는 기준이 아니었다. 스미스는 정부의 행동이 시장사회로서의 시민사회를 건설하는 계기라고 파악하였다. 경제적 자유주의와 프랑스혁명 이후 제시된 법치국가(État de droit)는 19세기의 과정에서 동일한 사회적 전망을 가지고 있었다.

1848년은 유럽에서 혁명의 해였고, 6월 파리 노동자들의 봉기는 '사회적인 것'의 문제를 현실화하면서 구체적인 대안을 제시하고자 하는 것이었다. '사회적인 것'에 대한 답변을 찾는 작업에 다양한 사회과학들이 구성되고 자신의 학문적 특성에 기반한 제안들이 등장하였다. 우선은 앞서 언급한 정치경제학이었고, 이어서 그에 대한 비판으로서 사회경제학의 등장 그리고 이후 19세기 말 뒤르켐의 사회학은 정치경제학에 대한 보다 근본적인 문제 제기였다.[5] 사회과학의 이러한 분화와 발전은 지식체계의 변동이자, 동시에 통치 이성의 변화를 의미하였다.

지식체계의 변동과 더불어 권력이 사회에 개입하는 방식이 변화한다. 18세기 후반에 권력이 사회에 개입하는 방식을 푸코는 '병리정치학'(noso-politique)의 문제설정화라고 본다(Foucault 1994b, 13-27). 이것은 아직은 19세기에 들어서 구체화되는 사회적 의학(médicine sociale)은 아

---

5 19세기 동안 사회과학들의 등상과 형성에 대해서는 홍태영(2008)의 7-9상을 참조.

니지만, 권력구조에 기댄 의료정책의 출현을 의미하였다. 사적 의료체계의 형태로 의료시장이 발달하였고, 개인이나 가족 수준에서 제공되는 의료 개입의 망도 급격히 확대되었다. 아직까지 국가에 의한 통일된 개입의 형태는 등장하지 않았지만, 건강과 병리현상과 관련하여 사회체 전체에 대한 고려가 시작되었다는 점은 이전과 명백히 구별되는 것이었다. 17세기까지 의료는 기본적으로 '구호'(secours)라는 행위와 결합되어 있었기에 '가난한 병자'라는 범주를 통해 의료행위가 이루어졌고, 자선행위와 결합되어 있었다. 18세기 들어서 인구의 건강과 물질적인 복지가 정치권력의 본질적인 대상이 되면서 '내치', 좀 더 구체적으로 '의료 내치'(police médicale)가 등장하였다.[6, 7] 이러한 의료 내치를 특징짓는 개념이 '병리정치학'이다. 18세기 말에 이르러 의료행위의 조정과 정보의 집중, 앎의 규격화와 함께 공중보건을 주 임무로 하는 의학이라는 지식체계가 만들어진다(Foucault 1998, 282). 푸코는 병리정치학의 두 가지 특징을 제시한다(Foucault 1994b, 18-23). 하나는 '어린이의 특권화와 가족의 의료화'이다. 어린이는 출생과 사망률의 문제, 성인까지의 생존과 그를 위한 물리적, 경제적 조건의 문제 등과 관련하여 특권화되었다. 가족은 간호, 접촉, 위생, 청결 등과 관련한 육체적 질서의 확립, 수

---

6 내치(police)는 구체제(Ancien Régime) 말까지 현재와 같은 경찰 제도를 지칭하는 것이 아니라 질서, 부, 일반적인 건강 상태의 유지 조건들을 보장하는 기제의 총체를 지칭하는 것이었다.

7 푸코는 중세 시기 권력의 기능은 '평화와 정의'(pax et justitia), 즉 전쟁과 평화의 기능으로 군사력의 독점, 그리고 범죄자의 처벌과 분쟁의 조정이라는 사법기능만을 가졌다고 말한다. 그리고 중세 말 이후 질서의 유지와 부의 조직화라는 기능이 추가되었고, 18세기 이후 새로운 기능, 즉 내치의 기능이 추가된다.

유, 청결한 의복, 유기체의 발육을 위한 적절한 운동 등과 관련하여 의료화의 가장 지속적인 대상이 되었다.[8] 또 다른 하나는 위생학의 특권과 사회적 통제의 심급으로서 의료의 기능화였다. 도시 전체의 습도와 환기-공기 유통, 하수구와 쓰레기 처리, 묘지와 도살장의 위치, 인구 밀집 등 모든 것이 인구의 사망률 및 질병 감염과 관련하여 결정적인 요소들로 간주되어 통제되었다. 건강에 대한 일반적인 기술로서 의료는 점점 더 행정구조와 권력기제 속에서 중요한 위치를 점하였고, 의사들은 사회의 다양한 조직들, 아카데미나 지식사회, 권력 기구의 자문역, 혁명의회까지 과다 대표될 정도로 '더 많은 권력'을 향유하였다.

맬더스의 문제 제기에서 시작된 사회경제학의 흐름은 비참함의 문제가 경제문제이면서 동시에 윤리, 도덕의 문제라는 시각에서 접근하였다. 그와 함께 사회에 대한 개입의 방식은 박애주의(philanthropie)와 내치의 전통이었다. 이들에게 공통적인 중심축을 형성하는 것은 도덕이라는 요소에 대한 강조였다(Procacci 1993, 174). 박애주의자들이 생각하는 공동체는 경제적 개념으로부터 유추되기보다는 도덕적 감성에 기반한 공동체였다. 교육에 있어서 결사체의 역할을 강조하고, 공중보건, 상호공제조합 등 공동체를 강조하는 방식으로 사회문제를 해결하고자 하였다. 사회경제학은 '인구에 대한 과학'으로부터 분리된 '부(富)의 과학'의 정당성을 부정하였다. 사회경제학은 시스몽디(Sismondi)의 개념을 수용하여 진정한 경제학은 어떻게 부를 사회적 행복의 수단으

---

8 이러한 가정 의학의 발달 속에서 근대적 부르조아 가족의 틀이 만들어진다. 특히 여성의 지위가 가속 내에서 어머니, 교육자, 의료보조 등의 역할이 강조되면서 19세기 여성운동에 영향을 미치기도 한다(Donzelot 1977, 24-25).

로 만들 것인가를 탐구해야 했다(Procacci 1993, 181). 이들은 18세기의 유토피아적 자유주의와 현실 산업사회가 가져오는 효과 사이에서 현실적인 개입의 방식을 찾고자 하였다. 이들이 생각하는 사회문제에 대한 해결의 방식은 우선은 권력의 밖 내지는 정치의 영역 밖에서 이루어져야 하는 것이었다. 사회경제학에서 취한 전략은 크게 세 가지 수준에서 존재하였다(Castel 1995, 247). 우선은 부랑아들에 대한 지원이다. 둘째는 보험사회를 위한 저축의 권유였고, 셋째는 노동의 합리적 조직화와 사회평화를 가져올 수 있는 기업가들의 보호정책이었다. 이러한 조치들은 무조건적인 지원이 아니라 '과학적 자선'의 흐름을 만드는 것이었고, 그것은 자선의 수요에 대한 명확한 평가, 구호의 사용에 대한 통제 등을 통해 사회적 노동이 다시 발생할 수 있도록 하는 기술에 근거한 구호를 의미하였다. 특히 기업가들의 후견제도(patronage)는 경제적 요구와 상충하지 않으면서 '사회적' 문제를 해결해야 하는 과제를 안고 있는 상황에서 기업가들의 '서비스'를 통한 개입을 의미했다. 건강 보살핌, 주거환경 개선, 피로 상태의 구호, 교육, 건전한 여가활동, 장애인들·독신자·고아들에 대한 구호 등이 이윤의 논리와는 다른 논리 속에서 이루어졌다. 기업가는 노동자의 '안전'의 조정자가 되었던 것이다(Castel 1995, 256).

비참함과 궁핍화의 문제가 개인적인 것이 아니라 사회적인 것의 문제라는 인식과 사회적 책임성 및 국가의 역할을 강조하기 시작한 뒤르켐(E. Durkheim)의 사회학은 제3공화국에서 공화주의적 연대와 파스퇴르주의(pastorisme)를 결합하였다(Murard and Zylberman 1996, 470-472). 연대주의는 구호의 의무를 자선이나 사랑과 같은 주관적 관념에 기반하는 것이 아니라 공권력의 개입을 정당화할 수 있는 과학적 원칙과 사상에 기반하여 작동하였다. 생리학은 과학적 그리고 합리적 개념을 제공하였고, "생물학적 연대"(solidarité biologique)라는 말은 당시 급진공화파들의 사고 속에서는 '생리학자들의 유기적 연대'를 의미하는 것이었다. 위생학, 주거 등과 관련한 사회적 프로그램들은 사회적 재앙에 대항하는 투쟁에서 주요한 무기로 작용하였다.

근대적 의미에서 최초의 '사회보장'의 성격을 가진 법률은 1898년 4월의 산업재해에 관한 법률이다. 이미 이 법률은 1880년부터 제기되었지만 거의 20여 년이 지난 후에야 입법화될 수 있었다. 이후 1905년 극빈 노인과 장애인의 부조권, 그리고 1910년 노동자와 농민의 연금에 관한 법률이 입법화되었다. 그리고 1914년 실업을 국가적 차원에서 관리하는 전국적인 망이 확립되고 실업 보험 제도가 도입되었다. '실업'과 '실업자'라는 개념은 '발견'이라기보다는 '발명'이라고 보는 것이 타당하다. 그것은 국가가 고용에서 벗어난 이들에 대해, 개인의 무능과 게으름이 원인이 아니라 사회적 원인에 의한 사회적·산업적 실재로서 인정하고 체계적으로 관리하기 시작했음을 의미하는 것이다(Topalov 1994). 19세기 말 제3공화국의 다양한 사회적 안전망들은 19세기 동안 프랑스를 괴롭혔던 '사회적인 것'에 대한 공화국의 답변이었고, 프랑스 공화주의의 확립을 의미하였다.

본격적인 복지 정책은 제1차 세계대전이 끝난 후부터 확대된다. 종전 직후 1919년 통과된 연금법의 제1조는 다음과 같이 시작된다. "공화국은 조국의 안녕을 수호했던 이들에 대해 경의를 표하면서 현행 법률에 준하여 이하의 사람들에게 보상의 권리를 선언하고 결정한다. 첫째 전쟁으로 인해 불구가 된 육·해 군인, 둘째 프랑스를 위해 죽은 이들의 미망인, 고아 및 후손들". 전쟁 직후 최초로 취한 복지 정책의 의미를 파악한다면, 무엇보다도 국민적 통합의 목적과 함께 애국주의적 문제의식을 볼 수 있다. 복지 정책의 출발이 분명 노동자 운동과 좌파 정치 세력의 요구에 따라 분배의 목적을 갖는다는 점을 부인할 수는 없다. 하지만 동시에 그것은 노동자계급의 정체성보다 시민으로서의 권리를 통한 국민적 정체성의 확보라는 측면을 갖는다. 따라서 종전 직후 취한 복지 법안은 그런 목적에서 공화주의적 국민 통합이라는 측면을 그대로 법안에서 드러낸 것이라고 할 것이다.

그리고 독일 모델에 근거한 사회보험은 1920년부터 시작되어 1930년 4월 법률로서 확정되었다. 사회보험은 질병·출산·노령·장애·사망 등 사회적 위험의 범주를 구분해 보장한다. 1932년 3월에는 가족수당에 관한 법률이 제정되어 산업·상업 노동자들에게 혜택을 준다. 전반적으로 프랑스의 복지 정책의 기조는 사회보험에 기초하고 있다. 이것은 부조를 일반화하는 것이 오히려 인민들에게 의존만을 확대시킬 뿐이기 때문에, 노동자들에게 일부를 부담시키는 사회보험제도를 통해 스스로를 권리의 주체로 확정하려는 목적이었다. 20세기 들어서 제3공화국에서 확정된 복지 정책의 근간이 사회보험에 있다는 점은 '부조에 대한 보험의 승리'(Bec 1994), 혹은 '보험 사회의 도래'(Ewald 1986)라는 표현을 가능케 한다. 사회학에 근거한 자유주의의 전환, 즉 새로운 자유주의의 출현은 "자유주의적 통치성의 새로운 프로그램화"이다(Foucault 2004, 95). 그것은 경제적 비합리성을 상쇄시킬 새로운 사회적 합리성을 찾는 작업이었다. 국가는 개인의 자유를 보호하기 위해 외부의 위험을 차단하는 것만으로 충분하지 않으며, 개인의 삶 자체가 위험이라는 인식에서 출발해 개인의 삶 전체를 관리하기 시작하였다. 국가는 사회보험제도뿐만 아니라 위생학, 주택정책 등을 통해 더욱 깊숙이 개인의 삶에 개입하였다. 1905년 법률을 통해 위생에 대한 행정적 조치를 취하지만, 체계적으로 국가적 차원에서 관리하기 시작한 것은 제2차 세계대전을 거치면서부터다(Murard and Zylberman 1996). 주택정책은 우선 서민들에게 값싼 주택을 공급하고, 이를 통해 가족의 사적 영역을 보호함과 동시에 위생학적 시각에서 근대적 가옥을 만들려는 의지에서 출발했다. 시작은 박애주의자들에 의해서였지만, 20세기에 들어서서 국가가 사회조직들을 흡수해 정책적으로 실시한다(Magri 1999). 국가는 개인의 자유를 보호하기 위해 외부의 위협만을 차단하는 것으로 충분하지 않았다.

복지국가의 제도화는 분명 중세 때부터 존재했던 '자선'(charité)이나 자유주의가 지배했던 19세기의 부조 형태와는 근본적으로 상이한 원칙이 확립됨을 의미했다. 복지국가의 확립과 함께 정치적 문제설정은 개인적 도덕에서 사회학으로 이전되었다(Ewald 1986, 374). 기존의 체계에서 빈곤에 대한 대책이 자선을 중심으로 이루어졌다면, 이제 빈곤은 사회문제로 인식되면서 사회적 책임성이 강조되고 그로부터 민의 권리, 즉 사회적 권리를 확립시켰다. 사회적 권리의 확립은 기존의 시민권-민권과 정치적 권리-에 또 다른 권리를 덧붙이는 것 이상의 의미를 지닌다. 그것은 개인적 책임성에 근거한 민권의 원칙을 사회적 책임성에 근거한 새로운 사회적 권리의 원칙으로 대체한다는 의미였다. 자유권에 근거한 계약은 주권적이고 자율적인 개인들 간의 직접적인 관계였으며, 국가는 그 계약을 보장해주는 역할에 국한되었다. 하지만 사회적 권리에 근거한 계약의 경우, 계약 행위는 계약 당사자들이 일부를 구성하는 사회라는 매개를 통해 이루어지며 사회는 규제자이지 재분배자로서 등장한다. '데카르트적 주체'를 대신해 새로운 '사회학적 주

체'가 탄생한 것이다.[9]

하지만 시민의 권리로서 사회적 권리의 확립은 동전의 양면으로 국가권력의 확대를 의미했다. 국가는 이제 시민의 생활을 더 적극적으로-궁극적으로는 출생에서 사망에 이르기까지-관리하는 역할을 공식적으로 부여받았다. 국가는 개인의 자유를 보호하기 위해 외부의 위험을 차단하는 것만으로 충분하지 않으며, 개인의 삶 자체가 위험이라는 인식에서 출발해 개인의 삶 전체를 관리한다. 개인의 삶 자체가 위험인 한에서 국가는 개인 삶 전체를 관리하였고, '생명 관리 권력의 시대'가 확고하게 자리 잡은 것이다(Foucault 1990, 150).[10] 개인의 자유의 확대를 위해 국가는 더욱 깊숙이 개인의 삶에 침투하였다. 그것의 극단화된 형태는 프랑스가 아닌 독일에서 만들어진 나치의 '전체주의 국가'였다.

IV. 자유주의적 통치성의 위기와 전환?

2차 대전 이후 자유주의 통치성의 위기, 통치성의 일반적 장치의

---

9 이러한 특징이 근대 공화주의의 다양한 흐름 중 프랑스 공화주의의 특수한 측면이다. 즉 대서양 전통의 공화주의가 권력분립 및 법치에 대한 강조, 혼합정, 시민적 덕성을 강조하면서, '사회적인 것'에 대해 소홀하다면, 프랑스 공화주의 특성은 '사회적인 것'에 대한 적극적 해결 과정에서 공화주의적 시민의 역할을 강조한다.

10 통치성 개념을 통해 19세기 말의 복지국가에 대한 분석 작업은 그의 제자이자 동료들-G. Procacci, F. Ewald, J. Donzelot, R. Castel 등-에 의해 이루어졌다.

위기가 발생한다(Foucault 2004, 70-72). 18세기 이래 자유주의는 자유와 안전이라는 두 가지 문제를 핵심으로 하여 전개되어 왔다. 개인의 자유의 전개라는 하나의 측면과 그러한 개인이 내부적 혹은 외부적 위험으로부터 보호되어야 한다는 또 다른 측면이 그것이다. 후자의 측면이 통제와 감시, 간섭과 관리의 발달을 가져왔고, 그것은 복지의 측면을 구성하였다. 자유주의는 각각의 순간에 자유를 만들어내고 자극하고 생산해내기 위해 제안되는 것이며, 그 생산의 과정에서 비용과 강제의 문제를 함께 제안한다(Foucault 2004, 66). 푸코는 자유를 생산하는 비용을 계산하는 원칙을 '안전'(sécurité)이라고 칭한다. 자유주의적 통치술은 개인의 이익, 상이한 이익들이 서로 대립하거나 분열되는 것이 전체의 이익에 위험이 되지 않을 방법과 수단 등을 결정하는 것이며, 그것이 안전의 문제이다. 자유와 안전의 문제는 자유주의적 통치술의 핵심적인 문제가 된다. 안전의 장치들을 분석하면서 푸코는 자유주의가 독트린이나 이데올로기 이전에 하나의 통치의 방식임을 발견하였다.

자유주의는 일견 모순되어 보이는 두 측면을 가지고 있다. 하나는 생명 관리 권력으로서 통치방식이고, 다른 하나는 '통치의 과잉'(trop gouverner)에 대한 끊임없는 비판이다. 20세기 전반기 자유주의의 전자의 측면은 나치의 경험에서 보이듯이 '새로운 전제정'의 위험을 낳았으며(Foucault 2004, 69), 18세기 이래 발달해 온 자유주의 통치성의 위기를 의미한다. 전후 반국가주의(anti-étatisme) 혹은 국가혐오(phobie d'Etat) 현상은 자유주의 후자의 측면이다. 2차 대전 이후 나치의 경험에 대한 비판 속에서 자유주의의 변환을 푸코는 신자유주의의 출현이라고 본다. 1979년 꼴레쥬 드 프랑스(Collège de France) 강의에서 푸코는 독일에서 등장한 질서 자유주의(ordoliberalism)와 1970년대 출현한 미국의 신자유주의에 주목하였다. 푸코는 이 두 가지 형태의 자유주의의 유사성과 차이에 주목하면서 자유주의 통치성의 변화를 파악한다.

하이예크(F. Hayek) 등에 근거한 신자유주의의 가장 주요한 특징은 시장 혹은 경쟁 체제를 자연적 질서로 간주하고 그것에 대한 어떠한 방식의 개입도 허용하지 않으려 한다는 점이다. 비록 독일 질서 자유주의자 일부의 경우 '사회정책'을 통한 간섭을 인정하지만, 그것은 시장 경제의 메커니즘에 개입하는 것이 아니라 시장의 조건에 개입하는 것에 한정한다(Foucault 2004, 138-144).[11] 통치는 시장의 효과에 대해 개입하지 않으며, 신자유주의 통치는 사회에 대한 시장의 파괴적 효과를 정정하는 것이 아니다. 그것은 사회에 대한 일반적 시장의 규제자로서의 구성이다. 경쟁적 메커니즘이 규제자의 역할을 할 수 있도록 사회에 개입하는 것이다(Foucault 2004, 151). 독일 사민당의 경우도 1959년 고데스베르그 강령 개정 이후 신자유주의와 동맹체제에 들어갔으며, 자신의 고유한 통치성, 즉 사회주의적 통치성을 가지고 있지 못하다고 푸코는

---

11 푸코가 질서 자유주의적 흐름의 단일성을 과장한다는 비판이 가능하다(Terrel 2010, 113-115). 질서 자유주의 흐름에는 두 개의 집단이 존재한다. 프라이부르그 학파-Walter Euken, Franz Bohm-는 시장의 자유로운 경쟁에 필요한 법률적-정치적 틀(제도적 게임의 규칙들)을 요구한다. 다른 한편으로 Alfred Muller-Armack, Wilhem Ropke, Alexandre Rustow와 같은 사회학자들은 사회정책을 제안한다. 이들은 사회의 모든 부분에 상품 관계가 확대되는 것을 바라지 않는다. 시장의 확장이 위협할 수 있는 개인이나 집단의 활동을 장려하는 사회층을 재구성하고 소비사회에 대한 비판적 시각을 가지고 있다. 또한 나아가 푸코는 신자유주의자들의 단일성을 과대평가하고 있는 듯하다. 특히 국가의 역할과 관련한 문제에서 그러하다.

말한다.[12]

　프랑스의 경우도 전쟁 직후 완전고용의 유지와 성장이라는 두 가지 목표를 달성하기 위해 '국민적 연대 모델'을 추구하였고, 사회보장제도(sécurité sociale)를 확립하였다. 하지만 분명한 것은 사회보장제도가 경제에 영향을 끼치지 않으면서, 즉 임금은 인상하지 않으면서 실질적인 임금은 인상시키는 방식이라는 것이다. 사회적 부담금을 통해 실질 임금을 인상하지만 기업에게는 임금 인상 부담을 주지 않는 방식이다. 당시 사회보장제도를 주장한 사람들은 "사회보장의 목적은 경제적 성격을 띠지 않으며 띠어서도 안 된다"고 하면서 그것의 중립적 성격을 강조하였다(Foucault 2004, 201). 이러한 경제적 중립성에 대한 강조는 1972년 지스카르 데스탱에 의해 신자유주의적 모델이 확립되는 시점에 보다 명확하게 드러났다. 푸코는 사회적 부조가 빈곤의 원인에 대한 치유보다는 그 결과에 대한 치유에 한정되고 있다고 본다.

　미국식 신자유주의의 경우 유럽식 신자유주의와 차별성이 존재한다. 미국의 신자유주의의 주요한 점은 경제적 인간(homo oeconomicus)으로의 회귀라는 조건 속에서 등장한다(Foucault 2004, 231). 경제적 인간은 그 자체로서 기업가이며, 스스로 자본인 사람이다. 이에 근거하여 미국식 신자유주의는 경제와 대립하는 영역에까지 경제적 관점을 적

12　푸코는 사회주의에 결여된 것은 통치 이성이며, 사회주의 내에서 통치 합리성이 무엇인지에 대한 정의가 부재하다고 주장한다. 사회주의에는 통치적 행위의 양태와 목적의 범위를 측정하고 추론할 수 있는 수단이 부재하며, 자율적인 사회주의적 통치성이 존재하지 않는다. 다만 사회주의는 다양한 통치성의 형태들 위에 접속되어 있(branché) 존재할 뿐이라고 본다. 따라서 푸코는 사회주의에 적합한 통치성을 발명할 필요가 있다고 본다(Foucault 2004, 93-95).

용하고자 하며, 기업형태 혹은 시장형태의 무제한적 일반화를 주장하고 있다. 따라서 모든 사회적, 정치적 부문을 경제적 시각을 통해 판단하고자 한다. 공권력의 남용이나 과잉, 비효율성 등을 경제적 관점에서 판단하고 있는 것이다. 질서 자유주의자들과 달리 미국의 신자유주의자들은 모든 사회적 관계를 경쟁이라는 사회적 모델에 따라 사고하는 체계적 시도이다. 비록 제한적이더라도 '사회정책'을 사고하는 질서 자유주의자들은 기업모델을 사회로 확장하려 하지는 않는다. 경쟁논리는 사회관계를 해체시키려는 경향이 있다. 미국의 신자유주의자들은 경쟁의 논리를 사회 전체로 확장하고자 한다(Foucault 2004, 245-249).

18세기 이래 생명 관리 정치의 탄생과 현재까지 지속이라는 시각에서 통치성의 변화들을 추적할 수 있다. 물론 18세기 중반 이후 19세기 말까지 (시장-경쟁적) 자유주의, 19세기 말 이후 새로운 자유주의, 복지 자유주의, 전후 독일의 질서 자유주의, 20세기 말 이후 신자유주의 등의 변화를 통치성의 변화로 읽어내고 있지만, 푸코는 그것을 생명 관리 정치의 틀 속에서의 변화로 파악하고 있다. 푸코는 신자유주의에서 보이는 국가의 후퇴 역시 통치의 기술의 한 형태로 파악한다(Foucault 2004; Lemke 2001, 202). 즉 케인즈주의의 위기와 복지국가의 축소는 규제와 통제 권력의 상실이라기보다는 통치술의 재구조화, 즉 국가의 규제적 능력에서 책임 있고 합리적 개인으로의 전이라는 의미에서 통치술의 변화일 뿐이다. 그러한 의미에서 본다면 자유주의의 생명 관리 정치는 지속되고 있다고 평가된다. 기본적인 생명 관리 정치라는 틀 속에서 다양한 요인의 결합과 영향에 의해 시기에 따른 통치술의 변화가 존재하는 것이다.

푸코는 권력 행사의 규준을 확정하는 것은 지혜를 따라 이루어지는 것이 아니라 계산, 즉 세력들에 대한 계산, 관계들에 대한 계산, 부(富)에 대한 계산, 능력의 요인들에 대한 계산에 따라 이루어진다고 본다. 통치술의 차이는 통치술의 상이한 계산, 상이한 합리화, 상이한 규준화의 차이에서 비롯되며, 이러한 것들은 19세기 이래 정치적 논쟁의 대상이 된 것들이다. 결국 정치란 이러한 통치술의 차이를 둘러싼 게임이다. 즉 그러한 게임으로부터 정치가 발생한다(Foucault 2004, 315-317).

V. 결론

국가는 새로운 형태를 얻었고, 근대국가는 통치국가가 되었다. 프랑스혁명 이후 확립된 공화국의 모습은 프랑스적 특수성을 보여주고 있다. 공화주의는 프랑스적 특수성, 특히 혁명 과정에서 보여졌던 인민의 봉기와 시민의 적극적인 정치참여 등으로 프랑스 공화주의가 대서양 공화주의, 즉 권력분립과 법치주의를 중심으로 하는 공화주의와의 차별성을 드러내준다. 그리고 사회적인 것에 대한 공화국의 적극적 답변을 통해 19-20세기 자유주의 통치성의 공화주의적 색채를 보여준다. 하지만 20세기 말 이후 프랑스공화국과 공화주의의 한계점이 드러나고, 자유주의적 통치성의 위기가 도래하였다. 무엇보다도 그것이 민주주의와 주체들의 자유의 족쇄로서 다가오기 시작한 것이다.

국가는 단일하거나 내적으로 일관된 몇 개의 기능을 수행하는 총체가 될 수 없다. 그러한 의미에서 국가는 혁명적 정당에 의해 포획될 수도 없다고 푸코는 보았다(Curtis 2002, 524). 그렇다면 어떠한 방식의 저항을 사고하며, 통치성 개념을 통해 새롭게 포착한 국가에 대해 어떻게 저항을 사고할 수 있을 것인가? 푸코는 "우리가 지향해야 할 방향은 반규율적이지만, 그러나 동시에 주권의 원칙에서도 벗어나 있는 그러한 새로운 권리여야 한다"고 주장한다(Foucault 1998, 59 번역 수정). 이 권리는 권력에게는 항상 넘을 수 없는 법과 무제한적 권리라고 말하고 있다. 푸코는 '안전'이라는 새로운 통치 이성의 대상인 '인구'라는 개념에 대비되어 '인민'이라는 개념에 주목한다. 인민이란 "스스로 인구이기를 거부한 채 이 체계를 마비시키는 사람들"이다(Foucault 2011, 80). 관리의 대상으로서 인구가 존재한다면, 인민은 인구의 조절에 저항하고 인구를 최적의 수준에서 존재, 유지, 존속시키는 장치에서 벗어나려는 사람들이라고 보면서 그 대립을 분명히 한다. 권리의 정치 혹은 저항을 통해 존재하는 인민은 근대정치가 상정했던 단일한 주권체로서 동질적인 집단으로 환원되지 않는 구성이다. 푸코는 전체주의 국가가 가져온 정치의 실종이 근대성의 내재된 특성 혹은 자유주의 통치성의 경향으로 보았다. 따라서 필요한 것은 실종된 정치의 복원 혹은 '바깥의 정치'(politique du dehors)의 필요성이다.[13]

그러한 의미에서 21세기 들어서 다양한 공간에서 다양한 방식으로 등장하는 포퓰리즘과 인민(people)의 모습을 주목할 필요가 있다. 이러한 현상들은 홉스의 『리바이어던』에서 상징으로 잘 드러났던 인민과

---

13 '바깥의 정치'는 맑스주의 몰락 이후 나타난 다양한 철학적, 이론적 흐름들, 특히 랑시에르, 아감벤, 지제그 네그리 등이 각자 나름대로 해방의 정치를 추구하면서 그것을 제도정치의 바깥에서 찾고 있다는 점을 주목하여 사용하는 개념이다 (Karsenti 2005).

주권자로서 국가의 표상 관계 그리고 이후 국민국가를 통해 실현된 인민의 국민주권과 민주주의가 일정한 한계를 드러냈다는 것을 말한다. 포퓰리즘은 대표의 위기이자 동시에 국민국가의 위기이다. 통치성 역시 국민국가라는 주권적 경계 내에서 형성되고 작동되는 방식이었다면, 이제 그 경계를 가로지르는 통치성의 형성 가능성 그리고 주권적 인민의 새로운 구성 및 민주주의의 새로운 가능성 등을 사유해야 하는 계기들이 등장하고 있다. 그러한 의미에서 권력의 수동적 통치 대상으로서 인구(population)가 아닌 민주주의의 주체로서 인민(people)의 다양한 모습과 구성을 기대할 시간이다.

참고문헌

홍태영. 2008. 『국민국가의 정치학』. 서울: 후마니타스.

Agamben, Giorgio 저·양창렬 역. 2010. 『장치란 무엇인가』. 서울: 난장.

Arendt, Hannah 저·홍원표 역. 2004. 『혁명론』. 파주: 한길사.

Baczko, Bronislaw. 1989. *Comment sortir de la Terreur: Thermidor et la Révolution*. Paris: Gallimard.

Balibar, Etienne. 1992. *Les frontiers de la démocratie*. Paris: La découverte.

Bec, Colette. 1994. *Assistance et République*. Paris: Les Editions de l'Atelier.

Castel, Robert. 1981. *La Gestion des risques: De l'anti-psychiatrie à l'après-psychanalyse*. Paris: Les Éditions de Minuit.

Castel, Robert. 1995. *Les Métamorphoses de la question sociale*. Paris: Les Éditions Fayard.

Curtis, Bruce. 2002. "Foucault on Governmentality and Population: The Impossible Discovery." *The Canadian Journal of Sociology* 27(4): 505-533.

Donzelot, Jacques. 1977. *La police des familles*. Paris: Les Éditions de Minuit.

Donzelot, Jacques. 1994. *L'invention du social. Essai sur le déclin des passions politiques*. Paris: Seuil.

Ewald, François. 1986. *L'Etat providence*. Paris: Grasset.

Foucault, Michel 저·박정자 역. 1998. 『사회를 보호해야 한다』. 서울: 동문선.

Foucault, Michel 저·오트르망·심세광·전혜리·조성은 역. 2011. 『안전, 영토, 인구: 콜레주드프랑스 강의 1977-78년』. 서울: 난장.

Foucault, Michel 저·이규현 역. 1990. 『성의 역사: 1권 앎의 의지』. 서울: 나남.

Foucault, Michel. 1975. *Surveiller et punir: Naissance de la prison*. Paris: Gallimard.

Foucault, Michel. 1994a. "Inutile de se Soulever?(1979)."(*Le Monde*, No

10661, 11-12 mai 1979) *Dits et Ecrits: 1954-1988, Ⅲ*. Paris: Galli-mard.

Foucault, Michel. 1994b. "La politique de la Santé au XVIIIe Siècle(1976)." *Dits et Ecrits: 1954-1988, Ⅲ*, Edition Établie sous la Direction de D. Defert et F. Ewald. Paris: Gallimard.

Foucault, Michel. 1994c. "Le jeu de Michel Foucault(1977)." *Dits et Ecrits: 1954-1988, Ⅲ*. Paris: Gallimard.

Foucault, Michel. 2004. *Naissance de la biopolitique: Cours au Collège de France. 1978-1979*. Paris: Seuil.

Furet, Francois and Denis Richet 저·김응종 역. 1990. 『프랑스혁명사』. 서울: 일월서각.

Gauchet, Marcel. 1989. *La Révolution des droits de l'homme*. Paris: Galli-mard.

Gauchet, Marcel. 1994. "L'Etat au miroir de la raison d'Etat." In *Raison et déraison d'Etat*, edited by Yves Charles Zarka. Paris: PUF.

Gauthier, Florence. 1988. "De Mably à Robespierre: De la critique de l'économique à la critique du politique 1775-1793." In *La guerre du blé au XVIIIe siècle*, edited by Edward P. Thompson, Valérie Bertrand, Cynthia A. Bouton, Florence Gauthier, David Hunt, and Guy-Robert Ikni. Paris: Les Éditions de la Passion.

Gauthier, Florence. 1992. *Triomphe et mort du droit naturel en Révolution 1789-1795-1802*. Paris: PUF.

Holmes, Stephen. 1994. *Benjamin Constant et la genèse du libéralisme moderne*. Paris: PUF.

Ichida, Yoshihiko, Matheron Lazzarato, François Matheron, and Yann Moulier-Boutang. 2002. "La politique des multitudes." *Multitudes* 9: 13-24.

Jainchill, Andrew. 2008. *Reimagining Politics after the Terror: The Republican Origins of French Liberalism*. Ithaca and London: Cornelle University Press.

Jonsson, Stefan 저·양진비 역. 2013. 『대중의 역사』. 서울: 그린비.

Karsenti, Bruno. 2005. "La politique du dehors: Une lecture des cours de Foucault au Collège de France(1977-1979)." *Multitudes* 22: 37-50.

Lefort, Claude. 1986. *Essais sur le politique.* Paris: Seuil.

Lemke, Thomas. 2001. "'The Birth of Bio-Politics': Michel Foucault's Lecture at the Collège de France on Neo-Liberal Governmentality." *Economy and Society* 30(2): 190-207.

Magri, Susanna. 1999. "La réforme du logement populaire: La Société française des habitations à bon marché, 1889-1914." In *Laboratoires du nouveau siècle,* edited by Christian Topalov, 239-268. Paris: EHESS.

Massin, Jean 저·양희영 역. 2005. 『로베스피에르, 혁명의 탄생』. 서울: 교양인.

Murard, Lion and Patrick Zylberman. 1996. *L'hygiène dans la République: La santé publique en France, ou, l'utopie contrariée 1870-1918.* Paris: Fayard.

Nicolet, Claude. 1994. *L'idée républicaine en France(1789-1924): Essai d'histoire critique.* Paris: Gallimard.

Pelbart, Peter P. 2002. "Pouvoir sur la vie, puissance de la vie." *Multitudes* 9: 25-35.

Procacci, Giovanna. 1993. *Gouverner la misère: La question sociale en France (1789-1848).* Paris: Seuil.

Raynaud, Philippe. 1991. "Y a-t-il une Philosophie Girondine?." In *La Gironde et les Girondins,* edited by François Furet and Mona Ozouf. Paris: Payot.

Rémond, Renée. 1982. *Les Droites en France.* Paris: Aubier Montaigne.

Robespierre, Maximilien. 2009. "공화국 내무 관리에 있어 국민공회가 지켜야 할 정치적 도덕 원칙에 관하여." Maximilien Robespierre 저·Slavoj Zizek 서문·배기현 역. 『로베스피에르 덕치와 공포정치』. 서울: 프레시안

북.

Rosanvallon, Pierre. 1998. *Le peuple introuvable: Histoire de la représentation démocratique en France.* Paris: Gallimard.

Rosanvallon, Pierre. 2000. *La démocratie inachevée: Histoire de la souveraineté du peuple en France.* Paris: Gallimard.

Soboul, Albert 저·최갑수 역. 1984. 『프랑스 大革命史 上, 下』. 서울: 두레.

Spitz, Jean-Fabien. 2000. *L'amour de l'égalité: Essai sur la critique de l'égalitarisme républicain en France 1770-1830.* Paris: Librairie Philosophique J Vrin.

Terrel, Jean. 2010. *Politiques de Foucault.* Paris: PUF.

Topalov, Christian. 1994. *Naissance du chômeur, 1880-1910.* Paris: Albin Michel.

酒井隆史(사카이 다카시) 저·오하나 역. 2011. 『통치성과 자유』. 서울: 그린비.

서유럽 근대농업의 전개와 정치적 근대화: 영국, 프랑스, 독일의 비교*

임수환

I. 서론

라인하드 벤딕스(Reinhard Bendix)는 근대화를 1760-1830년간 영국에서 일어난 산업혁명과 1789-1794년간 프랑스에서 일어난 정치적 혁명에서 비롯된 일련의 사회변화를 지칭하는 것으로 정의한 바 있다.[1]

---

* 이 글은 『정치와 공론』 30집(2022)에 "서유럽 근대농업의 전개와 정치적 근대화: 15-19세기 영국, 프랑스, 독일 사례의 비교" 제목으로 게재된 논문을 수정·보완한 것이다.

1 벤딕스가 프랑스 혁명을 표현한 정치적 혁명이란 구체적으로 민주주의와 국민국가라 말할 수 있다. 민주주의, 국민국가와 산업혁명을 개척한 프랑스와 영국을 개척자로 분류한다고 벤딕스를 이해할 수 있겠다.

벤딕스는 영국이 산업혁명으로 프랑스가 정치적 혁명으로 근대화를 개척한 이후 다른 나라에서 일어나는 근대화는 앞선 두 나라와의 사이에 벌어진 격차를 메우려는 대응의 성격을 갖는다고 파악했다.

영국과 프랑스라는 선진사회(advanced society)가 등장하자 그 이외의 다른 모든 나라는 후진 상태(backwardness)를 벗어나기 위해 선진사회를 따라잡기 위한 변화를 추구한다. 영국과 프랑스라는 개척자(pioneer)와 다른 모든 추격자(follower)의 관계가 근대화 현상을 지배하게 된다는 뜻이다(Bendix 1977, 411-419).

이 연구에서 다루는 영국과 프랑스는 개척자에, 독일은 추격자에 해당한다. 개척자에 속하는 영국과 프랑스에서는 농지에 대한 사유재산제가 합법성을 획득하는데, 전자에서는 자본주의 농업이 발전하는 방향으로 후자에서는 소규모 가족농 중심의 방향으로 전개되어 두 갈래로 분기되었다. 추격자에 속하는 독일에서는 서부와 남부의 소농 구조와 프러시아 동부의 융커 농업이 공존하는 모습을 드러냈다.

정치적으로 볼 때, 영국은 자본주의적 번영과 의회민주주의의 안정적 운영, 그리고 제국의 전 지구적 팽창을 이룩한 반면, 프랑스는 자본주의 경제의 침체, 의회민주주의의 불안정과 근대적 독재의 출현을 보여주었다. 독일에서는 의회보다는 카이저와 고위 관리, 그리고 군대의 영향력이 강력한 권위주의적 자본주의가 형성되었다.

세 나라의 농업과 정치적 근대화를 비교하는 이 연구는 개척자 사회와 추격자 사회가 가지는 특성이 농업과 정치의 근대화에 어떤 영향을 주었는가? 자본주의적 농업발전은 영국정치의 자유주의적 발전에 어떻게 연관되는가? 소농 경제와 융커 농업은 프랑스와 독일의 정치에 어떻게 연관되었는가? 등의 문제에 초점을 두고 진행되었다. 이 연구는 서유럽에서 자유농민들이 봉건적 통제에서 벗어나고 정치적으로 근대 국가가 일어나던 15세기부터 19세기까지의 시기에 일어난 역사적 사실들을 중심으로 농업과 정치적 근대화의 연관을 다루며 해당 시기에서 발생하는 현상에 대한 제한적 일반화만을 시도한다.[2]

근대화의 역사적 다양성에 대한 설명은 이미 20세기 중반기 이래 여러 학자들에 의하여 시도되어 왔다. 그중에서도 무어(Moore 1966)는 영국, 프랑스, 미국, 일본, 중국, 인도의 사례를 비교하면서 부르주아 민주주의, 사회주의, 파시즘 등 다양한 형태로 발전한 근대정치의 연원을 농촌근대화 과정에서 찾았다. 그는 부르주아 계급이 강력한 사회에서 부르주아 민주주의가 발전했고, 그렇지 못한 사회에서 사회주의나 파시즘 독재가 일어난다는 일반화에 도달했는데, 이와 함께 상업주의를 대하는 전통적 토지 귀족들의 태도, 국왕과 전통적 토지 귀족과의 관계, 경작 농민과 전통적 토지 귀족의 관계 등 계급적 관계가 정치적 근대화에 중요한 영향을 미친다는 점을 분석하고 있다.

무어(Moore 1966)는 영국과 프랑스를 부르주아 민주주의의 길로 근대화하는 사례로 제시하였으나 두 나라가 19세기 민주화와 민주주의 제도화 과정에서 많은 차이를 드러낸 점에 대하여는 다루지 않았다. 독일 역시 그의 사례에서 빠져 있었다. 본 논문은 영국과 비교할 때, 프랑스가 대혁명 이후 정치적 불안정과 산업화의 부진을 겪었던 점에 주목한다. 영국과 같이 근대화 과정에서 상업화한 지주계급과 부르주아 계급 사이의 연대가 형성되지 않은 프랑스가 겪었던 문제들은 오늘

---

2 서유럽 농업과 정치의 관계는 20세기 들어와 유럽통합의 영향을 크게 받게 되어 별도의 연구가 요구된다는 것이 필자의 판단이다.

날 한국 민주주의의 문제이기도 하기 때문이다. 19세기 독일농업 근대화에 대한 국가의 역할과 권위주의 정치는 20세기 후반기 후발개도국 한국에서 일어난 국가 주도적, 추격 근대화의 선례로 제시될 것이다.

II. 서유럽 근대농업의 전개: 영국, 프랑스, 독일

오늘날 인류사회를 지배하는 근대문명이 서구적 특징을 띠게 된 원인은 상당 부분 서구사회가 근대화 이전에 봉건제도를 갖고 있었다는 사실에서 기인한다. 게르만의 대이동과 서로마 제국 멸망 이후 서유럽을 지배한 봉건 질서는 정치권력의 분산으로 인해 극단적으로 지역화된 공동체가 기독교적 보편질서로 연결된 형태를 띠었다. 지역화된 공동체란 수도원, 마을, 장원, 성, 도시(town), 길드, 브라더후드(brother-hood) 등을 말한다(Mann 1986, 373-517).

봉건제도에서 왕은 자기가 직접 지배하는 직영지에서 물질적 수입을 얻고 산하 영주들의 충성에 의존하여 군사력을 동원한다. 왕으로부터 봉토에 대한 지배권을 하사받은 영주는 장원을 개설하여 농민들에게 경작지를 분배하는 대신 조세와 사역의 의무를 지운다. 수도원이 운영하는 장원도 영주들의 장원과 같은 원리로 운영되었다. 도시에 사는 장인들은 길드 조직 속에서 위계질서를 형성하며 국왕과 영주에게 서비스를 제공하는 대가로 보호받았다. 왕가와 영주 또는 토지 귀족의 가문은 대대로 충성과 보호의 관계를 이어갔고, 장원의 경작 농민들은 허락 없이 장원을 떠날 수 없었으며 많은 경우 대대로 영주의 농노로서 신분적 예속관계를 이어갔다.

장원의 농노들은 각자에게 주어진 밭을 경작했지만, 장원을 단위로 같은 작물을 경영하였으므로 장원농업은 공동체의 협동 작업으로 진행되었다. 도시 장인들의 노동 역시 집단주의적으로 조직되었다. 왕과 토지 귀족은 농노와 장인들에 대한 수조권을 행사하는 대신 전쟁이 났을 때 외부의 공격으로부터 공동체를 보호하고 평시에 봉토를 통치하는 지배계급의 기능을 수행했다. 봉건제도 속에 사는 사람들에게는 출신 가문별로 계급이 매겨지고 계급별로 기능이 할당되어 있었던 것이다.

14세기 흑사병이 창궐하여 장원 공동체가 붕괴한 이후 토지 귀족과 경작 농민 간의 관계에 변화가 일어났다. 토지 귀족이 경작 농민에 대한 통치권을 행사하고 경작 농민이 토지 귀족의 보호 속에 살던 전통적 관계가 깨진 이후 두 계급은 상호관계의 재정립을 위한 갈등을 겪게 되는데, 브레너(Brenner 1976)는 14세기 후반과 15-16세기에 걸쳐 일어난 토지 귀족-농민(landlord-peasant) 간 갈등을 농노로서의 신분 구속 문제와 토지 재산권을 누가 차지하느냐의 문제를 중심으로 벌어진 계급투쟁으로 설명했다. 이 계급 갈등과 투쟁의 결과가 엘베강을 경계선으로 동서 양 지역에서 다르게 나타났다는 것이다.

대륙의 엘베강 이서지역에서는 14세기에 장원의 속박에서 일단 벗어난 경작 농민들(peasants)이 자유농민으로서 경작농지의 점유권을 주장하여 토지 귀족들의 봉건적 권리주장과 갈등을 빚게 되었다. 15세기 중엽에 이르면 서부 독일지역과 프랑스 지역의 토지 귀족들은 농민들에 대한 봉건적 구속력을 잃는다. 엘베강 이서지역의 농민들은 마을 단위 농촌공동체의 내부적 결속력과 자치 정신이 강하여 토지 귀족들의 권력에 대항하여 때로는 봉기하고 때로는 협상하여 자유를 획득했던 것이다.

국왕은 농민과 토지 귀족 사이의 계급 갈등에 끼어들어서 농민의 토지 점유권을 강화해주면서 토지 귀족의 세력을 약화시킨다. 국왕은 토지에 대한 농민의 상속권과 점유권을 보호해주고 토지 귀족에게 내는 지대를 고정해서 귀족 세력을 약화시킨다. 그리고 국왕은 농민들에게 직접 세금을 매긴다. 국왕은 귀족들이 참석하는 의회의 동의를 받지 않고 직접 거두어들일 수 있는 세원을 확보함으로써 절대주의 국가 건설의 물질적 기반을 확보하게 되었는데, 그 대표적인 나라가 프랑스였다.

반면에 개척의 역사가 짧았던 엘베강 이동지역에서는 토지 귀족의 힘이 경작 농민들의 힘을 압도하였으므로 두 계급 간의 경쟁에서 농민들이 불리하였다. 토지 귀족들은 재강화된 국왕과의 정치적 결탁 하에 장원의 신분적 제약에서 벗어난 농민들을 무력으로 체포하여 재농노화시켰던 것이다. 동유럽 지역의 지주들은 이같이 장원에서 봉건적 권력을 기반으로 농노를 착취하여 생산한 곡물을 수출할 수 있었다. 그 중에서도 프러시아 지역에서 성장한 융커계급은 독일제국의 지배계급으로서 커다란 정치적 영향력을 20세기 전반기까지 유지한다.

영국의 경우도 대륙의 엘베강 이서지방처럼 15세기 중엽까지 벌어진 토지 귀족-농민 간 투쟁에서 농민들이 봉건적 질곡에서 벗어나 장원을 떠날 자유를 획득한다. 그러나 영국의 농민들은 토지 점유권 경쟁에서는 지주들에게 패배하여 장원과 버려진 땅에 대한 소유권을 대지주들이 독차지하게 되었다.

토지 귀족들은 소유권을 주장하는 농경지에 울타리를 치고 경작 농민들의 접근을 막는 대신 양을 길러서 양모를 도시 상인들에게 판매하는 엔클로저 운동(enclosure movement)을 벌였다. 국왕이 사회불안을 염려하여 엔클로저 운동을 규제하려 했으나, 토지 귀족들은 청교도 혁명을 통하여 국왕의 간섭을 배제시킬 수 있었다. 영국의 토지 귀족들은 내전을 통하여 절대주의 왕권을 제약하고 의회주의 정치를 실현했을 뿐 아니라 대토지 경영을 통한 자본주의 농업을 개발하기도 했던 것이다.

영국의 국왕은 프랑스와 달리 농민의 점유권 보호에 실패하고, 오히려 의회 세력에게 패배하여 절대주의 국가권력의 완성을 보지 못한 셈이다. 영국은 경작 농민으로부터 직접 세금을 거둘 수 없었으므로 세금을 거두기 위해서는 토지 귀족들이 참석하는 의회의 동의를 얻어야 했다.

영국에서 대토지소유권을 확보한 지주들은 대토지를 차지자본가들에게 장기 임대하였다. 차지자본가는 임대농지에 신기술과 자본을 투입하고 노동자를 고용하여 생산성을 향상시켰는데, 상업 작물의 생산성 증가는 지주와 차지자본가의 수입 증가로 이어졌다. 이렇게 형성된 토지 귀족-자본가 간의 동반자관계(partnership)는 자본주의 농업을 발전시켰고 더 나아가 산업혁명의 조건을 충족시켜 주었다.

〈표 7-1〉 총고용인구 중 농업인구 비율

		농업인구(백만명)	총고용인구(백만명)	농업인구 비율(%)
영국	1881	1.50	12.80	12
	1901	1.33	16.31	8
프랑스	1881	7.86	16.63	47
	1891	7.22	16.34	44
	1901	8.18	19.74	42

독일	1882	10.5	21.2	50
	1907	9.9	28.1	35

출처: Tracy(1989, 28 Table 1.4에서 발췌).
주: 프랑스와 독일의 농업인구 통계에는 임업인구가 포함되어 있음.

상기 〈표 7-1〉에서 볼 수 있듯이 영국은 19세기 말에 이미 10% 내외만이 농업인구로 남아있는 산업사회에 진입해 있었다. 같은 시기 프랑스와 독일은 여전히 40-50%의 농업인구를 갖고 있어서 농업사회에서 산업사회로 향하는 과도기(transition)적 고용구조를 보이고 있었다.

〈표 7-2〉 농업 생산량 증가 추이와 노동생산성 비교

	연도	영국	프랑스	독일
농업 생산량 증가 추이 지수	1880	100	100	100
	1930	111	146	192
	1960	185	235	316
	1970	236	334	412
남성 노동자 밀 생산성 (생산량/노동력)	1880	16.2	7.4	7.9
	1930	20.1	13.2	16.0
	1960	45.3	33.4	35.4
	1970	87.6	59.9	65.4

출처: Ruttan(1978, 15 Table 1에서 발췌).

〈표 7-2〉의 수치를 보면, 밀 생산에 있어 노동생산성은 영국이 프랑스를 크게 상회하고 독일은 중간 수준을 보여주고 있다. 영국이 노동생산성에서 선두를 달리는 것은 역시 자본주의 농업의 효율성에 기인한 것이다.

영국농업은 생산량 증가 속도에서는 3국 중 가장 뒤처진다. 영국은 1846년 곡물법 폐지를 통하여 농산물 수입을 자유화하였으므로 국내농업의 증산 속도는 낮아졌다. 독일이 생산성 증가 속도에서 선두를 달릴 수 있게 된 데에는 농업발전을 지원하는 제도적 공공인프라가 기여했다(Ruttan 1978). 독일에서는 농업학교가 개설되어 농업연구가 활발했으며, 의무교육제도가 시행되어 농민들이 문맹을 탈피했다. 농민들에게 담보대출이 제공되었고, 협동조합을 통한 금융, 보험, 판매, 구입 서비스가 제공되었다(Tracy 1989, 103).

영국은 농산물 수입의 자유화로 높은 생산성을 유지한 반면 프랑스는 낮은 생산성의 농업을 보호하여 농업경제의 상대적 침체에 빠졌다고 말할 수 있다. 독일은 국가의 개입으로 농업 생산성을 개선해 프랑스를 앞서 나갔다.

III. 영국의 자본주의 농업과 정치적 근대화

영국의 봉건제도는 1066년 프랑스로부터 도버해협을 건너와 잉글랜드 지방을 정복한 노르망 왕조에 의하여 이식되었다. 정복왕 윌리엄(William the Terror)은 부하 장수들과 투항한 토호들에게 봉토를 나누어 주면서 충성맹약을 받았고, 봉토를 받은 영주들은 장원의 농토를 경작 농민들에게 분배하며 경작 농민 또는 농노로서의 의무를 부과했던 것이다.

14세기 중엽 경작 농민들과 농노들이 흑사병의 창궐로 죽거나 이주하여 장원들은 노동력 부족에 봉착했다. 많은 토지 귀족들과 수도원들이 장원에 울타리를 치고 목초지에 양을 치기 시작했다. 이른바 엔클로저 운동의 시작이었다(Tracy 1989, 36).

농촌지역에 대한 젠트리들의 장악력은 강화되는 반면, 장원에 남아있던 농노들은 양 목장에서 새로운 일거리를 찾든지 장원 밖으로 내쫓기게 되었다. 16세기 초반에 이르면 농노는 사실상 사라지고 부역이 지대나 임금노동 형태로 바뀌어 있었다(Tracy 1989, 36).

농민들의 불만으로 농촌지역의 분란이 일어나기도 하고, 국왕이 농촌 질서의 회복을 위해 엔클로저를 금지하기도 했지만 결국 내전에서 지방의 토지 귀족들이 중앙의 왕당파에게 승리함으로써 토지 귀족들은 농지에 대한 배타적 사유재산권을 확정받게 되는 것이다. 엔클로저는 계속 확산되어 18세기 초에는 거의 절반에 가까운 경작지가 영향을 받았다(Tracy 1989, 35-36).

영국의 엔클로저 운동은 18세기 중엽 이후 한층 더 가속화하는데, 이때에는 산업혁명의 영향 아래 새로운 기술의 도입과 시장의 수요증가에 자극받은 자본주의 농업으로의 발달을 보게 되기 때문이었다. 토지에 대한 소유권을 확보한 토지 귀족들은 대토지를 차지자본가에게 리스(lease)해 주고 지대수입을 얻었으며, 차지자본가는 임금노동자를 고용하고 상업작물을 재배하여 이윤을 추구했다.[3] 지주-차지자본가-농업노동자의 삼분적 생산 관계로 구성된 자본주의 농업이 영국에서

---

3   영국에서 토지 귀족의 소유권이 강화되는 추세 속에서도 일부 자유농민들은 구입이나 임차를 통해 농지규모를 늘려가며 상업적 농업에 성공하여 농업자본가로 커나갔다. 귀족 신분이 아니지만 부농에 속하던 이들을 통틀어서 요먼(Yeoman)으로 통칭했다. 이들은 농업 외에도 토지 귀족, 유급 성직자(parson), 맥아업자(malt-ster), 곡물상들과 함께 고리대금업자로도 활동하면서 16세기 말에 오면 상당한 규모의 농가로 성장한다(Dobb 1947, 125).

개척되었던 것이다.

차지 자본가는 장기 임차한 지주의 땅에 관개시설, 비료 및 기계의 투입 등 자본을 투자하고 노동력을 고용하여 경영 및 판매활동에 전념한다. 이런 자본주의적 농장이 생산성 향상을 통하여 높은 수익을 올릴수록 지주도 높은 지대를 받아갈 수 있으므로 지주와 차지자본가는 자본주의적 동반자관계(partnership)를 형성하는 것이다.[4]

봉건시대 경작 농민들은 극히 일부 차지자본가 또는 요먼(Yeoman)으로 성장한 자들을 제외하고는 농업노동자로 전화(轉化)하든지 농촌을 떠나 유랑하다가 도시산업에서 새로운 일을 찾아야 했다. 차지자본가의 투자로 노동생산성이 높아질수록 적은 노동력으로 많은 농산물을 생산할 수 있게 되므로 많은 농업인구가 농촌에서 이탈했다. 지주와 농업자본가들의 높은 소득은 도시산업에 저축과 구매력을 제공했고, 이농 인구들은 도시산업에 노동력을 공급하여 도시산업의 발전에 기여함으로서 산업혁명을 촉발했다.

1870년 영국 농업통계에 따르면 100에이커 이상 규모의 9만 3천 개 농가가 총 농지의 3분의 2를 소유하고 있었다(Tracy 1989, 38). 대농장들은 장자상속제도에 따라 아버지에서 아들에게 승계되며 영국농업의 발전을 이끌었다.

영국의 자본주의는 도시와 농촌에서 동시에 발전하였다. 농업과 도시산업이 모두 지주, 자본가, 노동자 등 생산 주체로 구성되어 수익

---

4   로버트 브레너는 1976년 논문에서 영국의 지주와 차지자본가 사이의 관계에 part-nership, symbiosis 등의 용어를 적용하며 전통적 토지 귀족과 차지자본가 사이의 협력관계를 강조했다(Brenner 1976, 64-65).

은 지대, 이윤, 임금의 형태로 분배되었다. 토지, 자본, 노동은 각기 자유계약 원칙과 시장가격에 따라 거래되었으며 이러한 자유주의 질서는 의회를 통과한 법에 의하여 뒷받침되었다.

개인들은 출신 가문에 따른 신분적 제약으로부터 자유로워졌으므로 합리적 계산에 따라 이익 관계를 형성하게 되었다. 개인들이 수행하는 사회적 기능도 더 이상 소속된 계급에 따라 주어지지 않으며 이익 관계와 계약에 의하여 선택하게 되었다.

토지 귀족과 자본가들은 시장에서 자본주의를 발전시켰고 국가는 시장의 자유를 방임하였다. 인구의 3% 내외가 행사하는 투표권으로 선출된 의회는 국왕과 함께 자유방임주의 정책으로써 자본주의 성장을 낳게 하였다.

19세기에 들어와 벤담(Jeremy Bentham)과 같은 영국의 자유주의자들은 국왕과 귀족들의 특권을 비판하면서 자유무역과 의회제도 개혁을 주장했다. 자유주의자들의 주장과 노동자들의 요구가 합세하면서 1832년, 1867년, 1884년에 투표권 확대를 위한 선거법 개혁안이 의회를 통과했다. 1831년 영국의 투표권자는 잉글랜드 지방에서 1천4백만 인구 중 44만 명, 스코틀랜드 지방에서 2백7십만 인구 중 5천 명에 불과했는데, 1884년의 선거법 개혁 이후에는 남성인구의 59%에 도달했다(Starr 2007, 90).[5]

영국 의회는 1832년 선거개혁법을 통과시킨 이후 점진적으로 투표

---

5   1832년 개혁법 이전에는 유권자 등록제도가 미비하여 유권자 통계가 다양하게 추산되는데, John A. Phillips와 Charles Wetherell은 1832년 개혁법 직전의 투표권자 수를 40만 명 이상이라고 추산했다(Phillips and Wetherell 1995, 413).

권을 확대해 가서 1918년에 이르러서는 성인 남성 보통선거 제도를 시행하게 된다. 투표권이 확대되는 1832년부터 1918년까지의 기간이 영국의 민주화 시기였던 것이다.

전통적 토지 귀족들은 이 민주화 시기 영국정치에서 어떤 위치를 점하고 있었을까? 알래스테어 리드(Alastair J. Reid)의 대답은 이렇다.

> 1832년 선거개혁법을 산업자본가 계급이 권력자로 성장하는 지표로 삼아서는 안 된다. 왜냐하면 새로운 선거권 확장이 도시 중산층의 대표권을 증진시키기는 했지만 … 1860년대까지도 영국 의회 구성원의 거의 3분의 2가 지주계급에서 나왔고, 그중 3분의 1 이상을 세습 귀족이 차지했다. 그리고 양당 내각 구성원의 절반을 여전히 귀족들이 차지했다(Reid 1995, 8).

19세기 영국에서는 아담 스미스와 리카르도의 이론에 따른 자유무역주의를 실현하고자 하는 개혁운동도 일어났다. 영국의 곡물법(Corn Laws)은 나폴레옹 전쟁기간 동안 관세와 수입금지 조치를 통하여 국내 곡물 생산업자들의 이익을 보호하는 역할을 하게 되었는데, 나폴레옹 전쟁이 끝나자 자유무역주의자들은 곡물법의 폐지를 요구하기 시작했다.

콥든(Richard Cobden)과 브라이트(John Bright)가 이끄는 곡물법 폐지 운동은 1838년 반곡물법연맹(Anti-Corn Law League)을 결성하기에 이르렀는데, 이 운동은 산업혁명과 함께 부상하는 제조업자들의 이익을 대변하여 지주들이 이익에 도전하는 양상을 띠었다. 당시 영국 농업은 자본주의적 발달을 보며 세계 최고 수준의 생산성을 자랑하고 있었지만 도시 노동자의 수적 증가에 따른 국내 식량 시장 팽창으로 곡물 수입이 증가하고 있었다. 이런 상황에서 곡물 수입 제한으로 공급을 제한하면 식량 가격이 상승하여 노동자의 생활 수준이 악화되고 임금인상을 자극하여 제조업자들의 이윤을 잠식하게 된다는 것이 당시 반곡물법연맹의 주장이었다.

반곡물법연맹은 더 나아가 보호무역은 식량 가격 상승과 지대 및 토지가격 상승을 초래해서 지주들의 이익을 보호해 주므로 의회를 장악하고 있는 지주들이 자기들의 이익을 지키기 위해 보호무역정책을 유지한다고 비난하기에 이르렀다. 1832년 선거법 개혁으로 유권자 수는 65만 명을 넘게 되는데, 추가된 유권자는 대부분 도시에서 충원되었고, 투표권 확대가 의회로 하여금 제조업자들과 노동자들의 이익에 관심을 기울이게 하는 계기를 마련한 것으로 해석된다. 곡물법은 이런 사회적 배경하에 1846년 폐지된다(Tracy 1989, 40).

영국은 곡물법을 폐지한 이후 <표 7-2>에서 본 바와 같이 곡물 생산 증가율이 프랑스나 독일에 뒤처졌다. 영국 농업 생산성의 저성장으로 인해서 국내농업이 덴마크, 동유럽, 북미, 아르헨티나와 식민지로부터 수입되는 농산물과 경쟁하기 어렵게 되었다. 영국 국내 농업생산의 성장 속도는 내수 성장을 크게 밑돌았다(Ruttan 1978, 5-6).

곡물법 폐지로 해서 영국의 지배권력이 토지 귀족들의 손에서 부르주아지들에게로 넘어간 것도 아니었다. 의회를 지배하고 있던 토지 귀족들은 곡물법이 폐지된 다음 해에 제조업자들의 저항에도 불구하고 공장 근로시간을 제한하는 법을 통과시켰고, 존 브라이트와 같은 반곡물법 운동가들의 열망에도 불구하고 제2차 선거법 개혁을 1867년까지 20년이나 더 천연시킬 수 있는 힘을 가지고 있었다.

1867년에 실시된 두 번째 선거법 개혁 이후에는 도시 노동자 계급의 일부가 참정권을 얻게 되었고 1872년의 비밀투표법(Secret Ballot Act)으로 비밀투표제도가 시행되고, 1883년 부패행위법(Corrupt Practices Act)으로 선거비용을 제한하게 되었다. 1885년부터는 재계와 정계의 업적을 인정받는 명사들에게 귀족 작위를 수여하기 시작했고, 1888년부터는 카운티의 지방정부를 선출하게 되었다.

영국 사회는 정치참여의 확대와 이에 대응하는 제반 개혁 조치들을 통하여 1870년대에 지배계급의 재편성을 보게 되었다. 학교와 대학의 개혁, 전문직업인들의 젠틀먼 지배층 편입, 공무원과 군인조직의 전문화 등 엘리트 충원 통로들이 정비되고, 금융인과 상공업자들이 지배계급에 포함되었다. 이런 변화 속에서 전통적 토지 귀족들의 지배력은 19세기 초보다 감소했지만, 그들은 여전히 막대한 유산과 기성의 사회적/정치적 권위를 바탕으로 지배계급의 선도집단으로 남아서 내각의 최고위직을 석권하였다(Reid 1995, 9).

토지 귀족들은 1870년대 농업노동자들의 요구를 지지해 주었고 정부는 노동자들의 압력에 호응하여 1871-75년 동안 노동운동에 대하여 민형사법상의 면책권(immunities)을 허용하고 1900년대에는 철도회사와 해운회사들에게 노동조합을 인정하도록 압력을 가하기도 했다(Reid 1995, 11). 리드(Reid)는 재편된 영국 지배 엘리트들을 이렇게 평했다.

> 토지소유권, 상업과 해외금융에 기반한 영국의 지배 엘리트들은 눈앞의 정치적, 경제적 이익을 희생하지 않으면서도 밑으로부터 올라오는 요구에 대하여 관대한 양보로 대응할 수 있었다(Reid 1995, 11).

당시 영국의 토지 귀족들은 밑으로부터의 요구에 대하여 자유주의적 양보를 행하면서도 당장은 자기들의 정치적, 경제적 이익을 희생할 필요가 없었다. 운하와 철도가 건설되면서 인근 지주들이 횡재하게 되었고, 농업 이윤과 지대도 상승했다. 그들은 은행과 변호사를 통하여 공채, 상업과 해외무역에 투자해서 새로운 금리소득을 획득했다(Mann 1993, 127).

영국의 노동자 대중은 86년이라는 긴 시간에 걸친 점진적 민주화 과정을 통하여 정치참여의 권리를 획득하는 대신 의회주의, 법의 지배, 종교의 자유, 언론/출판/집회/결사의 자유 등 자유주의 제도와 규범들을 받아들였다. 19세기 영국의 민주화는 대중의 정치참여 요구와 지배 계급 간의 이익갈등이 평화적으로 해소되어 자유민주주의라는 화합물을 낳았던 것이다.

영국 자본주의 발달과정에서 의회정치를 지배해 온 토지 귀족들은 점진적 투표권 확장을 통한 민주화를 받아들였다. 그렇게 형성된 영국의 민주정치는 슘페터(Joseph A. Schumpeter)가 제시하는 다음과 같은 민주주의 개념과 부합하는 현실로 파악할 수 있다.

> 우리는 인민의 역할이 정부를 생산하거나 또는 국가의 행정부나 정부를 생산해 낼 중간기관을 생산하는 것이라는 견해를 채택한다. 그리고 우리는 이렇게 정의한다: 민주적 방법은 하나의 정치적 결정에 도달하는 제도적 장치로서 그 속에서 개인들이 인민의 표를 얻기 위한 경쟁적 투쟁을 통해 결정권을 획득한다(Schumpeter 1950, 269).

유권자들은 선거를 통하여 다수표를 얻기 위해 경합하는 여러 개의 엘리트 집단들 중 하나를 선택하게 되고, 선택된 엘리트 그룹은 정부를 구성하고 통치한다. 정부를 구성한 엘리트 그룹은 다음 선거를 의식하기 때문에 유권자들의 요구에 반응한다는 의미에서 권력에 대한 대중의 통제가 이루어진다. 이러한 개념의 민주주의 사회구성은 엘리트와 대중으로 구분된다. 영국의 엘리트층은 봉건시대 토지 귀족을 모집단으로 하여 산업사회의 다양한 엘리트들이 가세하여 형성된 집단이라 할 것이다.[6]

영국의 상업화한 토지 귀족들은 부르주아들과 연합하여 17세기 시민혁명을 통하여 의회 권력을 장악하고 자본주의 농업을 개척했다. 자본주의 농업은 도시산업을 위한 노동력과 식량을 공급하여 산업혁명에 필요한 경제사회적 조건을 형성했다. 시장과 사회에서 자발적으로 일어난 농업 자본주의가 산업혁명과 자유주의 정치를 뒷받침해 주었다. 자본주의 농업을 개척했던 토지 귀족-자본가 연합세력은 산업화 이후 민주주의 이행을 안정적으로 수행함으로써 영국에 자유민주주의를 정착시켰다.

---

6 슘페터는 엘리트와 대중의 관계를 생산자와 소비자 관계 모델로 제시하여 엘리트의 역할을 강조하는 데 비하여 로버트 달(Robert A. Dahl)의 폴리아키(polyarchy)는 좀 더 엘리트의 대표성을 강조하고 있다(Dahl 1956).

Ⅳ. 프랑스의 소농 경영과 정치적 근대화

프랑스의 봉건제도는 샤를마뉴 대제에 의하여 틀 지어졌다. 14세기 말과 15세기 전염병의 창궐과 농민전쟁으로 봉건 질서가 붕괴하면서 과거의 농노들은 장원에서 이탈하여 소작료를 내는 자유농민으로 발전한다.

토지 귀족들(landlords)은 농민들(peasants)에 대한 봉건적 통치권을 재건하기 위해 노력하지만 앞서 설명한 바와 같이 엘베강 이서의 프랑스에서는 농민들의 토지에 대한 점유권이 강화되었으며 여기에는 왕권의 개입이 작용했다. 농민 인구의 감소로 버려진 농지가 대량 발생한 15세기 프랑스 국왕은 농민들에게 경작권의 세습을 보장해 주어, 지주들의 소유지 확장을 저지하였다(Brenner 1976, 70). 이 시기 영국의 지주들이 버려진 농지를 흡수하여 대토지 경영을 시작한 것과 반대되는 상황인 것이다.

프랑스 국왕은 이 시기에 경작 농민들을 지방관을 중심으로 한 농촌공동체로 조직하여 국세를 거두기 시작했다. 국왕이 토지 귀족의 힘을 꺾으면서 경작 농민들을 세수원으로 확보하여 절대주의 국가를 건설하는 사이 농지에 대한 경작 농민의 점유권도 강화되었다.

18세기 프랑스 토지의 적어도 3분의 1은 수백만에 이르는 소규모 경작 농가들의 지배하에 관리되고, 매매되고, 상속되고 있었다. 게다가 지주들은 대부분 소작농업을 운영했으므로 프랑스 농토의 대부분은 자소작을 불문하고 소규모 경작 농민들의 관리하에 있었던 것이다(Skocpol 1979, 118-119).

프랑스의 국왕은 전통적 토지 귀족 세력을 구축하고 절대주의 국가를 세우는 수단으로 관료조직을 이용했다. 산업화 이전의 농업경제에 의존하던 프랑스의 방대한 관료조직에게 월급을 지급할 능력이 없었던 국왕은 부르주아들에게 관직을 팔기 시작했다. 부르주아는 수조권을 가진 관직을 사서 신분 상승을 하고 그 대가로 국왕에게 세금을 바치며 관직을 세습한다. 영국의 국왕이 세금을 거두기 위해 의회를 소집하여 토지 귀족들의 동의를 얻는 것과 달리, 프랑스 국왕은 관직을 팔아서 부르주아들로부터 세금을 거두어들일 수 있었으므로 토지 귀족들을 복속시킬 수 있었다.

프랑스 부르주아들은 절대주의 왕권과 결탁하는 과정에서 봉건적 특권에 탐닉하게 되면서 농업에 근대적 기술을 도입하기보다 매수관직을 이용한 봉건적 부과금이나 소작제도를 통하여 농업 잉여를 착취하는 기생적 역할을 담당했다. 태양왕 루이 14세에 의하여 베르사이유 궁전에 머물게 된 프랑스 귀족들은 사치스러운 생활의 경비를 대기 위해 소작료를 올리는 부재지주의 역할을 했다. 국왕 역시 잦은 전쟁의 경비를 구하기 위해 농민들에게 과다한 세금을 매기게 되었다.

17세기 프랑스는 유럽대륙에서 가장 먼저 절대주의 왕권을 중심으로 중앙집권화된 국가를 건설하였고 그 힘으로 영토확장과 식민지 획득을 위한 전쟁을 벌였다. 프랑스의 채무 위기는 18세기 후반기 미국의 독립전쟁에 가담하여 영국과 전쟁을 치르고 나서 절정에 달한다. 1787년 1월 프랑스 국왕은 주요 귀족, 성직자, 고위 관료로 구성된 명망가회의(Assembly of Notables)를 소집하여 재정난 타개책을 논의하였으나 참석자들 간의 불신으로 결론을 내는 데 실패하고 말았다.

국왕은 결국 여론에 밀려 1614년 이래 소집해 보지 않았던 삼부회의(Estates-General)를 소집할 수밖에 없게 되었다. 삼부회의는 성직자, 귀족, 제3계급(평민) 등 3개 계급별로 구성되는 회의체인데, 여론은 영국과 신생 독립한 미국에서 운영되는 대의정치에 영향을 받아 삼부회의 소집을 요구하게 된 것이었다.

선거를 거쳐 1,200명의 대의원으로 구성된 삼부회의가 1789년 5월 3일 베르사이유에서 개최되었으나, 삼부회의를 3개 계급별 3개 회의체로 운영할 것인지 하나로 통합하여 1개 회의체로 운영할 것인지를 두고 혼란에 빠졌다. 삼부회의를 1개의 회의체로 통합하여 운영한다는 것은 성직자와 귀족 계급이 특권을 포기하고 제3계급과 동등한 지위에 서는 것을 의미했다.

제3계급은 6월 10일 귀족들과 성직자 대의원들에게 단일 회의체에 초청한다는 최후통첩을 하고, 1789년 6월 17일 동참한 소수 성직자 대의원들과 함께 국민의회(National Assembly)의 개최를 일방적으로 선언해 버렸다. 국왕 루이 16세가 나서서 국민의회의 해체를 시도하기도 했으나 결국은 그 실체를 인정할 수밖에 없게 되었고, 국민의회는 헌법제정에 나서게 되었다(Popkin 1994, 42-47).

국왕의 군대에 둘러싸인 파리 시민들(상 퀼로트가 다수)이 1789년 7월 14일 수백 명의 군인이 지키고 7명의 죄수를 수감하고 있던 바스티유 감옥을 습격하여 프랑스 혁명을 상징하는 사건이 되었다. 이 사건을 전후하여 지방에서도 농민들이 지방의 국가관리들에게 국민의회 산하에 급조된 지방위원회(council)에게 권력을 넘기도록 강압하고 장원의 저택을 약탈하고 방화했다.

국민의회는 1789년 8월 4일부터 17일까지 모든 봉건적 특권을 종식시키는 결정을 내린다. 이렇게 하여 프랑스 경작 농민들은 15세기 이래 점유와 상속의 권리를 누려왔던 농경지에 대한 소유권을 차지하게 되는 것이다.

혁명정부 하에서 교회소유의 장원 농지들이 몰수되어 공매를 거쳐 부르주아들에게 팔려 나갔다. 또 망명 귀족들로부터 몰수한 농지들도 농민들에게 팔려나갔다(Tracy 1989, 61).

프랑스의 경작 농민들이 지주들과의 소유권 경쟁에서 최종적 승리자로 남게 되면서 소농이 지배하는 프랑스 농업은 20세기 전반기까지 자본주의적 발전을 보지 못하게 된다. 소농가가 가족의 노동력을 투입하여 생산된 농산물을 자급자족하고 일부 여유분을 시장에 내다 팔거나 부족한 수입을 임금노동으로 채우는 농업으로 굳어졌다.

1882년 통계에 따르면 프랑스에는 5백7십만 농가가 있었는데, 이 중 2백2십만 농가는 1헥타르 미만으로 농업으로 생계를 영위할 수 없는 수준이었고, 2백6십만 농가는 1헥타르 이상 10헥타르 미만의 소규모였다. 전체 농가 수의 85%에 해당하는 10헥타르 미만 소농가들의 소유토지 합계는 1만2천5백 헥타르로 총 농지 4만9천6백 헥타르의 4분의 1에 해당했다. 게다가 각개 농가의 토지는 평균 22개소에 파편화되어 있어서 효율적 경영을 방해하고 있었다(Tracy 1989, 62-63).

다수 경작 농민들이 소규모 경작지에 대한 소유권을 확보하면서 사유재산권이 보편화하여 프랑스가 자본주의의 길로 발전할 길은 열렸지만, 영국에서처럼 자본주의 농업을 개척할 수 있는 토지 귀족과 차지자본가의 동반자관계가 구축되지 않았다. 1882년 당시 전체농토의 절반을 소유하고 있었던 40헥타르 이상 규모의 14만 2천 농가들은 자본과 신기술 투자에 나서지 않았고, 농업의 상대적 침체는 도시 상공업의 발달을 지체시켰다. 도시 상공업의 부진은 다시 농업인구의 도시 이주를 자극하지 못하여 소농 경영이 생존농업(subsistence agriculture)에 머무르도록 하는 악순환의 고리가 형성되었다(Ruttan 1978).

프랑스의 소농들은 자본주의 농업을 개척하는 대신 국민군 창출에 참여했다. 프랑스 혁명전쟁이 일어나자 프랑스 농민들은 왕의 신민이 아니라 프랑스 시민으로서 조국방위전선에 나서게 되었다. 전쟁영웅으로 떠오른 나폴레옹은 결국 황제로 등극한 후 나폴레옹 법전을 편찬하여 혁명기에 농민들이 차지한 경작지에 대한 소유권과 봉건적 특권의 철폐를 법률적으로 확정시킨다.

나폴레옹은 프랑스 혁명으로 탄생한 공화국을 지키는 군사 지도자로 명성을 얻은 후 독재자로 떠올라 혁명 후의 질서를 법률적으로 정비하고 근대적 관료 국가체제를 완성하였다. 그는 절대주의 왕조시대의 관료제도가 안고 있던 귀족과 매수 관직에 대한 특권 등 봉건적 유제들을 일소하고 민주주의적 평등의 원칙 위에 근대적 관료제도의 합리주의를 완성하였다(Skocpol 1979, 196-202). 나폴레옹은 독재 권력을 구축하는 단계마다 국민투표(plebiscite)를 이용하는 근대성을 보여 주었고, 나폴레옹 전쟁을 통하여 자유주의 질서를 유럽대륙 전역에 전파했다.

나폴레옹이 1815년 워털루 전쟁에서 패배한 후 전승국들은 비엔나회의(Congress of Vienna)를 개최하여 패전국 프랑스에 부르봉 왕정을 복위시킨다. 부르봉 왕가의 루이 18세는 혁명 이전 질서의 복구를 원하는 망명 귀족들과 함께 파리에 돌아왔다. 그는 공매도 된 교회와 망명 귀족의 토지를 구입한 소유자들의 권리를 인정하는 전제하에 귀환 귀족들의 토지 재구입을 도왔다(Tracy 1989, 61).

복위된 부르봉 왕조는 1830년 7월 혁명을 거치며 7월 왕정이라 불리는 자유주의적 입헌군주제로 진화하였다. 프랑스 7월 왕정은 부르주아 질서의 특징을 가지며 이 시대에 철도부설을 포함하여 산업화가 시작된다. 산업화가 동반하는 사회변화 속에 투표권 확장 요구가 일어났으나 정부가 신축성 있게 대응하지 못하는 사이 1848년 2월 시위가 혁명으로 커져 버렸다.

프랑스는 1848년 혁명 이후 공화주의자들의 요구에 따라 투표권에 재산 제한을 두지 않는 성인 남성 보통선거를 실시하게 되었다. 민주주의 제도가 작동하기 시작한 것이다. 새로 선출된 의회는 새로운 헌법을 제정하면서 미국의 사례를 따라 대통령제를 도입하고 성인 남성 보통선거를 실시하였다.

대중선거를 통하여 대통령에 당선된 사람은 루이-나폴레옹, 나폴레옹 보나파르테의 조카였다. 루이-나폴레옹은 질서와 민주주의 모두를 공약하며 압도적 지지를 받아 당선되었다. 마르크스는 이렇게 말한다. "보나파르테는 한 계급, 당시 프랑스 사회의 최다인구를 차지하는 계급인 소농을 대표한다"(Marx 1984, 123).

나폴레옹 보나파르테는 경작농지의 소유권을 확정 짓고 조국의 영광을 가져다주었던 이미지를 농민들에게 심었다. 루이-나폴레옹은 대통령에 당선된 후 의회 다수파인 질서당(Party of Order)이 주도하여 투표권에 세금 납부 실적과 3년간 동일 주소지 거주 등의 제한을 가하는 법을 제정하자 1851년 12월 2일 쿠데타로 헌정질서를 중단시킨 후 새로운 헌법에 기초하여 보통선거제도를 부활시켰다. 루이-나폴레옹은 12월 20일 신헌법을 국민투표에 부쳐서 통과시켰다. 그는 또 이듬해 11월 20일에 다시 국민투표를 실시해서 나폴레옹 제국의 복구를 승인받고 스스로 나폴레옹 3세로서 황제에 등극했다. 이른바 프랑스 제2제국은 민주주의 제도를 보호하기 위해 민주적 방법으로 공화국 질서를 파괴하며 탄생한 것이다.

나폴레옹 3세 역시 1세와 마찬가지로 관료조직을 재정비하고 국가를 중앙집권적으로 운영하였다. 마르크스는 당시 2월 혁명 이후의 상황을 관찰하면서 국가권력이 사회적 힘으로부터 상당한 자율성을 갖는 보나파르티즘의 현상을 보고한 바 있다(Marx 1984).

나폴레옹 3세는 1856년 의회에 자유무역법안을 제안했다가 거부당하자, 영국정부와 비밀협상을 진행하여 1860년 영불상업조약(An-glo-French Treaty of Commerce)을 체결한 후 의회에 통보해 버렸다. 그는 1861년부터 1867년까지 벨기에, 독일 관세동맹, 이태리, 스위스, 스웨덴, 노르웨이, 한자동맹, 네덜란드, 스페인, 포르투갈, 오스트리아와도 상업조약을 맺으며 최혜국대우조항을 포함하여 자유무역질서를 세계화시켰다(Tracy 1989, 65).

20세기의 정치경제학자들은 국가가 드물게 갖게 되는 상대적 자율성은 경제발전의 추진에 유리한 수단이 될 수 있다는 연구 결과들을 내놓고 있다(Deyo 1987). 포프킨(Jeremy D. Popkin)은 나폴레옹 3세의 국가가 프랑스 산업발전에 끼친 영향에 대해 기술했는데 그 일부는 이렇다.

정치적 반대파에 대한 걱정에서 벗어난 루이 나폴레옹은 그의 권위주의적, 일인통치가 의회주의 공화국(Parliamentary Republic)이 성취하지 못했던 실적을 달성할 수 있다는 것을 보여주려고 노력했다. 특히, 그는 사업적 자신감(business confidence)을 복구하고 경제적 번영을 촉진하고 싶어 했다. 정부는 전국적 철도망을 완성시키기 위해 (많은 수가 1840년대 중반부터 깊은 침체에 빠져 있던) 철도회사들과 은행가들 사이의 협상을 독려했다. 정부가 기업활동에 확신을 심어주자 주식시장도 되살아났고 산업확장에 필요한 자본조달도 더 용이해졌다. 1848년의 위기 이후 태동하던 경제회복이 1850년대 대부분 동안 이어지는 지속적 붐으로 발전했다. 이 번영의 물결이 기업가들과 노동자 모두 보나파르테 레짐을 받아들이기 쉽게 하였다(Popkin 1994, 139).

프랑스 사회는 1789년 대혁명을 통해 토지 귀족 계급을 제거하고 경작 농민들이 경작지의 소유권을 차지하게 되었다. 토지 귀족 계급의 통치 기능 상실은 15세기 이래 절대주의 국가의 성장과 함께 장기간에 걸쳐 진행되어 온 것이었다. 부르주아지는 국왕으로부터 관직을 매수하여 수조권을 행사함으로써 절대주의 국가기구 속에 포섭되었다.

18세기 대혁명의 과정에서 프랑스 국왕, 토지 귀족과 부르주아지 모두가 파리의 상 퀼로트(Sans Culottes)와 농촌의 경작 농민들에게 배척당했다. 국민의회가 농토에 대한 경작 농민들의 요구에 응하면서 사유재산제도가 정착되었지만, 자본주의 발달은 지체되었다.

정치적인 측면에서 볼 때, 소농들은 국민군에 가담하여 나폴레옹에게 열광하였으며, 투표권이 주어지자 나폴레옹 3세를 지지하였다. 나폴레옹 3세는 시장에 대한 국가개입에 의하여 사업적 자신감(business confidence)을 살려내는 모습을 보였다.

토지 귀족이 부르주아지를 동반자로 자본주의를 발달시키고 의회민주주의를 안정시켰던 영국과 반대로 소농 경영이 지배하던 프랑스에서는 자본주의 발달은 지체되고 의회민주주의는 불안정하게 운영되었다. 경작 농민의 정치적 지지를 기반으로 하는 나폴레옹 3세가 의회를 능가하는 국가권력을 구축하고 시장에 개입하여 자본주의 발달을 촉진하는 개발독재 현상은 20세기 후반기 후발 산업화하던 한국에서도 재현되었다.

V. 독일의 융커 농업과 정치적 근대화

독일의 엘베강 이서지방은 신성로마제국의 영역으로서 봉건적 장원과 농노제도가 오랫동안 뿌리 내려왔다. 30년 전쟁(1618-1648)으로 이 지역 장원경제가 황폐화 된 후 토지 귀족들은 흩어진 농민들을 다시 봉건 질서의 틀 속에 구속하기 위해 노력했다. 이때가 토지 귀족과 농민 간의 관계가 재정립되는 시기였던 것이다. 트레이시(Tracy 1989, 84)는 독일 서부지역 농민들이 봉건적 질곡에서 벗어나는 속도가 프랑스나 영국 농민들에 비하여 훨씬 느린 것으로 묘사하며 이 당시 상황을 이렇게 서술한다.

> 일부 국가에서는 시간이 갈수록 경작 농민들의 사용권(tenure right)이 더 확고하게 보장되었고 지주에 대한 그들의 의무도 더 명확하게 규정되고 규제되었다. 일부 계몽군주들은 - 예를 들자면 바덴, 호엔로에와 바바리아 - 18세기에 직할영지에 속한 농노들을 해방시켰으나 귀족들은 이런 모범을 잘 따르려 하지 않았다.

브레너(Brenner 1976, 69)는 독일 서부지역 소제후국들(principalities)의 군주들이 농민들을 세심하게 관리한 것으로 묘사하고 있다.

이 나라들에서는 군주들이 중세시대부터 발아하여 이미 비교적 잘 보전된 경작 농민의 소유권을 보호하기 위한 정책을 주의 깊게 추구했다. 특히 군주들이 자기들의 독자적 세수원을 확보할 목적으로 경작 농민 소유지의 안전을 지켜 주었다. 그래서 경작 농민들에 대한 부과금은 법으로 고정되었다; 경작 농민들의 상속권은 보장되거나 복원되었다; 어떤 경우에는 귀족에게 빼앗겼던 땅을 경작 농민에게 반환해 주기도 했다. … 17세기에 이르면 서부 독일지역의 경작 농민들은 전체농지의 거의 90%에 이르는 땅을 지배할 수 있었던 것으로 보인다.

독일 서부지방의 일부는 나폴레옹 전쟁 기간에 봉건적 특권이 폐지되었다가 전후에 다시 복구되기도 했지만, 1848년에 오면 프랑스에서 발생하여 유럽대륙으로 확산된 민주주의 운동으로 인하여 독일 서부지역 농민들은 봉건적 특권으로부터 자유로워지고 경작지에 대한 소유권을 확정받게 된다(Tracy 1989, 85).

엘베강 이동지방은 13-14세기에 튜튼 기사단에 의하여 정복된 후 인근지역의 농민들이 이주하여 개척된 지역으로 그중에서도 프러시아 영토가 가장 늦게 개척된 곳이다. 16세기 말 이 지역을 지배하던 프러시아의 영토는 북동부 독일과 여타 지역에 흩어져 있었으며 브란덴부르그 지역에 중심을 두고 있는 호엔촐레른가에 의해서 명목적인 통일성을 유지하고 있을 뿐이었다.

산개한 영토에서는 한자동맹의 네트워크 속에 도시가 발달하고 튜튼 기사단의 권위하에 정치적 안정이 주어져 농민들에게도 상당한 자유가 허용되어 있었다. 그러나 16세기에 한자도시들이 쇠퇴하고 튜튼 기사단의 질서는 1525년에 해체된다. 토지 귀족의 힘을 제어할 주체들이 사라진 것이다.

토지 귀족들의 압력 앞에 도시의 특권과 농민의 관습적 권리들이 무너지고 17세기 중엽에 오면 도시경제는 사라지고 농민들은 농노로 전락하고 만다. 당시까지 토지를 기반으로 상업적 이익을 추구하던 토지 귀족의 힘은 강했고 호엔촐레른가는 무력했다.

30년 전쟁(1618-1648)이 일어나 프러시아 영토가 전장으로 변하자 브란덴부르그 지방을 신성로마제국이나 스웨덴 군대가 점령하였다. 점령 외국군들은 토지 귀족들의 세력을 약화시켰다. 1655년부터 1660년까지 스웨덴과 폴란드 사이에 전쟁이 벌어지자 호엔촐레른가는 윌리엄 대제(Frederick William the Great Elector)의 지휘하에 이 전쟁에 적극 가담하면서 토지 귀족들에게 세금을 거두고 강력한 상비군을 건설했다. 이후 호엔촐레른가는 토지 귀족들의 복속에 대한 대가로 소유영지에 대한 재정적, 행정적 특권을 보장했다(Bendix 1977, 223-225).

융커들은 호엔촐레른가에 충성을 맹세하는 대신 소유 영지에서 농민들 위에 군림하면서 지주인 동시에 행정관, 판사, 검사, 경찰관의 역할을 모두 겸하는 권력을 행사했다. 융커들은 농노화된 노동력을 이용하여 생산한 곡물을 프러시아 밖의 독일지역이나 해외에 수출하여 상업적 이익을 도모했다.

호엔촐레른 왕들은 나폴레옹 전쟁 패배 이후 1807년 개혁법을 제정하여 농민들을 봉건적 제약으로부터 해방시키고 토지 소유를 허용했다. 패전을 통해 자유농민이 프랑스 군대의 강점임을 깨달은 결과였다. 그러나 해방된 농민들 다수는 토지 보상의 부담에 짓눌려 토지 귀족들에게 토지를 되팔고 노동자로 일하게 되었다(Tracy 1989, 87). 융커들의 대규모 농장은 상업 작물을 생산하면서 생산자 농민에게 생존 임금 이하로 보상하는 20세기 남미의 라티푼디아(Latifundia)처럼 반봉건성을 갖고 있었다(de Janvry and Garramon 1977, 208).

1882년에 이르면 프러시아와 독일은 산업화에 따른 농민들의 대규모 도시 이주를 경험한다. 〈표 7-2〉는 독일의 농업인구 비율이 1882년 50%에서 1907년 35%로 급격히 감소하는 것을 보여준다. 도시산업의 발전에 따라 농민의 생활 수준이 개선되는 현상이다.

프러시아의 카이저는 1848년 프랑스 2월 혁명에 자극받은 민주화 요구에 호응하여 헌법을 부여하고 남성 보통선거권에 따라 의회(Bundestag)를 구성한다. 이 헌법은 의회주권을 규정하고 있지 않기 때문에 카이저는 마음대로 장관, 관리, 판사와 상원의원을 임명하고 군대를 지휘한다.

호엔촐레른가는 토지 귀족들의 군사적 독립성을 억압하는 대신 토지 귀족의 자식들에게 상비군 장교단에 충원될 수 있는 배타적 권리를 보장했다. 군대의 장교와 병사는 프러시아 농촌의 지주와 농민의 자식들이었으므로 군 막사에서 이들 사이의 관계도 민간사회에서 지주와 농민의 관계만큼이나 가혹한 것이었다(Bendix 1977, 233). 프러시아는 이렇게 구성된 상비군을 수단으로 1866년부터 1870년까지 전쟁을 통하여 독일을 통일하고 독일제국으로 발전한다.

비스마르크가 재상으로 국정을 주도하던 1870년대와 1880년대 독일의 지배원리를 호밀과 철(rye and steel)의 결합이라고 특징짓는다. 독일은 호밀을 수출하는 융커들의 정치적 지배와 철강을 생산하는 부르주아들의 경제적 지원이 결합한 국민국가로 발전해 나갔다.

남성 보통선거권이 주어진 1867년 이후 사회민주당원들이 도시 산업지역 선거에서 당선되곤 했지만, 아직 마르크스주의적 성격이 강하지 않았다. 1878년부터 1890년까지는 반사회주의법에 의하여 사회민주당 활동이 금지되었는데, 이 법이 폐지된 이듬해 사회민주당은 혁명적 마르크스주의를 담은 에르푸르트 프로그램(Erfurt Program)을 채택한다. 마르크스주의적 생산관계를 중시하던 사회민주당은 노동자만을 중시하여 소농들을 소외시킨다(Mann 1993, 674).

북부의 소농들은 대농들이 지배하는 보수주의 정당들이 조직한 농민동맹(Bund der Landwirte)에 가담했다. 보수주의 세력이 약한 신교지역의 소농들 사이에서는 우익 포퓰리즘(rightist populism)이 퍼져 나갔다. 반도시적(antiurban)이며 반독점(antimonopoly) 수사(rhetoric)로 시작된 우익 포퓰리즘은 전투적으로 루터주의적, 민족주의적이고 반유대적으로 번져갔다. 유대인들은 헤세와 프러시아 농촌지역에 퍼지던 반금융업자 포퓰리즘(anticreditor populism)의 표적이 되기 십상이었다. 같은 지역에 사회민주당도 발판을 마련했으며, 후일 나치당이 지배하게 되었다(Mann 1993, 707).

엘베강 이서의 독일 농촌에서는 프랑스처럼 소농이 지배하고, 엘베강 동쪽지역에서는 융커가 지배하는 대농장이 보존되었다.[7] 융커농장은 1807년 개혁으로 농업노동자를 고용하는 상업농으로 변신하였지만 영국에서와 같이 지주-차지자본가-농업노동자로 구성되는 전형

---

7 1895년 100헥타르 이상 대농이 전체농지에서 차지하는 비중을 보면 독일의 프러시아 지방에서는 43%를 소유해서, 나머지 독일 지방의 11%와 크게 대비되는 모습을 보인다(Tracy 1989, 86).

적 자본주의 농업이 출현하지는 못했다.

프러시아의 융커들은 차지자본가를 동반하지 않은 채 부르주아 민족주의자(Bourgeois nationalists)와 근대화론자들(modernizers)들을 국가통치의 동반자로 받아들였다(Mann 1993, 310). 영국의 젠트리들은 차지자본가의 기업가적(entrepreneurial) 기질을 흡수하여 자유주의적 성격을 강화했다면, 프러시아의 융커들은 카이저가 이끄는 국가 틀 속에서 부르주아들과 권위주의적 동반자관계를 맺었다고 볼 수 있다.

독일은 후발 산업화를 겪으며 빠른 속도로 프랑스와 영국을 앞지르는 제조업 성장을 이룩하는데, 도시산업의 팽창은 서부의 소농이나 동부의 융커농장 모두에게 농업근대화를 자극한다. 〈표 7-2〉에서 보는 농업인구 비율의 급격한 감소가 그 효과를 표시해 주고 있다. 레닌은 융커 농업을 자본주의 농업으로 발전하는 하나의 경로로 보았다.[8]

영국의 지배 연합은 보수주의자들이 투표권 확장을 점진적으로 진행하면서 공장법(factory law)을 제정하여 고용인들을 견제하고, 자유주의자들이 곡물법 폐지 운동을 벌여서 지주들을 견제하는 등 신축성 있는 태도를 보였다. 반면 독일의 지배 연합은 낭만주의적 민족주의로 소농들을 규합하고 노동자들은 고립시켜서 분리 통치했다.

영국의 농업인구 비율이 1891년 10%로 감소한 것과 달리 1895년에도 42%의 농업인구 비율을 가진 독일의 지배 연합이 노동자와 소농

---

8   레닌은 자본주의 농업으로 가는 두 길로서 프러시아의 경로(Prussian path)와 미국의 경로(American path) 또는 융커의 길(Junker road)과 농민의 길(Farmer road)을 제시했다(Lenin 1962, 239).

에 대하여 분리통치를 추진한 것은 이해할만한 전략이었다.[9] 영국에서는 지주-차지자본가-농업노동자로 구성된 자본주의 농업이 경작 농민을 농토로부터 밀어내고 도시산업이 이농인구를 고용하여 산업사회로 변신한 반면, 영국의 자본주의 농업을 따라잡기 위한 위로부터의 개혁으로 근대화한 융커 농업과 독일 서부의 소농들은 도시산업의 견인에 의한 이농을 겪으며(Tracy 1989, 102) 준산업사회(semi-industrial society)로 이행하는 정도에 그쳤다고 판단된다.

독일은 농업 생산 증가 속도에서 영국과 프랑스 모두를 앞질렀는데, 여기에는 국가가 제공하는 공공지원제도들이 기여했다(Tracy 1989, 103). 농업학교와 연구기관들은 영국의 신기술을 수입하여 농업에 적용하는 노력을 기울였다. 나폴레옹의 점령통치와 1848년 혁명의 영향이 독일 서부와 남부지역 소농의 소유권 확정에 기여했다. 카이저는 프랑스의 국민군 제도를 도입하기 위하여 1807년 개혁법을 제정함으로써 프러시아 동부 농노들이 해방될 수 있었다. 독일의 근대화에는 영국과 프랑스로부터 새로운 기술과 자유의 개념을 도입하는 인위적 노력이 작용했다.

---

9   농업인구비율 통계는 Tracy 책의 도표 2.5와 4.9에서 인용(Tracy 1989, 50, 102).

VI. 결론: 서유럽 농업과 정치적 근대화

영국에서는 지주-자본가-노동자로 구성된 생산 단위를 이루고 지대, 이윤, 임금으로 분배되는 자본주의 농업이 발전했다. 농업 생산성이 상승하면서 농업인구의 유출이 일어났으며, 유출 농민들은 산업혁명을 위한 노동력을 제공했다. 자본주의 농업 개척에 참여했던 전통적 토지 귀족들은 시민혁명 이후 의회주의 정치를 주도하고 자유방임주의 정책과 자유주의 정치제도들을 건설했다. 영국에서 일어난 자본주의와 자유주의의 결합은 자본주의 농업으로부터 태동하였다고 말할 수 있을 정도이다.

프랑스의 소농들은 사유재산제도를 상징하면서도 자본주의적 효율성을 실현하지 못하고 국민군의 일원으로서 나폴레옹 전쟁에 동원되었다. 프랑스 소농들은 자본주의 발달 대신에 국민국가 건설에 기여했다고 볼 수 있다. 유산자 시민으로 구성된 프랑스 국민군은 유럽대륙 전체로 자유주의 혁명을 수출했다.

독일은 영국이나 프랑스와 달리 추격자 사회에 속하여 영국과 프랑스로부터 선진문물을 수입하여 따라잡으려는 국가적 노력을 기울였다. 프러시아는 나폴레옹 전쟁에 패한 후 자유농민이 국민군의 필수요소임을 깨닫고 융커농장의 농노들에게 토지소유권을 허용한다. 이것은 프러시아가 프랑스로부터 국민국가 개념을 도입하려는 시도였고, 이를 계기로 융커농장이 봉건성을 탈피하게 된 것은 그 부산물이라고 해석된다. 독일 정부는 농업지원제도들을 설립하여 영국의 기술을 수입하여 농업 생산성 향상을 추구했다.

영국 의회에서 자본주의 이익을 대변하던 젠트리 출신 정치인들은 자유방임주의 정책 노선을 견지하며 노동자들의 민주화 요구가 일어나기 이전에 자유주의 정치 질서를 구축했다. 시장에서 자발적 힘으로 발달하는 자본주의와 자유주의 정치질서가 1760-1830년 산업화와 함께 점진적 민주화 과정을 밟는다.

독일의 융커계급은 카이저의 통치를 보필하는 고위공직자들을 배출하면서 부르주아 민족주의자나 근대화론자들과 연합하여 소농과 노동자들을 분리 통치했다. 독일제국의 의회는 주권을 행사하지 못했으며, 카이저는 고위공직자, 판사, 상원의원 임명권을 행사했고 군대를 지휘했다. 융커계급이 참여하는 독일의 지배 연합은 영국처럼 자본주의를 추구했지만, 자유주의적이라기보다 권위주의적 성격이 강했다. 분리 통치의 대상이었던 소농들 사이에 퍼진 낭만적 민족주의와 고립된 노동자들을 이끈 사회민주당의 혁명적 마르크스주의가 후일 바이마르 의회민주주의를 붕괴시키는 극단적 갈등 상황을 연출하게 된다(Jones 1986).

프랑스의 국왕과 토지 귀족은 모두 1789년 대혁명으로 지배계급으로서의 기능과 세력을 상실한다. 제3계급의 대의원들이 모인 회의체는 스스로를 국민의회로 선언하고 자유주의 헌법을 제정한다. 그러나 부르주아들의 회의체가 운영하는 국정은 불안정하고 외침으로부터의 방어 능력에도 한계를 드러낸다. 결국 나폴레옹 1인에게 국가권력이 집중되고 나서야 국가체제가 효율적으로 운영되고 혁명의 성과를 법률적으로 확정하면서 사회적 안정을 이룬다.

나폴레옹의 패전 이후 성립된 부르봉 왕조나 1848년 혁명 이후의 제2공화국 역시 산업화 과정에서 일어난 사회적 혼란을 수습하지 못하고 나폴레옹 3세에게 권력을 위탁하여 산업화의 위기를 돌파하게 된다. 18세기 대혁명으로 의회민주주의가 주권을 장악했지만, 의회는 국가 운영 능력의 한계를 드러낸다. 다수 농민들의 지지를 얻고 일어난 나폴레옹 3세의 독재가 권력의 공백을 메우고 효율적 국가 운영으로 자본주의를 부흥시킨다.

19세기까지 3개국의 근대사에서 농업과 정치의 인과관계를 추출해 보면, 영국의 자본주의 농업은 자유민주주의 발전에 유리한 조건으로 작용했고, 프랑스의 소농구조는 근대적 독재를 키웠으며, 독일의 융커 농업은 권위주의적 자본주의와 친화성을 나타냈다. 이렇게 보면 각각의 농업 형태가 각 나라의 정치적 변화에 영향력을 행사한 점이 부각되지만 그 반대의 현상도 있다. 영국의 엔클로저 운동이 자본주의 농업으로 발전할 수 있었던 것은 내전에서 의회파가 왕당파에게 승리했기 때문이고, 프랑스의 경작 농민 소유권은 절대주의 왕권의 도움으로 공고화되었으며, 독일의 융커 농업은 1807년 위로부터의 개혁으로 자본주의적 발전을 보게 된 것이 그 사례이다.

3국의 경험을 한국에 대입해 보면, 식민화로 왕을 잃고, 건국 직후 실시된 농지개혁으로 전통적 토지 귀족이 제거된 한국의 조건은 프랑스의 경우와 많이 닮았다.[10] 의회민주주의가 불안정하고 근대적 독재 권력이 일어난 점도 한국과 프랑스의 공통점이다.

---

10 한국은 3정보 이상의 소유농지를 분배대상으로 하는 농지개혁을 정부 정책으로 실시한 결과 농토가 대혁명 당시 프랑스보다 훨씬 작은 규모로 다수 농가에게 분배되었다. 한국 정부의 경종 농가 경영 규모별 농가 수 통계에서 가장 큰 규모 단위인 3헥타르 이상 농가는 1951년 3천 호, 1988년 2만6천 호에 지나지 않았다(김성호 외 1989, 1090 표8-2-1).

그렇지만 20세기 후반기에 근대화를 추진한 한국은 프랑스와 같은 개척자 사회에 속하지 않고 독일과 같은 추격자 사회에 속한다. 한국은 농업지원제도를 국가적으로 제공했고 반사회주의법 또는 반공법을 운영하여 노동자들과 농민들을 분리 통치하여 독일과도 유사성을 보였다. 한국은 독일과 달리 왕이나 전통적 토지 귀족을 지배계급으로 갖고 있지 않다는 차이점도 있다.

프랑스의 민주주의에 자극받아 영국에서 투표권 확장 운동이 일어나고, 프랑스의 나폴레옹 3세가 영국과 맺은 상업조약(오늘날의 자유무역협정)을 대륙 전체에 퍼뜨린 것은 개척자였던 영국과 프랑스가 상호 간 영향을 주고받은 사례이다. 독일 정부가 농업학교와 연구를 지원하여 영국의 기술을 도입하고 프랑스의 국민군을 도입하기 위해 농노를 해방시킨 것은 추격자 사회의 따라잡기라 말할 수 있다. 한국 정부가 농지를 재분배하고 농촌진흥청을 중심으로 농업기술 도입에 적극 나섰던 현상도 독일의 근대화 따라잡기와 같은 맥락에서 이해할 수 있겠다.

참고문헌

김성호·전경식·장상환·박두석. 1989. 『농지개혁사연구』. 서울: 한국농촌경제연구원.

Bendix, Reinhard. 1977. *Nation-Building and Citizenship*. Berkeley: University of California Press.

Brenner, Robert. 1976. "Agrarian Class Structure and Economic Development in Pre-Industrial Europe." *Past and Present* 70: 30-75.

Dahl, Robert A. 1956. *A Preface to Democratic Theory*. Chicago: University of Chicago Press.

Dahl, Robert A. 1971. *Polyarchy: Participation and Opposition*. New Haven: Yale University Press.

de Janvry, Alain and Carlos Garramon. 1977. "The Dynamics of Rural Poverty in Latin America." *The Journal of Peasant Studies* 4(3): 206-216.

Deyo, Frederic C. 1987. *The Political Economy of the New Asian Industrialism*. Ithaca and London: Cornell University Press.

Dobb, Maurice. 1947. *Studies in the Development of Capitalism*. New York: International Publishers.

Jones, Larry E. 1986. "Crisis and Realignment: Agrarian Splinter Parties in the Late Weimar Republic, 1928-33." In *Peasants and Lords in Modern Germany: Recent Studies in Agricultural History*, edited by Robert G. Moeller. Boston: Allen & Unwin.

Lenin, Vladimir. 1962. "The Agrarian Programme of Social Democracy in the First Russian Revolution 1905-1907." In *Collected Works, Vol. 13*. 217-431. Moscow: Foreign Languages Publishing House.

Mann, Michael. 1986. *The Sources of Social Power, Volume I*. Cambridge: Cambridge University Press.

Mann, Michael. 1993. *The Sources of Social Power, Volume II*. Cambridge:

Cambridge University Press.

Marx, Karl. 1984. *The Eighteenth Brumaire of Louis Bonaparte*. New York: International Publishers.

Moore, Jr. Barrington. 1966. *Social Origins of Dictatorship and Democracy*. Boston: Beacon Press.

Phillips, John A. and Charles Wetherell. 1995. "The Reform Act of 1832 and the Political Modernization of England." *The American Historical Review* 100(2): 411-436.

Popkin, Jeremy D. 1994. *A History of Modern France*. Englewood Cliffs, NJ: Prentice Hall.

Reid, Alastair J. 1995. *Social Classes and Social Relations in Britain, 1850-1914*. NY: Cambridge University Press.

Ruttan, Vernon W. 1978. "Structural Retardation and the Modernization of French Agriculture: A Skeptical View." In *Center for Economic Research Discussion Papers*, edited by Center for Economic Research, Department of Economics, University of Minnesota, 78-100. Minneapolis: Center for Economic Research, Department of Economics, University of Minnesota.

Schumpeter, Joseph A. 1950. *Capitalism, Socialism and Democracy*. NY: Harper Torchbooks.

Skocpol, Theda. 1979. *States and Social Revolutions*. Cambridge: Cambridge University Press.

Starr, Paul. 2007. *Freedom's Power: The True Force of Liberalism*. NY: Basic Books.

Tracy, Michael. 1989. *Government and Agriculture in Western Europe 1880-1988, third edition*. New York: Harvester Wheatsheaf.

근대국가의 통치성과 재정·예산제도: 영국·프랑스·미국의 민주적 재정통제를 중심으로*

김정부

I. 서론

정부의 운영에서든 시민들의 일상에서든 '예산'처럼 자주 사용되면서도 근대국가의 등장과 제도화 과정을 잘 함축하고 있는 용어도 흔치 않다. 영국에서 재무장관(Chancellor of the Exchequer)이 재정 관련 보고를 위해 의회에 들고 가던 가죽 서류 가방(budjet)에서 유래한 '예산'은 뜻밖에도 근대국가와 그 재정에 관한 한 매우 유구한 역사적 제도적

* 이 글은 2021년 6월 『한국행정논집』 33권 2호(2021)에 게재된 "근대국가 통치성 (governmentality)의 형성과 재정·예산제도의 발전: 영국·프랑스·미국의 경험을 중심으로"를 수정·보완한 것이다.

배경을 갖고 있는 것이다. '예산'이라는 용어는 영국 의회가 명예혁명을 통해 조세와 지출에 대한 승인권을 장악한 이후 100년이 지나 실제 지출 계획의 수립 권한이 국왕에서 정부로 이전되고 나서야 비로소 처음 사용되었다(Schick 2002). 프랑스에서는 19세기 초에 '예산'이란 말이 공문서에서 처음 등장하였고, 법 규정에서 공식적인 예산 정의가 나타난 것은 1862년의 일이다. 이 해 공포된 프랑스의 규제에 관한 포고(decree)에 따르면 "예산은 국가 및 다른 부서들의 연도별 수입과 지출에 대해 예측하고 승인한 문서로써 법에 따르는 규칙과 규율의 적용을 받는다"(Stourm 1917, 2 재인용). 미국적 맥락에서 Cleveland(1915, 15)는 예산을 "책임 있는 최고 집행권자가 준비하여 대의기관 혹은 이에 준하는 정당성을 갖는 기관에 제출하여 반드시 그 승인을 얻어야만 집행할 수 있는, 기업이나 정부가 일정한 기간 동안 재원을 어떻게 조달하고 지출할 것인가에 대한 계획"으로 정의한다. 이렇듯 '예산'이라는 용어 자체의 등장과 그 개념화는 국가의 조세 및 지출에 대한 관리를 위한 구체적인 제도적 요건과 절차의 형성과 밀접하게 연관되어 있다. 즉, 근대국가의 '예산'은 납세자를 대표하는 의회가 국가의 수입과 지출에 대한 승인권을 확보하고 있고, 행정부 기능이 행정수반을 중심으로 일정하게 중앙집권화되어 지출부처에 대해 실질적인 통제권을 행사할 수 있도록 제도적 여건이 갖춰져 있음을 전제하고 있다. 그리고, 이는 16세기 이후 약 4세기 동안의 격렬했던 근대국가 형성과정을 통해 비로소 가능해졌다.

16세기 이후 유럽에서 전개된 근대국가 형성과정은 영주의 장원을 근간으로 하는 봉건제가 균열하는 한편, 상공업과 대외무역을 중심으로 한 도시들의 발흥, 교황의 통제로부터의 탈피, 과학기술의 발전 등

사회 전반의 근본적인 변화와 맞물려 있다. 그 변화는 봉건영주 중심의 무수한 영지국가들(domain states) 간의 사활을 건 전쟁을 동반하였으며, 그 과정을 성공적으로 견뎌낸 이들은 17-18세기를 거쳐 공공재정(public finance)을 근간으로 한 조세국가(tax state)로 변모하였다. 그리고 이 과정은 19세기에 이르면 조세·부채(신용)·관료제·재정정책의 유기체라 할 수 있는 재정국가(fiscal state)의 등장으로 귀결되었다. 영지국가들은 농업·광업, 소규모의 중앙행정, 가산적 관료, 기초적인 법질서 유지, 현물납에 의한 재정수입, 간헐적 단기차환 등이 대체적인 특징이라 할 수 있다. 반면, 조세·재정국가는 대규모 국가기구로 조직된 중앙행정, 전문관료제, 통계지식의 활용 및 인구·경제생활 전반에 대한 정책적 개입, 간접세·직접세 등 조세, 금융시장을 활용한 국가채무 등을 특징으로 한다(Krüeger 1987). 이러한 전환을 추동한 것은 상공업의 발전과 전쟁이다. 특히 전쟁은 외부 위협으로부터의 안전 제공을 대가로 하여 시민들에 대한 광범위한 징세를 정당화하였다. 이러한 국가형성의 과정은 조직범죄(organized crime)에 비견될 만하다(Tilly 1985). 이렇듯 정치체 자체의 존립을 건 격렬한 다툼이 대내외적 경제활동의 중상주의적 진작, 조세를 통한 일반재원의 동원, 정치적 의사결정 거버넌스의 혁명적 변화, 국가와 시민의 관계 재설정 등 근본적인 변화를 추동하였다.

조세 위주의 세입 기반은 불가피하게 여러 정치적, 관리적 도전을 동반한다. 우선 조세 및 지출 결정에 대한 납세자들의 의견 반영을 위한 민주적 제도적 메커니즘의 도입·확대를 들 수 있다. 즉, 조세는 대표(representation)와 불가분의 관계에 있어("no taxation without representation" 또는 "no representation without taxation"), 국왕은 징세의 대가로 납세자들의 정치적 대표성을 인정할 수밖에 없었고, 역으로 정치적 대표성의 허용은 전쟁재원 마련을 위한 과세에 정당성을 부여했다(Bates and Lien 1985; Herb 2003; Tilly 1990). 과세에 대한 반대급부로서 의회민주주의가 태동하고 발전하였다는 면에서 보면, 의회의 핵심적 권한은 국왕의 과세에 대한 통제권(승인권)이다. 영국에서는 13세기 이래 명예혁명에 이르기까지, 프랑스에서는 대혁명을 통해, 미국에서는 독립전쟁과 연방헌법의 성립을 통해 이러한 원칙이 확립되어 갔다. 특히 유럽에서는 의회의 과세통제권 강화(조세법률주의)는 통치자(국왕)에 의한 (상비군 유지 및 전쟁 수행 필요에 따른) 조세수입의 꾸준한 증가 경향과 동전의 양면과 같았다. 나아가, 납세자들에 대한 정치적 대표성의 허용은 다시 국가의 조세 세입의 지출에 대한 이들의 통제노력으로 귀결될 것이었다. 즉, 조세의 증가는 전쟁 수행 및 경제발전을 위한 국가의 역할 확대를 뒷받침하기 위한 것이었고, 그 과정에서 시민-납세자의 대표성을 허용하는 의회민주주의가 태동해 확대되었다.

하지만, 국가의 역할 강화 및 재정 규모의 증대는 역설적으로 재정관리에서 민주적 통제를 어렵게 하는 행정부의 역할 확대, 재정관료제의 정착 및 전문성의 축적을 동반하였다. 이로써 재정적 측면, 특히 지출 계획의 수립과 집행과 관련하여 행정부가 의회를 압도하는 뜻밖의 상황이 전개되었다. 지출 계획(예산)의 수립, 즉 예산편성(budgeting)은 실제 사업을 수행하는 행정부의 역할로 정립되고, 의회의 역할은 지출(appropriations)을 승인하는 것으로 제한되었던 것이다(Schick 2002). 행정부의 예산편성은 의회의 지출승인에 대한 현실적 대응으로 나타난 결과로 볼 수 있는데, 역설적으로 이것이 의회에 의한 실질적 재정 권한의 상실로 귀결된 것이다. 나아가, 행정부-의회 간 재정 권한의 배분이 실제로 작동하기 위해서는 공공재정 전반을 조망하는 재정·예산제도를 확립하고 이를 효과적으로 운용할 수 있는 재정관료제가 존재해야 한다. 실제로, 연도별 세입과 세출의 분류 및 기록(회계), 통합기금(일반회계)의 설치 및 특정 세입-세출의 연계(earmarking) 지양, 중앙재정기관의 권한 강화 및 지출부처에 대한 통제, 예산의 포괄범위 확대, 감사기구의 설치 등 집행책임 확보, 재정정보의 생산·공개 등 예산과정의 근간을 이루는 재정·예산제도들이 모든 재정국가에서 시차를 두고 확립되어 나갔다. 이러한 제도들이 실효적으로 작동하기 위해서는 역설적으로 재정정보와 전문성을 축적한 재정관료제가 구축되어야 한다. 즉, 근대 재정국가의 제도적 발전과정에서 재정에 대한 의회민주주의에 입각한 통제의 확립과 더불어, 동시에 이와는 구분되는 전문관료적 재무행정 역량이 축적되어왔다.

근대 재정국가의 등장과 함께 발전해 온 재정·예산제도의 역할에 주목하여, 본 장에서는 푸코의 통치성(governmentality) 개념을 원용하여 근대 재정국가의 이러한 재정·예산제도들이 국가의 통치 기능, 즉 권력 작용을 핵심적으로 뒷받침하게 된 과정을 분석하고자 한다. 몇몇 연구(Gürkan 2018; Yeomans 2018)를 제외하면, 푸코의 통치성 개념을 공공재정·예산제도나 그 현상의 분석에 적용한 경우를 찾기 어렵다. 또, 푸코의 통치성 개념을 적용한 '통치성 연구들'(governmenality studies)은 자유주의 및 신자유주의 통치성하에서 개인들을 "탁월하게 통치가능하게"(eminently governable)(Foucault 2008, 270) 만드는 권력의 기술이나 관행에만 초점을 맞추고 있다는 점에서 일정한 한계를 갖는다(Burchell et al. 1991; Dean 2009; Rose 1992; Rose and Miller 1992). 근대 재정국가나 복지국가에서 조세, 국가채무, 재정지출이 국가기구의 조직과 시민 개개인의 정체성 및 삶에 미치는 규정적인 영향을 고려할 때, 이들 연구들이 (신)

자유주의 통치성의 근간으로 작용하고 있는 국가 및 국가기구에 대한 초점을 결하고 있다는 점은 매우 이례적이다(Jessen and von Eggers 2020; Kim 2021; Lemke 2007). 이런 점에서 국가기구와 개인들의 물질적 경제적 관계에 초점을 두고 어떤 재정·예산제도가 어떻게 형성되었는지를 분석하는 본 연구는 기존 통치성 연구들의 이러한 한계를 극복하는 데에 일정하게 기여할 수 있다. 근대 재정국가는 조세 및 국가신용을 주요 재원으로 국방·치안, 보건, 복지서비스를 시민들에게 제공하면서 그들을 납세자 및 공공서비스수혜자라는 모순적 존재로 권력관계에 포섭한다. 이리하여 국가는 납세와 서비스 수혜의 이중적 역할을 부여받는 시민에게 의무로 강제되거나 허용되는 행동(conduct)의 범위를 설정한다. 이렇게 정의된 행동 범위 내에서 재정국가에서 시민들은 자신들이 어떤 존재인지, 국가와의 관계에서 어떤 역할을 담당해야 하는지에 대한 이해(understanding) 내지 정체성을 내면화한다. 즉, 근대 재정국가에서 시민들은 국가와의 관계에 대한 반성적 자기정체성을 획득함으로써 통치 가능해(governable) 지는 것이다.

이하 제II절에서는 푸코의 통치성 개념, 근대 재정국가의 등장 및 재정·예산제도의 확립에 관한 이론적 이슈를 살펴보고, 제III절 및 제IV절에서는 이러한 이론적 논의를 영국, 프랑스, 미국의 근대 재정·예산제도의 형성 및 발전에 적용하여 비교하고자 한다. 이러한 비교는 역사적 경험과 정치적 경로 측면에서 매우 독특한 이들 세 나라가 대체로 재정국가의 주요 제도적 특성으로 수렴하는 제도개혁을 이뤄내고 있으며 이를 통해 시민들을 국가의 권력작용에 일관되게 통합하는 데에 성공하고 있음을 보이고 있다.

II. 이론적 논의: 통치성, 재정국가, 그리고 재정·예산제도

1. 근대국가의 권력작용과 통치성

미셸 푸코는 1978년 Collège de France에서 행한 일련의 강의(Foucault 2007)에서 근대국가의 형성과 그 통치 논리를 탐구하면서 통치성(governmentality) 개념을 제시한다. 푸코는 이 개념을 "통치의 합리성"(rationality of government), "통치에 본질로서 내포된 합리성"(governmental rationality), 또는 "통치의 기예"(art of government)라는 의미로 사용한다(Gordon 1991). 이때 '통치'(government)는 국가기능을 수행하기 위한 국가기구(조직)의 총체로서의 '정부'뿐만 아니라 타인들에게 허용되는 행동 또는 품행(conduct)[1]의 가능성에 영향을 미치는 권력작용(conduct of conduct) 전반을 지칭한다. 이렇게 보면, 아이들, 가정, 학생, 환자, 마을, 병원, 학교, 회사, 국가 등이 모두 푸코적 의미에서 통치의 대상이 된다. 국가기구를 넘어 통치의 외연을 이렇게 확장할 수 있게 하는 것은 푸코 특유의 권력 개념이다. 푸코는 1977년 Collège de France 강의(Foucault 2003)에서 자유주의나 맑스주의에 따른 권력 이해, 즉 권력이 누군가에 의해 전유·소유되거나 거래가 가능하며, 또 국가기구에 집중되어

---

[1] 프랑스어 conduite(동사 conduire)나 영어 conduct는 보통 우리말로 지도, 인도, 행동, 품행 등으로 번역된다. 푸코가 이 단어를 '권력관계에서 권력의 작용방식 또는 그 효과'라는 의미로 사용하고 있으므로 본 연구에서는 이를 행동, 지도 행동, 통치 행동 등으로 다소 느슨하게 번역한다.

있다고 보는 입장을 비판한다. 대신 푸코는 권력이 소유·거래되거나 편재(偏在)하지 않으며, 다만 권력관계에 내재하여 분산적으로 산재한다고 주장한다. 다시 말해, 권력은 비단 국가기구와 시민의 관계뿐만 아니라 사회 곳곳의 개인 간, 또는 조직 간의 관계에 내재하여, 그 개인과 조직을 특정한 방식으로 정의·구성한다는 것이다. 이런 점에서 개인과 조직은 오직 권력관계 망의 연결점(nodes)에서 그 권력의 효과(power-effects)로 이해된다.

이러한 대안적 권력 개념에 따라 푸코는 국가기구 내부뿐만 아니라 국가기구와 개인들 간의 관계는 물론이거니와 사회 내 조직·개인들 간의 관계도 본질적으로 권력관계로서 지도 행동(conduct of conduct)과 대항 행동(counter-conduct)의 무수한 쌍으로 구성되어 있다고 본다(Foucault 2007). 이 지도 행동-대항 행동의 중첩적인 쌍들은 근대국가에서의 권력작용과 통치가 미시적 수준뿐만 아니라 거시적 수준에서도 일관되게 관철되고 있음을 이해하는 데에 핵심적 열쇠가 된다. 즉, 지도 행동-대항 행동의 쌍을 내포하는 푸코의 통치성 개념은 근대국가가 원형감옥(panopticon)과 같은 구분하고(dividing) 차별하는 기제들을 통해 아래에서부터 개별화하여 통치할(individualizing) 뿐만 아니라 국가기구(공공관료제)의 전개를 통해 위에서부터 아래로 통치하고(totalizing) 있음을 일관되게 포착하고 있다(Foucault 1994).

16세기 이후 봉건제의 붕괴, 도시의 성장 발달, 개인과 국가 간 관계의 재설정 등 근대국가의 형성과정을 설명하기 위해 푸코는 통치성 개념을 크게 세 가지 의미로 사용한다. 우선 통치성은 "인구를 그 대상으로 하고, 정치경제를 주요 지식 형태로 하며, 안보 기구(apparatuses of security)를 필수불가결한 기술적 수단(technical instrument)으로 하는, 매우 특정적이면서도 고도로 복잡한 권력의 행사를 가능하게 하는 제도, 절차, 분석·숙고, 계산, 기술(tactics) 등의 조화로운 전체(ensemble)"를 의미한다 (Foucault 2007, 108). 즉, 통치성은 통치의 대상이 된 인구(population)에게 허용되는 행동(conduct) 범위의 설정 등 권력의 작용을 가능하게 하는 기술, 제도, 절차를 일관되게 통합하는 하나의 틀(framework)이라고 할 수 있다. 이때 권력은 국가기구에만 집중된 것이 아니라, 사회를 구성하는 개개인 모두를 인구로 대상화하여 그들의 행동 범위를 설정하여 각 개인을 통치자와의 관계 속에 통치 가능하게(governable) 포섭한다. 그리고 권력의 이러한 작용을 가능하게 하는 논리, 제도, 기구의 유기적 총체가 통치성이다. 둘째, 통치성은 우리가 통상 '정부'(government)라고 칭하는 권력의 작용이 유럽에서 주권적(sovereign), 사목적(pastoral), 규율적(disciplinary) 권력에 우선하여 일련의 국가기구의 형성과 이에 수반하는 지식의 발전으로 나아가도록 하는 '힘의 선'(line of force) 또는 방향을 의미한다. 셋째, 푸코의 통치성은 중세 시대 이후 행정국가(administrative state)가 등장하여 일련의 관료제 조직을 통해 '정부화하는'(governmentalized) 과정이나 그 결과, 즉 정부화한 국가를 지칭한다.

여기서 정부화의 과정에 있는 국가를 뒷받침하는 지식은 경찰학(Polizeiwissenshaft), 통계학(statistics), 나아가 정치경제를 의미한다. 근대국가 형성기에서의 '경찰'은 "국가의 좋은 질서를 유지하면서도 국가의 힘이 성장할 수 있도록 하는 수단들의 총합"으로서 "질서와 국가 힘의 성장 간에 … 동적 관계를 세우도록 하는 계산과 기술"(이정희 2011, 74)을 말한다. 경찰(학)의 '진정한 대상'(true subject)은 자연 그 자체가 아닌 국가의 존속과 번영을 보장하는 인간과 인구의 경제적 활동 전반을 포괄한다(Foucault 2007, 322). 그러므로, 경찰과 경찰학, 이후 정치경제의 대상은 출생, 성장, 건강, 교육, 산업활동, 무역 등 국가의 힘과 번영에 관련된 인구의 모든 집합적, 개별적 파라미터들이다. 이에 대한 체계적인 지식의 생산과 축적은 통계학이 담당한다. 그리고 근대국가에서는 경찰학, 통계학, 정치경제를 기반으로 한 통치 기술을 통해 규율 권력에 더해 생명 관리 권력(biopower)이 인구와 그 경제적 활동과 사회적 삶에 작용한다(Foucault 2008). 즉, 통치 대상(인구)과 개인들의 삶의 전모에 대해 국가기구가 생산하고 축적한 이러한 지식(savoir)을 통해 인구와 개인들에 대한 국가의 지도 행동(conduct of conduct)이 가능해진다. 국가의 지도 행동, 즉 통치의 목적은 국가 그 자체의 존속과 번영, 그리고 경제주체들의 이익(interests)이다. 그리고 이러한 통치의 목적과 일관되게 지식에 그 목적과 방향을 부여하여 지식과 국가기구와의 유기적 통합을 가능하게 한 것은 16-17세기에는 국가이성(Raison d'État), 그리고 18-19세기에 오면 국가의 반성적 자기제한(autolimitation), 즉 자유주의이다(Foucault 2007; 이정희 2011). 국가이성, 그리고 시장 기제를 중심으로 한 자유주의는 국가 그 자체의 번영·영속 및 경제적 이익의 추구라는 목적하에 통치의 기술, 제도, 절차, 계산·분석을 하나의 일관된 전체로 통합하는바, 푸코는 이러한 통합의 과정과 결과를 통치성 개념으로 포착하고 있는 것이다.

통치성 개념에 입각한 근대국가의 형성과 작동에 대한 푸코의 이해는 정부화한 국가의 핵심적 구성요소인 공공재정(public finance)에 대해 새로운 시각을 제시해줄 수 있다. 우선, 재정국가로서 근대국가는 개인들의 경제활동으로부터 자원을 추출하고 이를 다시 국방, 경제건설, 인구관리 등에 통치목적에 부합하도록 효율적·효과적으로 지출하여야 한다. 자원의 추출을 위해서는 조세제도와 재정관료제의 정립과 운영이 필요하다. 경제활동의 진작과 아울러 그 현황 전반에 대한 지식, 즉 통계학, 경찰학, 정치경제의 발전이 뒷받침되어야 비로소 효율적이고 적절한 징세가 가능해진다. 또, 왕가의 수입 및 지출 관리와는 구분되는 공공재정이라는 개념적 영역이 별도로 정립되어야 하고, 궁정의 가산적(patrimonial) 관료들과는 구분되어 근대적 합리성·전문성을 기반으로 공공재정의 과정 전반을 관리할 국가기구(관료제)가 필요하다. 근대국가의 형성과정에서 경제활동 전반에 대한 징세를 통해 조성되어, 그 용도가 미리 특정되지 않는 일반재원에 대해 귀족·평민 등 납세자의 의사를 반영하는 제도의 마련이 불가피해졌고, 이는 실제 영국, 프랑스, 미국 등에서 혁명적 과정을 통한 재정입헌주의의 확립으로 나타났다.

전쟁 수행을 위한 새로운 재원 발굴 및 징세 필요성의 증가, 상공업의 발전 및 인간과 삶(즉, 인구)에 대한 높아진 경찰학적 정책적 관심은 국민의 조세부담을 꾸준히 늘렸고, 이는 국왕의 사적 재무(private finance)와 구분되는 공공재정 영역을 탄생시켰다. 근대국가의 형성과 발전과정에서 나타난 공공재정의 본질적인 특징은 조세를 통해 조성되는 (용도가 미리 특정되지 않은) 희소한 일반재원에 대해 국방, 치안, 보건, 교육, 경제발전 등 경쟁적인 지출수요가 제기된다는 점이다. 이러한 현상은 1990년대 이르러서야 재정공유지(fiscal commons)로 개념화되는데 (Poterba and von Hagen 1999; Wagner 1992), 이 개념에 따르면 대의제민주주의 정치제도하에서 일반과세를 통해 조성되는 공공재원은 누구나 경쟁적으로 취할(appropriate) 수 있는 대상으로 간주된다. 16-19세기 근대국가 재정·예산제도 형성은 재정공유지의 조성·보충의 필요성과 그 활용을 둘러싸고 벌어지는 기회주의적 행태, 즉 조세회피·저항, 낭비적 지출, 부정부패, 편협한 편익제공 등을 방지·제어하기 위한 것으로 설명할 수 있다.

재정입헌주의에 따른 의회의 조세·세입·세출 승인권, 나아가 행정부 내부 및 의회-행정부 간 상호작용을 통해 이뤄지는 재정 및 예산 결정 과정 전반을 규율하는 제도들은 일반재원의 조성, 지출의 효율성·효과성 제고, 재원 제공자에 대한 재원 사용자의 설명책임 확보 등과 불가분의 관계에 있다. 이렇듯 근대국가의 재정·예산제도는 재정관료제 등 핵심적 국가기구와 시민-납세자-서비스수혜자 간 관계 설정에서 핵심적 역할을 담당하며, 이 관계에 의거하여 근대국가의 통치성이 작동한다. 재정·예산제도를 통해 개인들은 시민 및 납세자이면서 동시에 공공서비스의 수혜자, 나아가 특정한 방식으로 행동하는 것이 허용되거나 금지된 개인들로 구성된다. 국가는 납세자 및 서비스의 수혜자로서의 시민들이 어떠한 행동(conduct)을 하거나 하지 말아야 하는지를 설정함으로써 이들을 국가권력의 장과 권력관계의 그물망에 통합한다.[2] 이런 점에서 사회의 미세혈관에까지 뻗어있는 미시적 및 거시적 권력작용을 하나의 일관된 틀로써 이해하고자 하는 푸코의 통치성 개념은 이러한 제도·절차에 대한 분석에도 적용될 수 있다. 특히 예산에 대한 의회의 의결권, 행정부 편성 예산제도, 국고 기능의 집중, 회계연도, 결산 및 감사제도 등은, 전문성을 축적하는 행정 각부의 관료제에 국가기능이 세분화함에 따라 이들의 지출 활동을 감시하고 그 효율성을

---

2   일례로 푸코의 통치성 개념을 적용한 Yeomans(2018)는 17세기 이후 영국에서 주류에 대한 소비세(excise)가 전쟁 재원 마련뿐만 아니라, 알콜 소비자들의 행동에 대한 규율 부과와 관련되어 있다고 주장한다.

제고하기 위한 제도적 장치로 볼 수 있다. 이들 재정·예산제도들은 '정부화한' 국가의 권력작용에 있어 가장 핵심적인 기술적 절차(technical procedures)이자 장치(tactics)로써 시민들을 통치 가능한 존재로 구성하고 붙잡아 두는 역할을 한다.

2. 근대 재정국가(fiscal state)의 형성: 전쟁, 조세 체제 및 재정관료제

16세기 이후 19세기에 걸쳐 유럽에 나타난 근본적 변화는 도시와 상공업의 발달, 교황과 영주로부터 독립한 정치체의 출현·성장·몰락, 상비군을 주력으로 하는 전비 강화 및 빈번한 전쟁, 전쟁 재원 마련을 위한 경제적 물적 토대의 강화 및 간접세 기반의 조세체계의 확립, 국가기구(관료제)의 확충, 즉 근대국가의 출현이다. 유럽에서 근대국가의 형성(state making)은 무수한 국가들 간의 전쟁(war making)으로 점철되어 (Tilly 1985), 1500년 무렵 유럽에는 약 500여 개의 독립적 정치체(political units, or princely governments)가 존재했으나 4백 년 후인 1900년에는 25개만 남았다(Tilly 1975). 독립적인 정치체가 전쟁을 통해 주위의 다른 경쟁자들을 물리치고 존속·성장해 가는 이 과정은 파괴와 창조의 양면성을 갖는다. 국가형성의 과정은 총포·전함 등 새로운 무기의 도입과 전쟁방식의 변화, 징병제에 근거한 상비군의 유지를 위한 조세 재원의 확보, 공적 관료제의 확립, 즉 영지국가(domain state)에서 조세국가(tax state)로의 전환으로 특징지어진다(Schumpeter 1991[1918]). 상비군대의 유지, 간접세·직접세 징수를 통한 군대 유지 재원확보, 경제활동과 인구 전반에 대한 관리, 국가에 의한 재산권 보호, 이를 위한 중앙집권적 공공 관료제 조직의 발달 등은 근대국가의 근본적 제도적 기반이라 할 수 있다. 즉 전쟁 수행을 통해 정치단위의 생존을 보장해나가는 과정은 경제적, 재정적, 군사적, 조직적, 정치적 역량의 총결집을 필요로 하며, 이를 보장하기 위한 노력 자체가 근대국가의 형성과정에 다름 아니다. 한편, 19세기 초에 영국에서 등장했다고 평가되는 재정국가는 국방·치안·보건 등의 기능을 효과적으로 수행하는 데에 필요한 조세수입을 보장하는 경제적, 제도적 기반이 확립되고,[3] 국가신용을 바탕으로 채무 수준의 안정적인 관리가 가능해지면서 공공재정관리와 국가목표의 실질적 추구가 유기적으로 통합된 국가를 의미한다. 재정국가의 물적, 제도적 기반에는 활발한 경제활동, 조세 체제, 조세 행정 관료조직(Weberian civil service), 중앙은행 등이 있다. 이와 함께 재정국가에서는 과세 권한이 중앙정부로 집중되고, 기업보다는 개인이 징세의 기본단위가 되었다.

이를 좀 더 구체적으로 살펴보면, 먼저 근대국가의 형성과정에서 전쟁 수행에 필요한 자원의 동원과 기술 활용 능력이 결정적인 중요성을 가졌다. 특히 봉건영주나 왕의 사적 소유 토지로부터 나오는 세수만으로는 총포와 군함 같은 새로운 무기와 전쟁 기술, 대규모 상비군의 유지 등 변화하는 전쟁 양상에 대한 대응에는 한계가 있을 수밖에 없다. 그러므로, 이 시기 국왕은 전쟁 수행을 위한 물적 기반을 마련하기 위해, 농업생산력의 향상에 더해, 상공업의 발달, 해외식민지의 개척 등 경제 전반의 활력을 진작하고 이를 전비 충당에 효과적으로 동원해

---

3   토지 등에 대한 직접세보다 상공업 활동에 대한 간접세 세수 기반이 확충되었는지는 국민의 조세부담 및 조세저항과 밀접히 관련되어 있다.

야 했다. 이를 위해서는 우선 토지 등 재산 및 그 재산으로부터의 수입, 공업생산품 현황에 대한 파악, 나아가 상업·무역에 대한 과세체계의 도입이 필요했다. 각 정치단위(국가)의 경제적 물적 정치적 여건에 따라 세원(revenue sources)의 종류, 나아가 이들에 대한 과세 방식 및 의존도가 달라진다. 가령, 산업혁명과 더불어 대외무역이 활발했던 영국의 경우 관세 및 소비세 등 간접세의 비중을 높여 조세저항을 상대적으로 덜 겪을 수 있었다. 반면, 프랑스는 간접세 징수를 민간에 청부·위탁하면서 평민들의 토지 및 그 소출에 대한 직접세에 크게 의존했기 때문에 18세기를 거치면서 세수 확장의 한계에 직면하게 되었다. 이로 인해 높은 조세저항 및 징세비효율을 겪어야 했고, 재무행정체제의 중앙집권화·관료제화가 영국보다 느리게 되었다.

경제구조 및 그 성장과 더불어 사회 세력들 간의 힘의 균형도 조세구조(tax structure) 및 세입 구성(revenue composition)에 중요한 영향을 미친다. 영국의 경우에는 13세기 초부터 국왕의 과세권을 제약하기 위한 귀족들의 노력이 대헌장, 권리장전 등을 통해 구체화되면서, 재정 권한을 둘러싼 국왕과 귀족 간의 경쟁과 타협이 제도적으로 정착하여 과세의 내용과 수준에 영향을 미쳤다. 반면, 프랑스에서는 루이 14세 이후 전제군주들이 삼부회를 유명무실화하고 국왕의 과세권을 절대화했으며, 귀족·성직자들에 대한 따이유세(taille), 1/20세, 1/10세 등과 같은 직접세에 대한 면세를 일반화시켰다. 또한 프랑스는 영국이나 네덜란드 등에 비해 상공업 발달이 더뎠던 탓에 평민들의 농업생산에 대한 직접 과세에 주로 의존하는 조세체계를 갖게 되었다.

조세체계의 확립과 함께 재정국가를 구성하는 또 다른 축은 조세체계를 운용하는 재정관료제의 구축이다. 이는 우선 사적 성격을 갖는 국왕의 왕실 금고(royal treasury)와 구분되는 공공재정(public finance)이라는 영역이 (개념적으로) 존재함을 전제로 한다. 즉, 국민이나 신민들로부터 거두어들인 재원을 왕실소유의 토지 등 재산에서 얻는 수입과 구분하여야 하고, 나아가 공공재원의 조성과 사용에 대한 결정은 국왕과 납세자(귀족·평민) 간에 일정한 협상의 과정을 통해 이뤄져야 한다. 이와 함께, 재정국가는 과세·징세를 통한 공공재원의 조성과 그 사용(집행)을 위한 중앙집권화되고 전문화된 조직(관료제)을 특징으로 한다. 근대국가의 관료제는 관직이 왕가의 사무를 처리하는 역할로 제한되었던 가산관료제(patrimonialism) 및 정치적 임용(patronage)·승진으로부터 탈피하여 공사의 구분을 전제로 하는 정치적으로 중립적인 조직이다. 국가관료제는 합리성에 입각한 규칙(rules)과 소관 분야의 전문성에 근거하여 주어진 업무를 수행한다. 또 규칙에 입각한 과업의 수행자로서의 관료는 전문성을 기준으로 채용·훈련·승진된다. 특히, 재정 분야에서 주목할 관료제는 재정 전반에 대한 총괄적 관리기능을 수행하는 재무부(ministry of finance), 징세 담당관, 국고 출납관(treasury) 등이다. 이들 관료조직이 어떻게 구성되어, 어떤 권한을 행사했는지에 따라 국가재정 전반에 대한 기획·관리·통제기능의 효과적 수행이 영향을 받게 된다.[4] 근대 재정국가의 형성에서 재정관리의 관료제화는 조세의 성격(직

4 　본고에서는 근대국가의 형성과정에서 전쟁 재원의 동원과 지출집행의 효율적인 수행을 위해 재정관료제의 구축과 발전이 이뤄졌다고 본다. 하지만, 19세기 이후 철도 등 교통, 통신, 경제발전, 복지 수요 증가 등 국가 역할에 대한 요청이 보다 높아진 상황에서 재정기구를 중심으로 재정기능을 집중하는 제도개혁이 지속적으로 전개된다. 이는 제도적 동형화(isomorphism)로 이해할 수 있다(DiMaggio and Powell 1983).

접세·간접세), 행정단위(중앙·지방)에 따라 다른 속도로 전개되었다(Kiser and Kane 2001). 가령, 영국의 경우에는 간접세 징수를 중심으로 18세기 초에 관료제화가 촉진되었다. 반면, 프랑스의 경우 17세기 비매관직 (nonvenal) 지사(intendants) 파견을 통해 직접세 징수의 중앙집권화가 추진되었으나, 곧 지방 권력에 포획되어 갔다. 그러다가, 대혁명 직전에야 재정구조 전반에 대한 집중화가 이뤄지면서 비로소 재정관료제의 강화 계기가 마련되었다.

본 논문은 재정국가화의 과정에서 나타난 일련의 재정·예산제도들이 치열한 경쟁(전쟁) 속에서 근대국가 자체의 대내외적 영속성을 보장하기 위한 노력의 일환이었음을 전제한다. 이러한 전제를 바탕으로 이 제도들이 통치 대상으로서의 개인들을 일정한 의무와 권리를 갖는 시민들(납세자 및 서비스수혜자)로 구성할 뿐만 아니라, 국가의 목표에 부합한 방식으로 경제적, 사회적 삶을 영위하여야 하는 존재로서 권력작용에 통합하고 있음에 주목한다. 이들 제도들은 근대국가 통치성 작동의 핵심적 기술(technology of power)로 기능하고 있는 것이다. 즉, 이하 논의에서는 근대국가의 재정·예산제도가 개인들 및 인구에 대한 근대국가의 통치성이 작동하는 핵심적 기제라는 점을 밝히고자 한다.

3. 근대적 재정·예산제도의 등장과 주요 예산원칙

재정국가의 출현 이전부터 서서히 나타나기 시작한 재정 및 재무 관리의 새로운 양상은 국민국가와 민주주의의 등장과 긴밀히 연계되어 있다(Yun-Casalilla 2012). 국가가 더 이상 귀족과 부자들의 사유물이 아니라 시민들의 의지와 참여를 통해 구성되는 공적 영역으로 이해됨에 따라 국왕은 의회를 통해 대표되는 시민들과 함께 국가를 통치해야 한다는 인식이 일반화되었다. 이는 국왕과 정부에 대한 의회의 재정통제 제도의 발전을 통해 구체화된다(Webber and Wildavsky 1986). 즉, 조세 징수와 그 사용은 의회가 통제해야 하며, 정부 운영은 공공행정(public administration)과 공공재정(public finance)을 통해 '공적으로' 이뤄져야 한다는 관념이 혁명의 과정을 통해 민주적 제도로 정착되었다. 그리고, 공공행정과 공공재정의 대두와 함께 "행정부 수반이 편성하여 의회의 승인을 얻어 집행하는 일정한 기간 동안의 수입과 지출에 대한 계획"으로서의 '예산'이 등장했다.

Naomi Caiden(1978; 1989)은 근대 프랑스 예산개혁의 전개 양상을 분석하면서 이를 전예산시대(pre-budgetary era)와 예산시대(budgetary era)로 구분한다. 전예산시대의 재무행정은 연속성(continuousness), 분산성(decentralization), 징세청부(privatization) 및 편의성(expediency), 부패(corruption)가 특징이다. 우선, 연속성은 일정한 기간을 정해 계정을 폐쇄하여 재무 상태(financial position)를 점검하는 것이 아니라, 그때그때 현금 등 가용재원의 발생 또는 부족에 따라 임기응변으로 자금을 관리하는 것을 의미한다. 이때 재무장관의 역할은 주로 재원 마련을 통해 국왕·통치자의 지출 요구에 부응하는 것에 국한되어, 국가의 재정상태에 대한 모니터링 및 이에 따른 적극적인 관리가 불가능하다. 일정기간 동안의 전반적인 세입 및 지출 계획을 수립하고 집행하는 일은 아직 재정기구의 역할이 아니었다. 분산성은 교통 및 통신 기술의 미발달, 지역적 산업양상의 다양성 등으로 인해 여러 원천의 세수에 대한 관리 및 징세 기능이 중앙집권적으로 통일되지 못하고 전국에 걸쳐 분산된 것을 의미한다. 세수의 지역적 분산과 구분으로 인해 세입이 특정 징세 담당자들에게 할당되고, 특정 세수가 특정 세출에 연계(earmarking)되었다.

영국의 경우에는 17세기 중반에 국고위원회(Treasury Commission)를 설치하여 세입과 세출을 중앙집권적으로 일원화해 나갔다. 징세청부(tax farming)는 국고 기능(treasury)과 재정관료제가 미약한 상황에서 민간 회계사들이나 사업가들이 국가와의 계약을 통해 세금을 대리징수하는 체제를 의미한다. 특히 프랑스의 절대왕정에서 성행한 간접세 징세청부업자들은 경매 등을 통해 국가와 계약한 징세액보다 더 많은 세금을 거두어들이는 한편, 국왕에게 자금을 미리 융통해 줌으로써 막대한 이익을 취했다. 민간의 징세청부업은 다음 장에서 다루듯이 영국에서는 비교적 일찍 철폐되었으나 프랑스에서는 이들에 대한 부채와 함께 앙시앵 레짐(Ancien Régime) 내내 문제가 되었다. 전예산시대의 이러한 특징은 재무관리에서 있어 편의에 따른 임시변통(expediency)으로 요약될 수 있다. 국왕이 필요로 하는 자금을 그때그때 융통하려는 임시방편이 광범위하게 활용되었으며, 이는 경제가 일정하게 성장하고 국가재정의 규모가 상대적으로 크지 않은 상황에서는 효과적으로 기능했다. 하지만 동시에 세원의 지역적 다양성, 교통통신의 미발달, 조세행정 체계 및 국고 기능의 미비는 국가재정 전반에 대한 관리 자체를 어렵게 했다. 이에 따라 국가는 항시적인 자금 부족, 만성적인 재정위기를 겪게 되었다.

전예산(pre-budgetary) 시대의 이러한 특징은 왕실의 재무관리와 공공재정이 구분되지 않은 상황에서는 공공재정이 적극적인 관리의 대상으로 인식되지 않았음을 보여준다. 영국의 명예혁명 직후 재정혁명이나 프랑스에서의 삼부회·고등법원은 국왕의 징세에 대한 납세자의 동의권에는 주목하였지만, 징세를 통해 형성되는 공동재원(fiscal commons)의 '사용'에 대한 정치적 통제, 나아가 재원의 관리·집행에 관한 원칙의 수립·관철 등을 통해 이러한 동의권을 실질적으로 구현하는 것에는 거의 무관심하였다. 여기에는 왕실소유 토지 등 국왕의 사적 재원과 조세를 통한 공공재원의 구분이 이뤄지지 않는 점이 크게 작용했다. 왕실 재무와 공공재정이 구분되지 않은 상태에서 국왕의 지출 행위에 대한 의회의 통제·간섭은 말 그대로 국왕의 고유한 권한에 대한 침해로 인식될 수 있기 때문이다. 이는 지출에서의 낭비, 비효율, 부패, 무원칙에 대한 책임을 물을 수 없다는 의미이다. 근대국가 통치성의 핵심기술인 '국가 전반의 공공재정을 관리 대상으로 하는 관료기구의 확대 및 전문지식의 축적'과 지출행태에 대한 통제는 오직 혁명을 통한 의회민주주의의 확대를 통해 가능해졌다. 대체로 영국에서는 명예혁명 후 2세기에 걸쳐 점진적으로, 프랑스에서는 대혁명 이후에 급격하게, 미국에서는 독립 이후 130여 년의 경험이 축적되어 1921년 예산회계법(Budget and Accounting Act)의 제정으로 비로소 예산시대로 이행했다고 볼 수 있다.

영국에서 명예혁명 이후 왕실 재무와 공공재정을 구분하는 공무목록(Civil List)을 작성하여 이에 대한 의회의 통제를 강화하면서부터, 그리고 프랑스에서는 대혁명기 제헌의회의 결정을 통해 왕실 재무(royal treasury)를 국고(public treasury)와 구분하면서부터 비로소 유럽에서 예산시대가 도래했다고 할 수 있다. 이는 조세를 기반으로 한 공공재정을 왕실로부터 독립된 국가의 공적 영역으로 설정한 것으로, 그 이후에야 공공재정 관리를 위한 제도적 원칙과 관행의 도입이 가능해졌다. 여기서 이어지는 제도개혁이 예산시대를 연 것이다. 전예산시대와 비교하여 예산시대는 집권화, 연례화 및 국영화(nationalization)가 특징이다 (Caiden 1989). 예산제도의 집권화는 세수 및 징세의 중앙집중, 단일 회계 및 계정을 통한 국고금 출납 관리, 재무부의 관료제화를 말한다. 연례화는 회계연도의 도입을 통해 매해의 세입과 세출에 대해 의회의 승인을 받아 집행하고 집행 후에는 그 결과를 의회에 보고하는 예산과정의 확립을 의미한다. 국영화는 전예산시대의 징세 청부를 철폐하고 전문 재정관료제를 통해 국가가 직접 징세를 전담하게 된 것을 말한다.

예산시대 예산과정의 주요 원칙과 특징에는 단일성(unity), 포괄성(comprehensiveness), 사전승인(prior authorization), 정기성(annuality), 감사(audit), 책임성(accountability) 등이 있다(Say 1885; Smith 1945; Stourm 1917; Sundelson 1935). 특히 Léon Say는 1885년 Ecole des Sciences Politiques 강의에서 모든 세입과 세출이 하나의 예산서에 모두 포함될 경우(예산의 단일성 및 포괄성) 그 전모가 한눈에 파악될 수 있다고 보았다.[5] 예산의 정기성(annuality)은 징세와 지출이 무한정 계속되도록 할 수는 없어 예산계약의 지속 기간에 일정한 제한을 두어야 할 필요성 때문에 요구되는 원칙이다. 사전승인 원칙은 세입과 세출 관련 활동에 대해 반드시 의회의 사전승인을 받아야 한다는 것으로, 재정입헌주의 및 재정민주주의의 근간이 되는 원칙이다. 또, 예산은 자산과 부채를 갖는 회계적 실체(accounting personality)를 가져야 한다. 회계연도 제도는 행정부 지출 부처에 대해 지출행태에 대한 정기적인 감사를 가능하게 하고 이에 따

---

5   예산의 단일성 원칙은, 공기업 등 공공기관 전반의 재정 활동 사항이 예산에 포함되어야 한다는 포괄성 원칙과 함께, 재정 활동에 대한 투명성, 나아가 책임성 확보를 위한 중요한 전제로 볼 수 있다.

른 설명책임을 부과할 수 있다. 즉, 행정부는 1년 동안의 활동에 대해 설명할 책임이 있다(Say 1885; Stourm 1917). 예산의 단일성, 사전승인, 정기성 원칙은 각각 전예산시대의 특징인 분산성, 편의성(expediency), 연속성과 대응한다. 또 예산시대에는 감사기제를 통해 전예산시대에 만연했던 부패에 대한 통제 체제를 마련하였다(Caiden 1989). 그리하여 세입과 세출의 중앙집중 및 단일계정을 통한 국고 출납 관리가 회계연도 제도와 결합하여, 근대국가의 행정부는 이제 1년에 적어도 1회씩 지출계획을 준비하여 의회의 승인을 받고 그 결과를 보고할 책임을 부여받게 되었다. 마찬가지로 의회도 매 회계연도마다 1회씩 행정부의 지출에 대해 통제권을 행사할 기회를 갖게 되었다. 즉 예산과정 전반이 국가재정에 대한 책임성 확보 장치로 작용하게 되었다.

집권화, 연례화, 국영화, 책임성 등 예산시대의 지배적인 원칙들은 예산과정 전반을 규율하는 제도들이 정착되어 있으며, 동시에 이러한 제도적 틀을 제약조건으로 하여 재정·예산관리의 책임을 분담하는 조직들이 잘 갖춰졌음을 의미한다. 우선, 세입과 세출에 대한 최종적인 승인권·감사권이 의회에 있고, 행정부가 예산에 대해 의회에 설명할 책임이 있다는 점이 분명하다. 둘째, 의회 내에 재정 분야를 전담하는 위원회 및 지원조직이 갖춰지고, 행정부에도 공공재정(국고) 전반을 관리하는 강력한 관료제가 구축되어 있어야 한다. 근대적 의미의 관료제는 왕실 재무를 관리하는 가산적 관료와는 달리, 합리적 규칙과 전문성을 근간으로 하여 국가의 권력작용을 효과적으로 뒷받침해야 한다. 또한 근대국가의 재정관료제는 행정 각부의 세입·세출을 통제·총괄하여 행정수반에게 총괄적 책임을 지게 한다. 이와 같이 행정부 내 및 행정부-의회 간의 재정관리에 적용되는 예산원칙은 그 원칙을 설정하고 운영하는 제도 단위의 역량을 전제하고 있다. [그림 8-1]은 근대국가 재정·예산제도 형성 분석을 위한 이상의 논의를 요약하고 있다.

[그림 8-1] 분석틀: 근대 재정국가의 통치성과 재정·예산제도

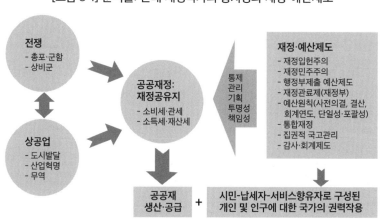

Ⅲ. 근대 재정국가의 형성과 재정·예산제도의 발전

이상의 논의를 바탕으로 본 장에서는 영국, 프랑스, 미국의 경험을 중심으로 각각 세입 및 세출에 대한 의회의 통제권 확립, 예산원칙의 정립, 행정부 내 재정·예산관리제도의 성장 및 발전과정을 구체적으로 살펴본다. 특히 전예산(pre-budgetary)시대 재정관리의 무규율성과 임시방편, 분산성, 연속성 등이 의회와 중앙재정기구를 통해 어떻게 극복되어 가는지가 주요 논점이 된다. 전예산시대로부터 예산시대로의 제도적 이행과정은 근대 재정국가의 형성을 뒷받침하여 핵심적 국가기능(징세 및 세출)과 권력작용을 개인들에게 관철시키고, 이들을 국가와의

관계에서 특정한 의무와 권리를 갖는 시민-납세자-공공서비스수혜자로 구성하여 통치성의 장(field)으로 통합시켜가는 과정이었다. 즉, 재정·예산제도의 발전과 확립 과정 자체가 미셸 푸코가 근대적 자유주의 통치성(liberal governmentality)으로 개념화한 것에 정확히 부합한다(Foucault 2008).

1. 근대 영국의 재정·예산제도 발전

1) 재정에 대한 의회의 통제권 확립과 연도별 예산제도

영국에서 재정에 대한 의회의 통제 권한(control of the public purse)의 확립은 오랜 역사를 갖고 있으면서, 그 권한의 실질적 행사가 가능해지기까지는 수백 년의 경험과 의회-국왕 간 협상·타협의 과정이 필요했다. 국왕과 의회(귀족)의 재정 권한을 둘러싼 갈등은 1) 왕실의 자금과 국민 세금을 통해 조성된 자금을 구분하여 후자에 대한 의회의 통제를 강화하는 방향, 2) 국왕의 국고지출을 의회에서 승인한 목적으로만 제한하는 방향으로 전개되었다(Schick 2002). 한편, 1215년의 대헌장 이후 수 세기 동안 국왕의 조세 세입이나 지출에 대한 의회(House of Commons)의 통제 노력은 대부분 그 총액에 관한 것이었고, 그 구성내역이나 실제 지출의 방식에 대한 것은 아니었다(Willoughby et al. 1917). 국왕의 지출에 대한 의회의 승인권이 확립되었다 하더라도, 국왕은 지출에 대한 의회의 승인 거부를 우려하여 실제로 거의 지출 행위가 끝나가는 무렵에 승인을 요구하였고, 의회는 이를 승인하는 것 이외에 다른 선택지를 갖기 어려웠다. 나아가 국왕은 명예혁명이 동반한 재정혁명 이후에도 지출에 대한 광범위한 재량을 향유하였는데, 이는 포괄적 지출 항목 정의 및 막대한 예비비(reserves)를 통해 가능했다. 이리하여, 의회가 수 세기에 걸쳐 조세와 지출에 대한 승인권한을 확보해 갔음에도 불구하고, 지출에 대한 실질적인 통제권을 상실하는 역설적인 상황이 전개되었다. 이러한 전개는 향후 행정부제출 예산제도의 근간이 된다. 영국에서 일어난 재정 권한의 배분에 대한 의회와 국왕의 갈등과 재정·예산제도의 형성과정을 보다 구체적으로 살펴보면 다음과 같다.

영국에서의 국왕과 의회 간 재정 권한 배분에 관한 제도의 기원은 대헌장(Magna Carta, 1215년)으로 거슬러 올라가는데, 이를 기점으로 향후 5세기 이상 전개될 국왕과 귀족 간의 재정에 대한 지난한 싸움의 막이 열렸다(Schick 2002). 대헌장 제12조는 "[귀족들의] 평의회에 의하지 않고서는 군역대납금 또는 공과금[즉, 귀족들이 국왕에게 바치는 돈]이 왕국에서 부과되어서는 안 되며, 왕의 가족을 위한 속전이나, 그의 장자에게 작위를 부여하거나, 장녀를 한 번 결혼시킬 목적으로만 예외가 인정되며, 이 경우라도 그 액수가 적정하여야 한다"고 규정하여, 국왕의 조세권을 실질적으로 제약하고 귀족들의 동의를 받도록 했다. 당시 귀족들은 존 왕의 지출내역보다는 자신들에게 부과되는 세금부담에 관심이 있었다. 4세기 후인 1628년 의회는 권리청원(Petition of Rights)을 통해 국왕이 자의적으로 조세를 걷을 수 없다는 점을 재차 분명히 하였다. 또 명예혁명 이듬해에 메리 2세와 제임스 3세에게 강제된 권리장전(Bill of Rights)은 "누구도 의회의 법률에 의한 동의가 없이는 어떤 선물, 대부, 은전, 또는 조세납부를 강제받지 않는다"고 규정했다. 이 조항의 실효적 집행을 위해 의회는 왕에 의한 지출을 승인할 권리를 확보하게 되었고, 1706년 지출법률주의(Appropriation Act)를 채택하였다.

한편, 국왕을 상대로 지출승인 권한을 확보해 나갔음에도 불구하고 영국 의회는 국왕이 의회에 제출하는 지출 요구에 대해 승인만 하는 것으로 자신의 역할이 제한되는 것으로 이해하였다(Willoughby et al. 1917). 즉, 국왕이 회계연도 동안의 국가의 지출수요 및 징세 필요성에 대해 의회에 제출하면 의회는 이를 승인하거나 불승인하는 선택지만 있다고 보아, 의회가 독자적으로 지출제안을 마련하고 표결하는 것은 스스로 거부하고 있다. 가령, 1706년 하원의 의사규칙(Standing Order No. 66)은 "국왕의 요청에 의하지 않고서는 공공서비스와 관련한 어떤 지출요청도 인용해서는 안 되며, 세수에 부담을 지우거나 이로부터 보조금[세금] 지급 표결로 이어질 어떤 의안도 통과시켜서는 안 된다"고 규정하고 있다(Schick 2002). 1866년의 의사규칙은 "하원은 국왕이 준비한 요청 이외에는 지출승인을 얻으려는 어떠한 제안도 인정해서는 안 되며 국가세입의 지출을 동반하는 어떠한 의안에 대해서도 행동을 취해서는 안 된다"고 하여 이를 재확인하고 있다(Stourm 1917). 이는 의회 스스로 의원들의 손발을 묶어 낭비적 지출을 줄이려는 의도를 반영하는 한편, 지출에 대한 책임이 온전히 행정부 지출부처에 있음을 명시적으로 드러낸다. 당초부터 징세 관련 법률과 지출승인을 통한 국왕에 대한 견제가 의회의 목적이었기 때문에, 국왕이 요청하지 않은 지출필요에 대해 의회가 독자적으로 이를 주도하는 것은 실질적으로 아무런 의미도 없을 것이었다. 하지만, 재무 권한이 국왕으로부터 정부로 이양된 이후에도 이러한 관행은 그대로 남게 되어 결국 의회는 예산의 편성권을 상실하게 되었다.

1688년 명예혁명과 더불어 의회의 조세와 기채(borrowing)에 대한 통제권 및 지출에 대한 감시감독권이 확립된 데 이어, 1694년 중앙은행 창설로 국가채무를 관리하는 재정제도 개혁이 이뤄졌다.[6] 이로써 투자자들의 신뢰를 제고하여 국가신용을 통한 재원조달을 원활하게 하고 금융산업 발전의 기반이 마련되었다. 17세기 말 영국에서의 재정혁명은 국왕에 의한 징세와 기채에 따르는 위험성에 대한 사회정치적 공감대를 반영하는 것이다(Yun-Casalilla 2012). 왕과 의회 간의 협상에 바탕을 둔 영국의 이러한 재정제도는 다른 나라들에 비해 18-19세기 조세와 국가채무 관리에서 높은 사회적 합의와 안정성으로 나타났다(Daunton 2012).

그리고, 영국에서 국가의 세입과 지출에 대한 연도별 기록·승인 및 관리, 즉 회계연도 제도는 명예혁명 이후에 싹트게 된다. 이때 우선 영·불 전쟁 수행에 필요한 해군 등의 군비지출에 대해 연도별 의결이 이루어지기 시작했고, 다른 공공지출에 대한 의결이 부분적으로 연도별로 이뤄져 점차 확대되어 갔다. 영국은 1854년에 이르러서야 국가의 모든 재무거래를 1년 단위로 기록하는 회계연도 제도를 도입하였다(Willoughby et al. 1917). 한편, 1861년 하원에 결산위원회가 설치되었으며, 1866년 회계감사원법(Exchequer and Audit Department Act)[7]을 통해 재

---

6 North and Weingast(1989)는 명예혁명에 따른 헌법적 변화들이 재산권 보장 제도를 강화하여 국가채무에 대한 상환 약속의 신뢰성을 제고한 것이 민간신용에 대한 국가의 접근성을 향상시켰다고 본다. 이에 대해 Stasavage(2003)는 자본의 이동성 보장, 금융 부문의 로비, 참정권의 제한도 중요한 기여 요인으로 작용했다고 주장한다.

7 회계감사원은 1983년 국가감사처(National Audit Office)로 개칭되었다.

정에 대한 검사·책임성 기제를 확립해 나간다.

2) 공공재정의 등장과 재정관리의 중앙집권화

국왕의 징세와 지출에 대한 의회의 통제와 함께 근대국가 재정·예산제도의 초석이 되는 것은 왕실재정과 공공재정의 구분이다. Willoughby et al.(1917)은 영국에서 국왕의 사적 재무관리와 공공재정의 구분은 크게 2가지 계기를 통해 이뤄졌다고 본다. 먼저, 윌리엄 3세 때인 1698년 조세를 통해 조성되지 않아 의회의 승인을 받을 필요가 없는 왕실의 수입과 지출의 규모가 축소되었다. 그와 동시에 공무 목록(Civil List)을 통해 70만 파운드 스털링을 상회하는 지출에 대해서는 의회의 승인을 받도록 하였고, 이를 재무장관이 관할하는 일반적 지출과 구분하였다. 조지 3세는 왕실 세수였던 맥주 등에 대한 특별 유산세(hereditary tax) 세수 대부분을 포기하는 대신, 80만 파운드 스털링을 의회로부터 지급받는다고 합의하게 된다. 이로써 국왕의 공무 목록상의 지출에 대해서도 의회의 통제가 강화되었다. 이에 따라 왕실의 사적 재무관리와 국가의 공공재정 간의 구분이 정착되어 갔다. 하원은 또 1690년 공공회계위원회(Commission on Public Accounts)를 설치하여, 세입이 어떻게 쓰이는지에 대해 국왕을 감시할 장치를 마련하였다.

영국에서 이뤄진 통합기금(consolidated fund, 일반회계)의 설치 또한 근대적 재정·예산제도의 구축과 맥을 같이한다. 1785년 공공회계위원들(Commissioners of Public Accounts)이 특정한 세원에서 나온 세수를 특정한 목적(사업)에 할당하는(earmark) 것의 문제점을 지적한 이후, 의회는 통합기금법(Consolidated Fund Act, 1787년)에서 국가의 모든 수입과 지출을 통합하여 관리하는 하나의 일반회계가 설치되어야 한다는 원칙, 즉 예산단일성 및 포괄성의 원칙을 성립시켰다(Willoughby et al. 1917). 1834년에는 모든 세입이 중앙은행(Banks of England and Ireland)의 재무부 통합기금으로 입금되도록 하여 재무행정 전반을 획기적으로 개혁하였다. 즉, 재무부가 통합기금 및 국고의 관리자 역할을 계속하였지만, 실제 국고계정은 중앙은행에서 유지하도록 했다. 이는 수입과 지출을 여러 기금들로 분산시키고, 특정세입과 특정세출을 긴밀히 연계하는(ear-marking) 재정관리에서 오는 비효율성을 극복하고, 공공재정 전반에 대한 통제기능을 강화하려는 제도적 노력으로 평가된다(Burkhead 1956). 이로써 재정운영의 집권성이 강화되었다.

통합기금(일반회계)의 창설은 공공재정·국고(public treasury)를 관리하는 재무부(Exchequer)[8]의 역할 강화와 긴밀히 연관된다. 영국 재무부의 연원을 보면, 튜더왕조 시대인 1660년, 처음으로 중앙집권적인 형태로 재무위원회(Treasury Commission)가 설치되었다. Robert Walpole(1721-1742년) 이후 재무위원회 위원장(제1대장경, First Lord of the Treasury)이 재무장관(Chancellor of the Exchequer)을 담당하며 비공식으로 총리의 역할을 겸직하였다. 재정자금의 출처와 지출의 성격을 구분하지 않는 일반회계(통합기금)는 공공재정 전반을 대상으로 한 재정정책의 수립과 집행을 총괄할 재무부의 중요성을 부각시켰고, 이에 따라 그 조직역량

8　영국 하원의원 Thomas Gibson Bowles에 따르면, Exchequer라는 호칭은 노르만인의 영국정복 후 왕의 현금을 쌓아둔 테이블보의 체크무늬에서 유래하였다고 한다. 즉, Exchequer는 왕의 수입이 늘어오고 나가는 장소를 의미한다(Select Committee on National Expenditure 1902; Willoughby et al. 1917 재인용).

및 전문성 축적을 촉진하게 되었다. 동시에 세입, 세출 규모의 증가, 국방, 보건, 경제 등 재정 활동의 범위와 복잡성 증대는 재정 권한을 더욱 행정부로 집중시키는 결과를 낳았다. 한편, 일반회계의 운용에 따라 재정의 전모에 대한 정보를 보다 투명하게 의회와 납세자-시민들에게 제공할 수 있게 되었다. 일반회계에 따라 개선된 재정 투명성은 다시 재정의 사용자인 행정부처의 시민(납세자)에 대한 책임성을 실질적으로 확보하는 데에 기여할 수 있다.

　　재정관료제의 등장과 강화와 관련하여 주목되는 것이 징세청부제도의 철폐이다. 다음 절에서 논의하는 바와 같이 영국과 함께 프랑스도 징세청부제도를 활용하였으나, 두 나라는 징세청부의 정도 및 철폐 시기, 나아가 조세재무행정의 관료화 시기·정도가 확연히 달랐다. 프랑스에서는 18세기 말까지 간접세에 대한 징세청부가 세수규모 및 구성, 국가부채, 징세관료제의 미흡과 불가분의 관계에 있었지만, 영국에서는 17세기 초부터 왕당파와 의회파의 지난한 투쟁 과정(내전, 공화정, 왕정복고, 명예혁명 등)을 거쳐 세원포착·평가 및 징세를 담당하는 공공 관료체계가 발달하여 징세청부를 대체할 조직역량이 축적되고 있었다(양동휴 2012). 그리고, 17세기 후반이 이르러 마침내 국왕의 주요 수입원이었던 관세(1671년), 소비세(1682년), 노세(Hearth tax, 1683년)에 대한 징세 청부가 철폐되었다(Tomlinson 1979). 대신, 재무부(Treasury Commission) 산하에 수납총관(receiver generals) 및 회계통제관(comptrollers) 등으로 구성되는 각각의 간접세 담당 부서를 신설하여 직접징수를 감독하게 하였다. 즉, 징세에 있어 관료제화가 이 시기에 본격화한 것으로 볼 수 있다. 물론 영국에서 공개경쟁시험, 실적 기반 경력 임용·승진, 정치적 중립 및 상명하복 원칙 등을 특징으로 하는 전통적 관료제는 19세기 중반에 와서야 비로소 정착되었다. 하지만 적어도 재정관리에서는 이미 18세기 전반기에 비록 공개경쟁시험을 통해 임용되지는 않았지만 염실 (Salt Office) 및 소금위원회(Salt Board) 중심으로 근대적 의미의 징세관료제가 운용되기 시작했다(Hughes 1934). 징세경험의 여부 등 전문성에 입각한 임용, 실적에 따른 승진, 정치적 중립 등의 원칙이 염실 산하 염세 징수과(departments)[9]에서 확립되면서 재무부(Treasury)에서 정치임용으로 일선 징세담당자(세리)를 고용하는 관행에 제동이 걸리게 되었다. 1780년대에 오면, Pitt의 개혁을 통해 관세행정, 직접세 징수, 재무부의 관료화가 더욱 진척되었다. 특히, 재무부 산하 조직들의 관료제화 및 전문성 강화는 18세기 후반 통합기금(일반회계)의 창설과 더불어 더욱 촉진된다. 이어, 1803년 이후 직접세 및 소득세 행정이 집권화되었다 (Kiser and Kane 2001).

영국에서의 근대적 재정·예산제도의 형성 및 발전은 이렇듯 13세기 초부터 귀족들에 의한 국왕의 징세 권한, 지출 권한을 제한하려는 노력에서 비롯되었다. 징세에 대한 의회의 권한을 먼저 강화하고, 이어 의회의 관심을 국왕의 지출로 확대하는 과정을 밟았다. 일단 국왕의 지출에 대한 관심이 왕실의 지출과 다른 공공지출의 구분 요구로 나타났고, 이는 다시 공공지출에 대한 사전적 의결, 품목별 통제, 연도별 통제, 지출결과에 대한 감사로 구체화되었다. 그 과정에서 재무부의 설립·확대 및 관료제화, 중앙은행 설치를 통한 국고계정의 통합적 관리

---

9   간접세로서 염세(customs and excise)는 1641년 소금산업에 대한 특허·독점체제를 대체하면서 도입되었다. 왕정복고(Restoration) 시기인 1660년 폐지되었다가 1694년 재도입되었고, 1730-1732년 일시 중지를 거쳐 1825년까지 징수되었다.

및 예측가능한 국가채무 관리 등이 제도적으로 정착되었다. 이러한 제도개혁의 마지막 단계로써 행정부의 지출 활동에 대한 감사 권한을 의회결산위원회 설치를 통해 확립하였다. 역설적이게도 의회에 의한 감사 및 결산 권한의 제도화는 행정부에 의한 예산편성 및 집행 권한의 강화와 동전의 양면과 같은 관계에 있었다. 재정·예산제도의 이러한 발전은 징세 및 지출에 대한 사전적 통제, 지출에 대한 사후적 통제 등 공공재정 관리의 전반에 대해 국민과 그 대표자인 의회의 권한을 강화한 것으로 요약된다. 이는 납세자이면서 동시에 공공서비스의 수혜자로서의 시민들을 구성하고 이들을 재정국가의 작용에 통합시켜나가는 과정에 다름 아니다.

2. 근대 프랑스에서의 재정·예산제도의 발전

1) 앙시앵 레짐 시기 임기응변식 분산적 재정관리

프랑스에서 근대적 재정·예산제도가 태동하고 발전해 나간 과정은 영국이나 미국과는 판이하게 달랐다. 오랜 절대왕정 시기 동안 조세의 대부분을 부담하는 공민(평민)들의 대표권을 철저하게 부정하면서, 막대한 재정지출을 감당하기 위해 임시변통적인 해결책들로 일관하다가 결국 앙시앵 레짐은 대혁명을 통해 파국을 맞았다. 프랑스의 앙시앵 레짐은 징세체제의 비효율, 과세의 불공평, 막대한 국가채무와 지속적 재정위기, 재정·예산에 대한 감시·통제의 부재로 특징지어진다. 평민들에게만 납세부담을 지운 귀족들의 선택이 평민들과 귀족들 간의 연합을 통한 국왕에 대한 견제를 원천적으로 불가능하게 만들었고, 이는 재정체계 전반의 부실과 만성적인 재정위기로 나타났다. 프랑스에서 의회에 의한 재정통제를 확립하고 재정집행에 대한 책임성을 확보하는 재정·예산제도는 대혁명 이후에나 실질적으로 가능해진다. 이와 같은 맥락에서 René Stourm(1917)은 프랑스에서 예산제도의 역사적 형성과정을 삼부회(Etats Généraux) 시기(대략 7세기-1614년), 고등법원(Parlements) 시기(1614-1789년), 그리고 그 이후로 구분한다.[10]

귀족, 가톨릭 성직자, 공민(평민)의 대표자로 구성되는 삼부회의 기원은 5세기 초까지 거슬러 올라가는데, 7세기에 들어서면 귀족과 평민들이 참여하는 총회(general conventions)에서 귀족·성직자와 왕이 주도하여 가신·귀족이 왕에게 바칠 공물의 액수를 정하고 평민들이 이를 납부할 의무를 지도록 결정하였다. 이렇듯 중세시기 총회는 평민(인민)들의 대의기구로서의 역할을 다하지는 못했다. 재정문제를 타개하기 위해 1314년 미남왕 필립 4세(Philip IV the Fair)는 공민들(burghers)도 발언권을 갖는 실질적 의미의 삼부회를 소집하여 연료와 상품판매에 세금을 부과하였다. 그 후 간헐적으로 개최되던 삼부회는 선량왕 존 2세(John the Good) 때인 1355년 영국과의 전쟁에 따른 재원 마련을 위해 소집되어 염세(salt tax) 부과를 결정하였고, 전쟁자금 및 선량왕 석방금(ransom) 마련을 위한 연례행사로 1359년까지 자리 잡게 된다.[11] 그리고 삼부회는 10년간의 휴지기를 거쳐 1369년 찰스 5세 때 다시 영국과의

10　이 절의 논의는 따로 인용되지 않았다면 Stourm(1917)에 의존하고 있다.

11　1356년 삼부회에는 800명 이상의 내표사들이 모였는데, 이 중 400명은 공민들이었다.

전쟁자금 마련을 위해 소집되었고, 이후 백년전쟁의 전비 마련을 위해 1412-1435년까지 6차례 열렸다. 찰스 7세가 소집한 1439년 삼부회에서는 상비군 창설 및 헌병대(gendarmerie) 지출을 위해 따이유세[12]를 영구세로 전환하였다. 삼부회는 15세기 후반에 두 차례(1467년, 루이 11세; 1483년, 찰스 8세), 16세기 전반에는 단 한 차례(1506년, 루이 12세)만 열리면서 중요 재정결정을 위한 대의제도로서의 역할이 거의 유명무실해져 갔다. 그리고 16세기 후반에는 눈에 띄는 이슈 없이 형식적으로 여섯 차례 개최되어 명맥만 유지하다가, 루이 13세(마리 드 메디치의 섭정) 때인 1614년 소집된 이후 절대왕정이 확립되면서 1789년까지 175년간 개최되지 않았다. 이렇듯 간헐적으로 열린 삼부회는 국왕의 재원 요구에 대한 수동적 순응의 역할에 그쳤고, 귀족, 성직자, 공민들이 조세에 대한 실질적인 승인권을 행사하는 대의기구는 아니었다.[13] 특히 삼부회에서는 귀족·성직자가 조세부담을 피하는 대신 국왕의 권위를 관철시켰고, 공민(평민)들만 그 부담을 지게 되는 결정이 대체로 이뤄졌다. 삼부회가 간헐적으로 개최되다 보니 세입과 세출 이슈에 대한 실제 경험이나 지

---

12 절대왕정 기간 가장 중요한 세원이었던 따이유세(taille)는 14세기에 백년전쟁 재원을 마련하기 위해 한시세 또는 특별세로 처음 도입되었다가 1439년 영구세로 전환되었다. 따이유세는 프랑스 농민과 평민들이 주로 납부하던 토지세(직접세)로써 왕실 관료들에 의한 직접 징수되었다. 18세기에는 과세영장에 따라 징세총구, 징세구 및 교구별로 부담해야 할 따이유세 액수가 할당되었다. 이는 공동체별로 납세 책임을 지운 것으로, 징세구별로 체납자가 발생하면 다른 납세자들이 공동부담하게 되었다.

13 국왕이 신민의 의견을 듣고 그에 따라 (조세 등) 재정적 결정을 해야 한다는 원칙은 15-16세기 개최된 삼부회에서 국왕의 연설을 통해 거듭 확인되고 있다. 다만, 이러한 원칙이 실제 행동으로 옮겨지지는 않았다(Stourm 1917).

식이 부족했던 공민 대표자들은 원칙상 인정되는 자신들의 권리를 구체적으로 정의하고 실행에 옮길 수 없었던 것이다.

17세기 초부터 18세기 말까지 국왕은 삼부회를 소집하지 않으면서 세입과 세출에 대한 절대적인 권한을 행사하였다. 이 시기 국왕에 대한 견제장치는 고등법원(Parlements) 정도였다. 하지만, 영국의 의회와는 달리, 고등법원 재판관은 선출직이 아니었고, 따라서 (재정에 관한 사항을 포함하여) 어떠한 입법 권한도 갖지 못한 채 다만 국왕의 칙령을 "*Lit de Justice*"에서 공식화할 뿐이었다.[14] 고등법원은 1715년에 이르러야 초기의 활력을 회복하여 대혁명의 시기까지 미약하나마 국왕에 대한 견제 역할을 수행했다. 그러나, 법복귀족이라 칭해졌던 고등법원 재판관들은 귀족들의 이해에 반하는 어떠한 조세·재정개혁에도 저항하면서 평민들의 조세부담을 늘려나갔다. 1787년 고등법원은 국왕의 인지세 부과에 반대하여 "조세에 대한 국민들의 신성하고 불가침적인 동의권"(the sacred and unimpairable right of the nation to consent to the imposition of tax)에 근거해 삼부회 소집을 요구하기에 이른다.

한편, 프랑스의 재정·예산제도 및 재정관료제의 발전에서 주목되는 것은 앙시앵 레짐을 뒷받침한 독특한 징세시스템이다. 먼저 1523년 국왕의 '일반'재정과 조세를 통한 '특별'재정을 통합하고, 그 이듬해에 전국을 16개 징세구 또는 징세지방(généralités)으로 구분하여, 각 지역에서 모든 세입을 책임진 징세총관을 배치하였다. 앙리 2세는 1551년 국

---

14 루이 14세 재위 초기인 1655년 약간의 저항이 없지 않았으나 이마저 손쉽게 제압되어, 결과석으로 루이 14세는 어떠한 견세도 받지 않는 절대왕권을 확립하게 되었다.

고총관(treasurer general)을 설치하였으며, 1577년에는 징세총관 및 재무관들(treasurers)[15]로 구성되는 재정국(bureau des finances)을 각 징세구에 대한 감독기구로서 설치하여, 재정관리, 토지관리, 도로관리 등의 업무를 맡게 하였다. 루이 13세 때인 1642년, 리슐리외 추기경은 중앙정부에서 직접 임명하고 통제하는, 매관하지 않은(nonvenal) 지사·감독관(intendants)[16]을 파견하여 그들로 하여금 징세구에서 재정국이 담당하던 역할을 장악하게 하였다. 이로써, 징세구지방(pays d'élections)에서는 중앙집권적 직접세 징세체제가 작동하여 국왕의 의지가 효과적으로 관철되었다. 하지만 이들 지사들도 18세기에 들어오면서 지방세력에 포획되어 징세 효율성은 저하되어 갔다(Mousnier 1979; Kiser and Kane 2001 재인용).

루이 14세의 재위 기간 동안 30년 이상 전쟁 수행[17]을 위한 전비확충, 징병제를 통한 상비군 유지, 조세 체제의 확립 및 징세를 위한 관료제의 수립·확충이 이뤄졌다. 특히 재무장관 콜베르(Jean-Baptiste Colbert,

---

15 이들은 일반세입, 즉 왕실소유 재산에서 나오는 수입을 관리하였다.

16 1635년부터 파견되기 시작하여 대략 1640년경 이후 징세구에서 국왕의 대리인으로서의 역할을 강화하였으며, 점차 지방의 사법, 경찰, 재정 기능을 장악하였다. 재정감독관으로서 각 징세구 내 조세부담의 배분 결정, 조세징수, 지역의회와의 조세관련 논의 등에 관여하였다. 1789년에 이르러 전국 34개 징세구 중 33개에 지사가 배치되어 있었다. 1789년 대혁명 초기에 자문권과 행정권을 가진 지방의회(assemblées provinciales)가 전국에 걸쳐 설치된 것은 이들 감독관들의 막강한 권한을 견제하기 위한 것이었다(Encyclopedia Britannica).

17 1667-1668년 및 1672-1678년 네덜란드 침략, 아우크스부르크 동맹전쟁(팔츠 계승전쟁, 1688-1697년), 제2차 백년전쟁(1689-1815년), 에스파냐 왕위계승전쟁(1701-1714년) 등이 있다.

재임기간: 1661-1683년)는 불요불급한 왕실 관직 및 매관직(royal and venal offices)의 축소, 식민지로부터의 수입 확대를 위한 중상주의적 정책을 추진하였다. 그럼에도 불구하고 막대한 전비로 인해 1670년경 국가재정에 심각한 위기가 발생하였다. 이에 콜베르는 징세시스템의 효율성 제고를 위해 민간징세청부업자의 수를 줄이고 징세총괄관(ferme générale)을 신설하여 염세(gabelle), 관세(traites) 및 판매세(aides) 등 간접세에 대한 징수체계를 집권화하였다. 이와 함께 관직매매 관행도 다시 성행하게 되었다. 콜베르가 사망할 무렵, 세수는 약 9천3백50만 리브르에 달했는데, 이는 1661년의 3천2백만 리브르의 3배 수준이었다 (Llewellyn and Thompson 2020). 콜베르의 이러한 개혁은 대혁명 전까지도 민간청부업자들이 여전히 간접세 징수를 주도하도록 만들었다. 그 결과 민간징세 청부업자들은 금융가·재정가로 부상해 막대한 부를 취했지만, 국왕은 미래의 세수를 이들로부터 빌려 쓰면서 만성적인 재정위기로 몰리게 되었다.

반면, 직접세는 국왕의 징세관들이 담당하고 있었다.[18] 직접세 수납총관(receveur général des finances)[19]은 따이유세, 인두세 등 직접세의 수

---

18 프랑스 앙시앵 레짐의 징세체제는 직접세와 간접세로 이원화되어 있었다. 직접세는 왕실에서 필요세수를 정하여 수납총관을 통해 징수하였고, 간접세는 민간의 징세청부업자에게 위탁하였다. 두 가지 징세체제에 관여한 이들은 모두 재정위기에 처한 국왕에게 급전을 융통해 주면서 사익을 취해나갔다. 특히 간접세 징세청부업자들은 국왕에 대한 채권자로서, 국가의 세금으로 국가를 상대로 막대한 이익을 취하면서 재정가로 성장했다.

19 1355년 선량왕 존이 한시세였던 따이유세 징수를 위해 특별위임관(commissioner)으로 설치한 것이 그 시초이다. 수납총관의 역할 및 의의에 대한 이 단락의 논의는 윤은주(2005)에 의존하고 있다.

납을 책임진 매관직(venal office)으로서 그 수는 48명이다. 2명이 하나의 징세총구(généralité)를 격년으로 번갈아 담당하였다(윤은주 2005). 이들은 각각의 징세총구에서 매 회계연도 기간 동안 지불예정표에 따라 직접세 징세액을 24개월에 걸쳐 분납할 것을 재무총감에게 약정한다. 즉, 사전적으로 세액이 결정되어 수납총관이 이를 집행하는 것이 아니라, 수납총관이 '미리' 징수·수납액을 약정하고 '미리' 국고에 수납하는, 즉 당겨쓰는 관행(선납제)이 일반화되어 있었다. 실제로 회계연도가 진행되면서 약정액과 징수액에 차이가 발생하게 되고 이는 다시 추가계약서 작성을 불가피하게 했다. 또 선납은 징수한 돈을 실제로 국고에 입금하는 것이 아니라 지급명령서 형태로 이뤄졌다. 세액의 결정, 징수, 국고수납이 따로따로 각각의 논리·체계와 관행에 따라 이뤄지게 된 것이다. 즉, 수납총관에 의한 약정서를 기반으로 하는 승인체제(Système des Résultats)는 만성적인 재정적자에 대응하여 차기 년도의 세수를 당겨쓰는 방편으로 자리 잡게되었다. 역설적으로 이는 만성적인 재정적자를 지속시킨 주요 요인이라 할 수 있다.

2) 대혁명 이후 재정입헌주의 및 근대적 재정·예산제도의 확립

앙시앵 레짐의 조세 및 징세체제, 재정관리제도는 대혁명을 통해 근본적인 변화를 겪게 된다. 먼저, 앙시앵 레짐에서 추상적 원칙으로만 존재하던 '납세자의 동의권'이 대혁명을 통해 구체화한다. 1789년 '인간과 시민의 권리선언'(Declaration of the Rights of Man and of the Citizen)의 제13조는 "경찰력의 유지와 행정 지출을 위해 (시민) 공동의 기여가 불가피하다. 이러한 기여는 모든 시민에게 그 능력에 따라 공평하게 부과되어야 한다"고 규정하였다. 이어 제14조는 "각각의 시민은 그 자신이나 대표자를 통해 조세의 필요성을 확인하고, 자유의사로 이에 동의하며, 어떻게 그 세금이 사용되는지를 알며, 그 세율, 세원, 징수 및 존속기간을 결정할 권한이 있다"고 규정하여, 재정입헌주의를 선언하고 있다. 또, 같은 해 6월 국민의회는 포고(decree)를 통해 조세에 대한 표결권은 전적으로 국민의 대표자들에게 귀속된다고 선언하여 조세법률주의 원칙을 구체화했다. 또 '인간과 시민의 권리선언' 제15조에서는 "사회는 어떠한 공적 대리인(public agent)에 대해서도 그 행정에 대해 석명(회계, account)을 요구할 권리가 있다"고 밝혀, 시민의 대표자들이 행정기관의 행정행위에 대한 회계검사를 요구할 수 있다고 천명하였다. 나아가 1791년 9월에는 "의회가 국가의 계정·회계를 조사·감사하여야 한다"고 선언하고, 산하 회계국[20]이 그 기능을 담당하도록 했다(Schick 2002). 또 1791년 헌법 제45조에서 재정에 관한 의회의결주의, 즉 재정입헌주의를 명문화하였다. 이렇듯 대혁명 초기에 의회는 세입, 세출 및 감사에 대해 의회가 통제 권한을 행사해야 한다는 점을 명확히 하였다.

프랑스에서 지출에 대한 의회의 통제가 확보된 과정은 조세와는 사뭇 다르게 전개되었다. 국왕은 자신의 관할토지에서 나오는 수입으로 국정을 운영해야 한다는 관념에 따라 왕 개인수입인 '일반' 재정(ordinary finance)과 조세를 통한 '특별' 재정(extraordinary finance) 간의 구분이 프랑수아 1세 때까지 유지되었다. 14-15세기 군비가 비약적으로 확

---

20 합의제 기관으로서 회계감사원(Cour des comptes)은 나폴레옹 1세 치하인 1807년 9월 16일 법률에 의해 독립적 사법기관으로 창설되었다. 제5공화국 헌법에서는 행정부(총리실)에 속하면서도 헌법상 독립기관의 지위를 갖는 행정법원이다.

대되고 평시에도 국왕의 자체수입만으로는 국가운영이 어렵게 되자 재무관리에서도 급격한 변화가 불가피해졌다. 프랑수아 1세는 1523년 일반재정과 특별재정을 혼합한 국고(Trésor de l'Épargne)[21,22]를 설치하였다. 이는 프랑스의 재정제도 발전에서 중요한 의미를 갖는다. 15-16세기의 삼부회에서의 관심은 주로 조세 총액에 대한 것이었고, 국왕의 지출에 대해서는 무관심했을뿐더러 지출에 대한 조사·통제가 실제로 자신들의 권리라는 인식도 미흡했다. 국고와 왕실계정이 구분되지 않아 국가의 지출과 왕실의 지출이 뒤섞여 있었다는 점에서 어쩌면 이는 당연했다고 볼 수 있다. 즉, '왕실소유의 토지에서 조성된 재원'과 '조세를 통해 조달한 재원'의 구분이 없었기 때문에 국왕의 지출에 대한 삼부회의 통제는 월권으로 받아들여졌던 것이다.

이러한 인식으로 인해 1789년 대혁명의 와중에서도 의회가 일단 승인한 세입에 대한 지출이 전적으로 국왕의 고유하고 정당한 권한인지 여부가 여전히 논란거리였다. 여기에 더해 제헌의회는 '예산'을 어떻게 짜는지에 대한 관념이 없었고, 국왕의 지출에 대해 어떻게 통제할 것인지 알지 못했다. 그럼에도 불구하고, 이때에야 비로소 제헌의회는 영국에서 재정관리에 쓰는 용어라고만 알고 있었던 (왕실의 지출에 대한) 공무 목록(Civil List)과 국가의 공공재정을 구분하기 시작했다. 즉, 1789

---

21 1666년 콜베르에 의해 폐지되고 대신 왕립국고(Trésor Royal)로 개칭된다.

22 일반재정과 특별재정의 통합은 실제로는 국왕에 의한 수입 및 지출 행위를 실질적으로 통제할 수 없도록 하는 역할을 하며, 공공재정(public finance)에 대한 전문적 관료제적 관리역량의 발달을 저해한다. 이러한 문제는 대혁명 초기 공무 목록을 작성하기 시작하면서 극복된다.

년 10월 7일 포고(decree)에서 "각 의회는 공공부채의 이자지급이나 공무 목록의 지불 자금에 대해 가장 합당한 방식으로 지출승인을 하여야 한다"고 규정하고 있다. 이듬해 10월13일의 명령은 왕실사무국(department of the royal household)은 더 이상 재무부(public treasury)에 귀속되지 않는다고 선언하고, 1791년 헌법 제10조는 "국민은 공무 목록에 의거하여 국왕의 취임 및 재위 기간에 걸쳐 왕좌의 웅대함을 유지하기 위해 의회에서 결정하는 자금을 제공한다"고 규정한다. 의회가 국왕의 지출을 통제하게 된 것이다.

이로써 제헌의회는 공무 목록을 따로 떼어내고 공공재정을 독립된 영역으로 설정하였지만, 아직 공공지출에 대한 의회의 계획적 접근('예산')이나 통제기제를 도입한 것은 아니었다. 1년 치, 3개월 치, 1개월 치, 하루치의 지출소요에 따른 지출액을 계산했을 뿐, 재원의 '의도적' 배분을 위한 계획은 없었고, 지출 결정을 위한 체계를 수립한 것도 아니었다. 1792년 제헌의회는 각 부처의 사업, 부채상환, 급여·연금 등에 대해 총액을 설정하고, 구체적인 지출 각각은 따로 의회의 승인을 받게 했는데, 이로써 의회는 지출에 대한 일반적 계획('예산') 없이 매월 세세한 지출항목에 대한 승인권을 행사하게 되었다. 하지만 이러한 지출통제는 실제로는 통제라 할 수 없고, 다만 필요에 따라 지출하는 것에 다름 아니다.[23]

1814년, 루이 18세의 재무총감인 Baron Louis는 지출부처의 수요에 대응하여 연도별로 자금을 배분함으로써 예산편성에서의 연속성과

---

23 프랑스 혁명 초기, 귀족·성직자들의 몰수토지를 담보로 헌 아시냐(Assinat)의 발행·유통이 공공지출에 대한 계획, 즉 '예산' 수립의 필요성을 크게 약화시켰다.

단절하고, 계획에서부터 감사까지 아우르는 순환적 예산과정을 도입하였다. 이로써 공공재정에 대한 통제와 지출책임성 확보 기제의 틀이 마련되었다(Caiden 1989). 1817년에는 "각 장관의 지출은 승인될 액수를 초과하여서는 안 되며, 장관들은 책임지지 않으면서 지출승인된 액수를 초과하여 지출할 권한을 가질 수 없다"고 법으로 규정하였다. 이로써 의회는 행정부처의 지출에 대한 사전승인권을 명시적으로 갖게 되었으며, 각 부처별로 어떻게 자금이 배분되어야 하는지에 대해서도 구체적으로 결정할 수 있게 되었다. 1831년에 이르면, 의회는 행정 각부의 세세한 지출품목에 대해서도 통제할 수 있게 되었다. 1862년의 행정부 규칙에 "매 회계연도의 세입과 세출은 매년의 재정법률로 승인되어야 한다"고 규정할 때까지는 프랑스의 어떤 법도 국가예산의 수립을 법제화하지 않고 있었다. 프랑스는 1875년 제3공화국 헌법에 이르러 재정에 관한 의회의결주의를 근거로 1년 한시법인 '예산법'을 통해 세입 및 세출을 의결하는 예산법률주의를 제도화하였다.

한편, 통합된 국고 및 재무부로의 재정 권한의 집중화는 칼론과 브리엔 두 재무총감들의 재무행정 개혁조치를 통해 비로소 궤도에 올랐다(Bosher 1970). Bosher(1970)에 따르면, 1780년대 이전에는 아직 통합적 조직이라 할 수 없는 재무부 산하의 매관직인(venal) 두 출납관들(Keepers)이 재무총감의 통제를 받지 않으면서 무수히 많은 계정을 통해 분산적으로 국고 출납을 관리하였고, 이런 상태에서는 국가재정의 전모에 대한 파악은 물론 그 관리 또한 불가능했다. 대혁명 직전 칼론과 브리엔은 재무총감으로서 출납관 산하 출납계정을 통합함으로써 명실상부하게 국고기능을 집권화하였다. 이러한 집권화에 힘입어 대혁명 발발 직전에 여러 조직에 흩어져있던 재무관리 기능이 재무부로 흡수되기 시작했고 그 경향은 이후에도 계속되었다. 1791년 제헌의회 회의에서 Roederer는 "공공재정에 대한 행정은 결코 왕에 의할 수 없으며, 의회의 밀접한 감독을 받는 특별한 행정기관의 기능이어야 한다. 공공자금은 집행권자의 자의적 사용 가능성에 대비하여 재무부 행정가들이 관리하여야 한다"고 주장했다(Stourm 1917 재인용). 이를 볼 때 대혁명 초기에 이미 공공재정의 독립과 더불어 이를 중앙집권적으로 관리할, 의회의 행정부 파트너로서의 재무부 관료제의 중요성이 인식되기 시작했음을 알 수 있다.

프랑스에서의 근대적 재정·예산제도의 발전은 대혁명을 분기점으로 뚜렷이 구분된다. 앙시앵 레짐에서는 조세에 대한 납세자들의 동의권이 추상적으로만 인정될 뿐이어서 삼부회를 통해 공민들이 실질적인 동의권을 행사할 수 없었거니와, 삼부회 자체도 오랜 기간 동안 아예 개최되지 않았다. 이러한 배경에서 절대군주는 징세 및 지출에 대한 절대적인 권한을 행사하였으며, 특히 징세에서는 매관직을 통한 직접세 징수 및 민간청부를 통한 간접세 징수라는 이원적인 체제를 유지하였다. 이러한 징세체제는 징세 담당자들이 국가를 상대로 선납 등을 통해 막대한 이득을 취하면서 재정가로 성장하도록 하는 한편, 국가를 만성적인 적자와 누적채무의 악순환에 빠지게 만들었다. 나아가 이러한 이원적 체제는 국가재정 관리를 위한 관료제의 발달을 저해하였다. 네케르, 칼론, 브리엔 등 재무총감들의 개혁노력에도 불구하고 앙시앵 레짐의 재정체계는 대혁명으로 귀결되었다. 대혁명을 통해 프랑스는 왕실재정과 공공재정의 구분, 징세 및 지출에 대한 의회의 통제, 집중화된 국고재정 및 재무부의 권한 강화 등 재정제도 전반을 혁신하게 되었다. 이후 19세기에 세출에 대한 사전승인제도, 연도별 예산제도,

회계감사원 설치, 예산법률주의 등의 근대적 재정·예산제도의 기틀을 다져나간다. 그리고, 대혁명 이후 근대적 재정·예산제도의 확립은 공공 재정을 둘러싼 시민적 의무 및 권리의 정의, 그리고 이를 통한 개인들에 대한 국가의 권력작용의 관철과 동전의 양면을 이룬다.

3. 건국 후 미국의 재정·예산제도의 발전

1) 미국 연방헌법상의 조세·세출법률주의와 초기 전예산적(prebudgetary) 재정관리

미국 연방정부에서의 근대적 재정·예산제도의 발전과정은 영국과 프랑스와는 현격히 다르다. 먼저, 미국은 영국에서의 재정입헌주의 정착, 재정관료제의 발전 등 근대적 재정제도 개혁의 경험을 미국헌법에 녹여낼 수 있는 입장에 있었다. 미국의 입장은 절대왕정의 앙시앙 레짐을 혁파하고 새로운 제도를 창출해야 했던 프랑스와도 다르다. 특히, 미국은 영국이나 프랑스와는 달리 각 주들의 연합체로써 연방정부를 구성했기 때문에 실질적으로 연방정부의 물적 토대(조세)를 확보하기 위한 징세체제 등의 제도역량을 새롭게 구성할 필요가 있었다. 따라서 미국 연방정부에서의 재정·예산제도의 도입·발전과정은 연방정부의 수립을 둘러싼 연방주의자(Federalists)와 공화주의자(Republicans) 간의 이념적 대립의 전개 양상과도 밀접히 관련되어 있다. 즉, 조세 및 지출과 관련한 의회의 권한, 재무부의 정책적·재정적 권한 등이 이들 간의 논쟁을 통해 구체화되었다. 하지만 1800년대 들어 토머스 제퍼슨(Thomas

Jefferson) 등 공화주의자들이 행정권을 장악한 이후에도 알렉산더 해밀턴(Alexander Hamilton) 등 연방주의자들의 제도설계가 실질적으로는 유지·강화되어간다. 역설적으로 이는 미국에서 19세기 내내 재정지출에 대한 의회통제의 실효성을 저하시켜, 재정의 역할에 대한 사회·경제적 요청과 재정체계 간의 간극을 심화시키는 결과를 낳았다. 이런 점에서 1921년의 예산회계법(Budget and Accounting Act)은 19세기 미국의 재정·예산제도상의 난맥상에 대한 개혁조치의 정점이라고 할 수 있다. 그럼에도 불구하고, 미국 연방정부의 재정·예산제도의 발전과정은 건국 초기에 형성한 의회와 행정부의 재정 권한 배분, 재무부의 역할 등에 대한 기본적인 틀을 대체로 유지하고 있다고 평가할 수 있다(White 1939).

미국은 1776년 독립선언 및 1787년 제정된 헌법에서 조세법률주의 및 예산법률주의를 채택하고 있다. 이는 18세기 후반 당시 영국에서 확립된 재정입헌주의의 제도적 기반을 그대로 수용한 결과로 평가할 수 있다. 이를 구체적으로 살펴보면, 미국헌법은 제1조 제7절에서 모든 세입법안은 하원에서 발안되어야 한다고 규정하고 있다. 또 같은 조 제8절에서는 조세·관세·부담금·소비세(excises)의 부과,[24] 기채 및 채무의 상환, 조폐, 연방의 공동방위와 일반복지의 제공 권한이 의회에 있다고 명시한다. 나아가 제1조 제9절의 규정에 따라 국고로부터의 자금인출(즉, 세출)은 법에 의한 지출승인의 결과로써만 가능하며, 모든 공

---

24 연방정부의 과제 권한을 규정한 연방헌법에 따라 연방정부는 연이어 관세 및 주류, 설탕, 마차, 인지(stamped paper), 토지, 주택, 노예 등에 대한 세금을 부과하기 시작했다. 이러한 성세제제를 유지하기 위해 막내한 징세관을 고용하게 되었고 그 수는 경제 규모, 지출 규모의 증가에 따라 확대되었다.

금의 수입 및 지출 계정과 정기적인 명세서가 공표되어야 한다. 미국 연방헌법의 이러한 조항들이 가지는 함의는 첫째, 연방정부 자체의 독자적인 세입원을 규정하고 있고, 의회의 결정을 통해 이러한 조세들을 부과할 수 있음을 명시했다는 것이다. 의회의 과세 권한은 영국의 경우 300년 이상의 기간에 걸쳐 서서히 확립되었고, 프랑스에서는 대혁명을 통해 비로소 쟁취된 것이다. 둘째, 세출은 오직 의회의 지출승인을 받아야만 가능하다는 점을 명시함으로써 의회에 의한 지출통제 원칙을 확립한 것이다. 구체적으로 어느 수준에서 얼마나 세세하게 지출을 통제할 것인지는 세출법의 내용을 통해 결정될 것으로, 이는 건국 초부터 연방주의자와 공화주의자 간 논쟁을 통해 구체화되었다. 셋째, 지출결과에 대한 설명책임을 행정부에 부과한 것으로, 이는 행정부 재정 활동 전반을 관리·통제할 조직, 즉 재정관료제의 필요성을 구체적으로 명시한 것이다.

먼저, 세출과 관련한 의회의 통제노력은 행정부 자체에 대한 깊은 불신을 반영한다. 헌법과 법률에 따른 지출통제 장치들은 예산이 낭비나 횡령되지 않고 당초 본연의 목적대로 사용되도록 보장하고 시민이 선출한 대표자들이 세입의 원천, 세출의 총액, 정부지출의 목적을 결정할 수 있게 한다(White 1948). 미연방 초기에는 의회의 전원위원회(Committee of the Whole)가 주도하여, 관련 위원회별로 그 의견을 반영하는 세출법안을 제출하도록 하였다. 이럴 경우 세출법안은 행정 각부 및 위원회별 지출 요구의 취합에 그쳐, 재정 전반에 대한 통합적 접근이 어렵게 된다(옥동석 2015). 1789년 설치되어 2달간 활동한 하원의 세입위원회(Committee on Ways and Means)는 당초 세출추계를 작성하였으나, 해밀턴이 재무장관으로 임명되면서 이 기능은 재무부로 이관되었다. 이후 1795년 하원 세입위원회가 다시 설치되었고 1802년 상임위원회로 전환되었다. 이는 의회가 행정부와의 관계에서 예산에 대한 통제·책임성을 강화하기 위한 조치로 볼 수 있는데(옥동석 2015), 이로써 의회는 세입 및 세출 권한을 실질적으로 확보하여 예산 전반에 대한 조망을 비로소 할 수 있게 되었다. 왜냐하면, 행정부에서 재무부 장관의 역할은 행정 각부의 제출요청을 취합하여 의회에 제출하는 것에 국한되어 실질적으로 행정부 예산 전반에 대한 통제 및 기획 기능을 수행하지 못했기 때문이다. 1800년대 초반 예산편성 과정에서 재무장관은 여러 부처의 예산요구를 취합하여 그대로 의회에 전달하는 역할 이상을 하지 못했고, 그 누구도 대통령이나 재무장관에게 예산편성의 적극적인 역할을 기대하지도 않았다(White 1959). 이런 연유로 White(1948)는 건국 초기 미국에서 근대적 의미의 '예산'은 존재하지 않았다고 본다. 이러한 경향은 19세기 내내 지속되며(White 1954, 164), 20세기 초에 와서야 비로소 극복된다.

지출통제를 위한 의회의 노력과 그 한계는 세출법(Appropriations Act)에서도 찾아볼 수 있는데, 초기 세출법은 한쪽 내외에 불과할 정도로 짧고 인건비, 방위비 등 포괄적 항목들(principal objects)만 명시하고 있을 뿐 구체적인 지출은 행정부의 광범위한 재량에 맡기고 있었다.[25] 이는 강력한 행정부 권한을 지지한 해밀턴 등 연방주의자들의 입장이 잘 반영된 것으로 볼 수 있다. 즉, 연방주의자들은 재무부, 전쟁부, 해군부 등에서의 예산집행에 대한 세세한 통제(detailed specification)가 오히

---

[25] 의회의 세출 결정은 직접적으로 행정 각부를 대상으로 이뤄져 대통령이 개입할 여지가 적었다.

려 예산집행을 어렵게 한다고 본 것이다. 실제로 전쟁부나 해군부에서는 예산의 편성과정에서부터 이러한 세세한 항목 구분에 저항했고, 부별 예산요구를 취합하는 재무부 또한 이에 동조했다. 이와는 달리, 초대 재무부 장관인 해밀턴의 사임 이후 연방정부로의 권한 집중을 우려한 제퍼슨, 알버트 갤러틴(Albert Gallatin) 등 의회의 공화주의자들은 세출법에서 지출 내역을 세세하게 규정하려는 노력을 통해 행정부에 대한 통제를 강화해 나가고자 한다. 하지만 제퍼슨이 대통령에 취임한 이후 예산집행에서 재량의 불가피성이 인식됨에 따라 세출 항목 간 자금을 융통하는 전용(transfer) 제도가 1801년 도입되기에 이른다. 실질적으로 지출행위에서의 광범위한 재량을 주장한 연방주의자들의 제도가 공화주의자 알버트 갤러틴의 재무장관 재임 당시(1801-1804년)는 물론 그 이후로도 그대로 답습되었던 것이다.

남북전쟁을 거치면서 의회에서의 재정정책 결정구조는 일정한 변화를 맞는다. 1865년에 세입위원회에서 분리된 세출 및 화폐·금융 기능이 분리되면서 새롭게 설치된 하원 세출위원회로 이전되어 세입과 세출 결정에 대한 고려가 제도적으로 이원화되었다. 1880년대에 이르러 세출법안에 대한 의견을 제출할 수 있는 위원회의 수도 8개에서 10개로 확대되었고, 곧이어 상원에서도 8개의 세출항목 승인 권한이 위임되었다(옥동석 2015). 이렇듯 세출과 관련한 기능은 의회의 여러 위원회 및 소위원회로 구분되고 그 관할이 비교적 자주 바뀌어 왔다. 또 의회에서 세입기능과 세출기능이 세입위원회와 세출위원회로 나뉘어 있어 재정 활동 전반에 대한 조망과 기획이 의회에서든 행정부에서든 제대로 기능하기 어려웠다(White 1939). 앞서 언급했듯이 행정부 차원에서 재무부가 예산편성을 주도하지 못하는 상황에서, 각 지출부처는 의회의 이러한 분산된 예산심의 구조를 악용하여 재정사업을 방만하게 운용할 유인을 갖게 되었다. 미국은 조세법률주의 및 세출법률주의의 원칙을 확립하고 있었지만, 의회 내 예산과정의 분권화 및 행정부의 중앙 재정기구를 중심으로 한 기획·조정·통제기능의 미비로 인해 20세기의 초입까지도 근대적 예산제도를 확립하지 못하고 있었다.

2) 재무부의 약화 및 재정·예산 권한의 분산과 중앙집권적 예산개혁

건국과 더불어 행정부에서 어느 정도 재정통제권을 행사한 것은 재무부(Treasury Department)이다. 재무부는 국무부, 전쟁부, 검찰총장실과 함께 1789년 설립되어 건국 초기 가장 강력한 행정기관으로 자리매김했다. 의회는 재무부 설립법에서 재무장관으로 하여금 직접 출석하거나 또는 문서로써 소관 업무 전반,[26] 세입관리·증대 및 기채에 대한 계획의 수립, 세입 및 세출 추계에 대해 매년 의회에 보고하도록 규정하고 있다. 즉, 재무부는 세입, 세출, 회계 기능 전반에 대한 계획·집행·관리 권한을 의회로부터 위임받았다. 의회는 또한 지출통제관(Comptroller), 감사관(Auditor), 등록관(Register), 세입담당관(Commissioner of Rev-

---

26 1789년 9월의 설립법이 규정한 재무부의 기능은 다음과 같다. 1. 세입 개선·관리 및 기채에 관한 계획의 수립, 2. 세입추계 및 지출현황의 작성 및 보고, 3. 세입징수 관리감독, 4. 회계방식의 결정, 5. 지출명령서(warrants for monies)의 발행, 6. 공공토지의 매각과 관련한 업무, 7. 재무부 소관 업무에 대한 의회 보고, 8. 의회의 지침에 따라 재정과 관련된 업무의 수행, 9. 공공회계 계정의 조정과 보존에 대한 관리 감독, 10. 징수관늘의 납입연체(delinquencies)에 대한 처벌 시도, 11. 연방정부의 연금 수령, 보관, 지불에 대한 업무.

enue) 등 재무부의 내부구조에 관한 사항을 구체적으로 규정하고 있다.[27] 강력한 연방권한을 주창한 초대 재무장관 해밀턴은 정부의 모든 기능들(measures)이 결국에는 국고와 연결되어 있다는 점을 꿰뚫어 보고 체신기능(Post Office)까지 재무부 소관으로 두는 등 행정 전반에 대한 재무부의 개입을 강화하고자 했다. 해밀턴의 리더십하에서 재무부는 전국 주요 도시에 징세관 등을 배치하였고, 세관업무, 소비세 및 토지세 징수, 중앙은행 기능을 통해 상업, 어업, 금융, 체신 등 경제 전반에 대한 정책개입을 할 수 있었다(White 1948).[28] 또 1791년의 미합중국은행법(Bank of the United States Act)[29]은 재무부 장관이 중앙은행으로부터 업무보고를 받을 수 있도록 규정하고 있었다.

재무부는 설립 초기 지출통제관 등 담당관 6명, 서기관 및 서기 31명, 연락관 1명 등 모두 39명으로 출발하였으나, 1년 뒤에는 70명, 1792년에는 90명으로 증가했다. 해밀턴(1789-1795년)과 월콧(Oliver Wol-cott, 1795-1800년)이 재무장관으로 재직한 첫 10년 동안 그 권한과 업무소관은 꾸준히 확대되어, 1801년에 이르면 78명이 재무부 본부에 근무하고 2,400여 명이 전국 각지에서 관세(1,100명) 및 소비세(500명) 징세

---

27 재무부의 이러한 구조는 1781년 설립된 재무감독관실(Superintendent of Finance)이 통제관, 재무관(Treasurer), 등록관, 감사관으로 이뤄진 것에 연유한다(White 1948).

28 미국 재무부의 역할, 지출통제 체제 등에 대한 논의는 White(1948; 1954; 1958; 1959)를 주로 참조하였다.

29 첫 번째 중앙은행(First Bank)은 1791-1811년 기간에, 두 번째 중앙은행(Second Bank)은 1816-1836년 기간에 존재했다. 연방준비제도 시스템(Federal Reserve Banking System)이 도입된 것은 1913년 연방준비제도법(Federal Reserve Act)을 통해서이다.

업무, 체신업무(880명) 등을 담당하였다. 이로써 연방정부 민간 공무원의 절반 이상이 재무부에 소속되어 있었다(White 1948). 1802년 간접세(excise) 폐지[30]로 인해 징세관의 수는 줄었지만, 1826년에도 재무부는 체신업무를 제외하고도 여전히 1천 명 이상의 공무원을 유지하고 있었다(White 1959). 연방주의자들이 설계한 재무부의 이러한 기능과 구조는 공화주의 시대(1801-1829년), 잭슨시대(1829-1861년)에도 큰 변동 없이 유지되면서 그 규모는 점차 확대되었다. 한편, 재무부의 역할과 구조는 행정부 내부 통제체제(accountability)의 확립과도 밀접히 관련되어 있다. 전쟁부장관, 해군부장관 등은 소관 부의 지출에 대한 책임을 지고, 각 부의 회계관(Accountant)은 지출관들(disbursing officers)을 관리감독하며, 그 지출의 규정준수 여부 및 계정정산(settlement of accounts)에 대해 재무부의 감사관(Auditor), 나아가 지출통제관(Comptroller)에게 최종적으로 책임을 지게 한다. 행정부의 모든 회계 계정은 일차적으로 감사관의 검토를 거치고, 이어 지출통제관의 검토로 마감된다. 즉, 공공회계 계정의 조정과 유지는 재무부의 지출통제관의 소관으로 규정되었다. 즉 건국 초기에 재무부를 중심으로 집권적인 지출통제 체제가 마련되었다.

---

30 미국 연방정부에서 간접세는 1812년 전쟁, 남북전쟁의 와중에 부활하였으나, 남북전쟁 이후 증류주세 및 담배세 이외에는 폐지되었다. 19세기 말 증류주세 및 담배세는 관세와 함께 그 세부담에서 매우 역진적이라는 비판에 직면하였다. 실제로 이들 세금으로부터 나오는 연방세수는 1880년 90%에 달했다. 이러한 세입구성은 1913년 연방 소득세가 도입되면서 바뀌기 시작하여 1920년에는 이들 세금으로부터의 세입이 연방세수의 12%에 불과하였고, 반면 소득세는 66%의 비중을 차지하고 있다(Mehrotra 2013).

그러나, 재무부를 축으로 한 감사관, 지출통제관, 징수관, 국고 출납관 간의 유기적 연계는 19세기를 거치면서 약화되었으며, 이는 다시 행정부에서의 재무관리, 재정운용에서 통일성의 약화로 이어졌다. White(1939, 205)는 건국 이후 100여 년간의 미국 연방정부 재정관리에서의 분권화, 분절화 경향을 요약하면서 "공공재정과 관련된 행정부의 무수한 부서들로 재무행정의 책임이 매우 특이한 양상으로 분산된 것은 무능하고 잘 조직되지 못한 의회 내 재정정책에 대한 책임소재의 혼란과 궤를 같이한다"고 갈파했다. 행정부 재무행정 조직의 분산과 조정 결여가 의회에서의 분권적 재정결정 체제와 맞물려 연방정부가 통일되고 일관된 재정정책을 수립하고 집행하는 데 걸림돌로 작용하였다는 것이다. 이렇듯 건국 이후 19세기 내내 미국에서는 영국이나 프랑스와는 달리 세입과 세출에 대한 계획으로써의 '예산'이라고 할 만한 것이 없었고, 의회의 재정 권한은 형식적 지출통제에 그치고 있었다(Cleveland 1912; 1915; 1919; Ma and Hou 2009; Webber and Wildavsky 1986). 이러한 전예산적 재정관리는 역설적으로 행정 각부의 지출행태에 대한 적극적인 책임성 확보를 어렵게 하였다(Ma and Hou 2009). 이러한 문제의식은 19세기 말, 20세기 초에 정부역할의 확대를 요구하는 진보주의 운동(Progressive Movement)의 전개와 더불어 더욱 강조되었다.

1921년 마침내 미 연방정부는 19세기 후반부터 주정부 및 시정부에서 전개되던 재정·예산기능의 집권화 경향을 반영한 예산회계법(Budget and Accounting Act)을 제정하였다. 이로써 연방정부는 행정부의 재정 권한을 대통령에게 집중시키면서 행정부제출 예산제도를 공식화하였다. 이는 대통령에게 행정부 전반을 포괄하는 연도별 예산안을 편성하여 의회에 제출하는 권한을 부여한 것으로 예산편성에 대한 대통령의 권한이 분명해짐에 따라 일관된 재정정책의 기획·수립 및 부처 간 지출 우선순위의 종합조정이 가능해졌다. 또, 행정부에 대한 대통령의 재정통제를 강화하기 위해 재무부 산하에 예산실(Bureau of Budget)[31]을 설치하여 부서별 우선순위 설정 및 예산요구 사정 등 예산과정 전반을 관할하게 했다. 이러한 제도개혁은 세수추계 및 지출소요 산정에서의 정확도 향상, 지출부처 예산요구의 합리성 제고 및 이들 간 사업우선순위 조정, 행정 각부의 예산지출에 대한 책임성 제고를 목적으로 한 것이다. 이를 통해 미국 대통령은 재정정책 및 예산과정 전반에서 의회를 압도할 수 있게 되었다. 이러한 경향은 의회가 1974년 의회예산법 (Congressional Budget and Impoundment Act)을 통해 의회의 재정 권한을 획기적으로 강화하기까지 계속된다. 이와 함께 1921년의 예산회계법을 통해 의회에 비당파적인 회계감사원(General Accounting Office, GAO)[32]을 설립하여 행정부의 재정 활동 전반에 대한 감시·감독 기능을 집중화하였다. GAO는 "정부의 세입, 지출 및 공공기금의 사용에 관련된 사항을 조사하여 대통령과 의회에 보고하고, 공공지출의 효율성을 제고하기 위한 정책을 제안"하는 역할을 맡게 되었다. 이로써 건국 이후 약 130여 년 기간에 걸쳐 미국의 근대적 재정·예산제도의 변천·발전과정이 일단락되었다.

요약하면, 미국에서 재정·예산제도의 형성과 발전은 영국이나 프랑스에 비해서는 비교적 단기간에 그리고 매우 평화적인 방법을 통해 구

---

31 재무부 산하 예산실은 1939년 대통령실로 이관되었으며, 1971년에 관리예산처 (Office of Management and Budget)로 개정되었다.

32 2004년 Government Accountability Office(GAO)로 개칭되었다.

체화 되었으며, 100여 년의 기간 동안 일정한 수정과 변화를 거치기는 했으나 건국 당시의 기본적인 골격은 20세기까지도 유지되고 있다. 미국의 경우 다른 국가들에 비해 특히 처음부터 조세법률주의 및 지출법률주의를 도입하여 재정에 대한 의회의 통제권을 명문화하고, 재정정책의 수립과 재무행정을 전담하는 강력한 재무부를 구상한 점이 두드러진다. 그럼에도 불구하고, 의회의 재정결정 체제는 그 기능을 세입과 세출로 나눠 여러 위원회 및 소위원회로 분산시키는 한편, 행정부 세출에 대한 포괄적인 항목별 명세 관행을 정착시킴으로써 실질적으로 재정통제기능을 발휘하지 못했다. 반면, 행정부에서는 해밀턴, 월콧, 갤러틴 등이 지휘한 재무부가 비교적 적극적으로 재정통제권을 행사하려고 하였으나, 실질적으로 부처의 세출추계·예산요구 등에 대한 통제기능을 행사하지는 못했다. 연방정부의 재정예산기능이 분권·분절화한 상황에서 대통령과 재무부에 의한 예산기획, 지출통제기능이 작동하지 않으면서, 미국은 19세기 내내 일관된 재정정책 및 예산정책을 수립·운용하지 못하는 근본적인 한계에 직면하고 있었다. 하지만, 주정부 등에서의 제도혁신이 20세기 초 연방정부 차원에서 수용되면서 대통령 중심의 집권적 재정·예산제도의 체제를 갖추게 된다.

IV. 근대국가의 재정·예산제도와 통치성: 영국·프랑스·미국 비교

푸코에게 통치성은 근대사회에서 사회적 관계에 내재하는(immanent) 권력이 국가기구를 매개로 하여 작용하는 특유한 방식을 의미한다. 근대국가의 국가이성과 자유주의는 국가자체의 영속적 존립이라는 목적을 위해 개인, 인구 그리고 그들의 경제적 활동 전반에 대해 허용되는 행동(conduct)의 범위를 설정함으로써 통치의 합리성을 국가기구와 통치 기술(technologies of power)에 유기적으로 내장시킨다. 근대국가에서 통치성은 이렇듯 '정부화한 국가'(governmentalized state)를 통해 구현되며, 이 정부화한 국가의 광범위한 기능을 물질적으로 뒷받침하는 역할을 바로 재정·예산제도가 담당하고 있다. 근대국가에서 재정·예산제도는 국방 및 사회서비스 제공에 필수적인 재원의 조달을 보장하는 한편, 그 재원의 조달·사용에 대한 민주적 통제를 구현하고, 나아가 이를 통해 시민들을 국가의 권력작용(excercise of power)과 권력관계에 통합시킨다. 즉 근대국가에서의 개인은 재정국가의 작용양식과 재정·예산제도에 따라 스스로를 일정한 시민적 정체성을 갖는 존재로 정의할 수 있게 된다. 본 연구에서는 특히 근대국가의 형성과정에서 재정 및 예산관리가 어떻게 국가기능의 원활한 수행을 보장하고 동시에 자유로운 개인들을 시민-납세자-서비스수혜자로 정의하여 근대국가에 통합하였는지를 이해하기 위해 재정입헌주의의 정착 및 행정부에 의한 총괄적 재정관리기능의 집중화에 주목한다. 구체적으로 재정입헌주의에 입각한 의회-행정부 예산 권한 배분, 세입·징세·세출 등 재정관리기능의 재무부로의 집중화 및 재정관료제의 태동과 발전, 단일성·포괄성·정기성·사전의결 등 예산편성(budgeting)의 원칙, 행정부의 지출행태에 대한 감사 및 결산의 제도화를 근대 재정국가의 제도적 기초로 보고, 영국·프랑스·미국 등 세 나라가 각각 어떤 경로를 거쳐 이러한 제도를 정착시켜나갔는지를 분석하였다.

영국은 13세기 초 이래 의회가 지난한 투쟁을 통해 조세 및 지출에 대한 결정 권한은 확보하였으나, 국왕의 지출 자체에 대해서는 크게 관심을 갖지 않았다. 그로 인해 의회의 재정 권한이 예산편성의 주도권을 행사하지 못하는 방식으로 제도화되었다. 명예혁명 이후 의회가 국왕의 지출에 대해 명세화된 통제를 시도했지만 국왕은 여전히 그 구체적인 내역에 대한 광범위한 재량을 행사하였다. 한편, 프랑스의 경우 절대왕정의 시기에는 공민들의 징세에 대한 동의권이 실질적으로 보장되지 않다가, 대혁명을 통해 재정입헌주의가 도입되었다. 영국과는 반대로 대혁명의 와중에 의회가 예산편성의 주도권을 갖게 되었다(Schick 2002). 영국에서의 재정혁명에 대한 경험을 참조할 수 있었던 미국은 건국과 동시에 의회가 조세 및 지출에 대한 결정 권한을 확보하였으나, 분권화된 결정구조로 인해 의회에 의한 지출통제 권한의 행사는 실질적으로 매우 제약되었다. 특히 건국 초기 연방주의자와 공화주의자 간 대립의 와중에 연방주의자들이 강력한 행정부 권한을 주창하고 재정·경제정책을 재무부가 담당하게 되었음에도 불구하고 행정 각부의 지출행태에 대한 실질적인 통제는 점점 더 어려워졌다. 이와 더불어 19세기 내내 분권화된 예산편성과정에서 지출추계 등에 대해 재무부가 실질적인 총괄기능을 수행하지 못했다. 이런 이유로 행정부 전반에 대한 의회의 통제는 실효성을 갖기 어려웠다.

미국과 달리 영국과 프랑스에서는 왕실재정과 공공재정의 구분이 근대국가 재정제도의 탄생에서 결정적인 계기로 작용하였다. 두 나라 왕실 모두 막대한 토지를 소유하여 일반적 국정 운영을 위한 재원조달이 자체적으로 가능했고 왕실에 대한 의회의 통제노력은 전쟁 수행을 위한 징세의 필요성에서 강화되어 왔다. 이렇듯 왕실보유 토지를 통한 재원조달과 조세를 통한 재원조달이 구분되지 않을 경우, 국가재정 전반에 대한 파악과 계획적 관리는 어려워진다. 비록 국왕의 징세가 의회의 동의를 얻는다 하더라도, 이렇게 조성된 '특별'재원이 왕실자체의 '일반'재원과 혼합될 경우 국왕의 지출에 대한 의회의 관심·통제는 미약할 수밖에 없다. 영국과 프랑스 모두에서 이러한 경향이 나타났다. 영국은 명예혁명을, 프랑스는 대혁명을 거치면서 왕실의 지출을 공무목록을 통해 구분하고, 이를 조세를 기반으로 하는 공공재정과 분리하게 된 것이다. 이러한 분리는 먼저 국왕이나 행정 각부의 지출에 대한 의회의 관심과 통제를 정당화해준다. 나아가, 공공재정의 전모를 드러냄으로써 그 관리를 위한 체계적인 접근을 가능하게 한다. 이를 위해 조세징수 및 재원배분을 위한 지식(통계학)의 축적, 재원조성(징세), 세출(예산편성), 지출통제(감사)를 위한 재정관료제가 점차 발전하게 되었다. 영국에서는 염세 징수를 위한 재무부 산하 소금위원회의 관료제화가 그 시초였다. 프랑스에서는 대혁명 직전 재무총감들에 의해 재무행정을 집권화 하기 위한 노력이 시작되었고, 대혁명의 와중에는 행정부차원에서 재정관료제의 강화가 명시적으로 천명되고 추진되었다. 이는 재정 권한이 행정부의 재무부를 중심으로 집중되는 경향과 그 맥을 같이한다. 왕실재정이 애초에 존재하지 않던 미국에서는 해밀턴 등의 연방주의자에 의해 강력한 재무부가 추진되었으나 19세기 내내 행정 각부에 대한 재무통제기능이 약화되어 갔고, 그 통제기능은 각부로 분산되었다. 행정부의 재무관리 기능의 분산은 의회의 재정관련 의사결정이 위원회들로 분산된 것과 맥을 같이한다. 이로 인해 유럽과는 달리 미국에서는 20세기 초엽까지도 근대적 의미의 '예산'이 존재하지 않았다.

이 점에서 미국은 영국과 프랑스와는 일정하게 다른 조건에서 재정제도를 발전시켜 나간 것으로 볼 수 있다. 건국 이후 100여 년간 미국의 재정·예산제도에서 가장 두드러진 특징은 분산화 내지 분절화(fragmentation)라 할 수 있다. 건국 당시 재정입헌주의(조세법률주의 및 예산법률주의)에 대한 헌법규정에도 불구하고, 재정정책 및 예산 결정을 위한 거버넌스는 대체로 의회 및 행정부 양측 모두에서 분권화되어 있었고, 의회-행정부 간 상호작용도 의회의 위원회 및 행정 각부로 분절화되어 이뤄졌다. 즉, 의회에서는 세입위원회와 세출위원회가 구분되어 자체 세수추계 및 지출소요 산출 또한 불가능했기 때문에 세입결정과 세출결정을 연계하여 통합적으로 다루기 어려웠다. 행정부의 예산편성 과정도 상향식으로 분권화되어 각 지출부처가 제기하는 예산요구는 재무부에 의해 단순 취합되어 의회에 제출되었다. 즉, 행정부에서도 공공재정 전반에 대한 조망을 바탕으로 재원조성 및 전략적 지출 계획의 수립·집행이라는 통합적 재정관리기능을 수행할 단위가 존재하지 않았다. 무엇보다 의회나 행정 각부에서 대통령이나 재무부가 이러한 기능을 수행할 것을 기대하지 않았다. 19세기 말 이후 미국 주정부와 시정부에서 이뤄진 중앙집권적 재정개혁은 정부기능의 급격한 확대와 더불어 1921년 예산회계법이 제정되면서 비로소 연방정부로 수용되었다. 이로써 연방정부는 대통령의 재정 권한을 획기적으로 강화하고 재무부에 예산국을 새로이 설치하여 세입 및 지출추계, 행정 각부 예산요구에 대한 검토(review) 및 우선순위 조정, 집행에 대한 통제 등 예산과정 전반에 대해 총괄적 관리책임을 지도록 했다. 이러한 행정부 우위의 재정·예산제도는 1974년 의회가 예산위원회 및 의회예산처(Congressional Budget Office)를 설치하여 재정통제 권한을 집중화할 때까지 지속되었다.

　이렇듯 영국, 프랑스, 미국은 서로 다른 역사적 배경에서 세출·세출 전반의 관리를 위한 제도가 근대국가의 핵심기능(안보 및 경제)의 수행에 필수불가결한 전제조건이 된다는 점을 인식했고, 실제로 특유한 혁명적 과정을 거쳐 이러한 제도 구축과 집권화를 이뤄냈다. 왕실재정과 구분되는 조세 기반의 공공재정이 성립됨에 따라 세 나라에서 공통적으로 의회에 의한 재정 권한의 확보가 이뤄졌다. 그러나 세 나라 모두에서 의회 재정 권한의 강화가 나타난 것은 분명하지만, 영국과 프랑스의 경우 세출에 대한 의회의 실질적 권한은 점차적으로 약화되어 온 것으로 평가된다. 미국에서는 재정 권한의 분권화, 분절화가 건국 후 100년 동안 지배적이었다. 이후 국가기능의 급격한 확대와 더불어 대통령에게 재정 권한이 집중되었다가, 20세기 후반에 이르러서는 다시 의회가 주도권을 잡게 되었다. 행정부 내에서는 증대하는 세입과 세출 전반에 대한 전문적 관리를 위해 재정관료제가 발달하게 되었는데, 이 역시 세 나라에서 공통적으로 나타나는 현상이다. 다만 미국에서는 대통령에게 재정 권한이 집중되면서 재무부의 총괄기능이 비로소 실질적으로 행사되기에 이른다. 이상의 비교를 요약하면 〈표 8-1〉과 같다.

　근대국가에서 재정·예산제도의 발전과 집권화는 국방·치안·교육·보건·교통 등 국가의 기본적 기능과 인구의 경제활동이 유기적으로 통합되는 과정과 긴밀하게 연계되어 있다. 이들 제도의 발전은 경제활동과 인구 전반에 대한 지식의 축적, 경찰학, 통계학 및 정치경제의 태동과 발전, 국가의 재정정책·조세정책을 통한 경제활동 개입의 제도화와 동전의 양면이라고 할 수 있다. 나아가, 재정·예산제도는 의회에 의한 재정통제와 행정부 지출행태에 대한 감시·감독의 책임성 기제를 구체화함으로써 경제주체로서의 개인을 권력관계와 권력작용의 핵심적 구성요소로 통합시킨다. 근대적 재정·예산제도를 통해 개인들은 납세자-서비스수혜자-시민으로 구성되어 조세 체제 및 공공서비스 생산·향유 과정에서 각기 고유한 역할을 담당하게 된다.

〈표 8-1〉 근대국가 재정·예산제도의 형성 및 발전: 영국·프랑스·미국의 사례 비교

구 분	영 국	프랑스	미 국
'공공재정'의 등장	명예혁명 이후 국왕 지출에 대한 공무 목록의 작성으로 공공재정 구분	16세기 초 왕실재정과 특별(조세) 재정 혼합; 대혁명기 왕실재정 구분 및 공무 목록 작성 통해 공공재정 구분	건국과 동시에
의회의 세입 권한 확보	대헌장 및 권리청원	대혁명기	건국 연방헌법
의회의 세출 권한 확보	명예혁명 이후 세출 승인 권한 확보; 세출 내용에 대한 실질적인 통제는 하지 않음	19세기 초 확립 및 19세기 후반 예산법률주의 도입	건국 연방헌법
예산 개념의 확립	18세기 중엽	19세기 후반	1921년 예산회계법 제정
연도별 예산제도	19세기 중엽	19세기 초	건국과 동시에
재정관료제의 확립	18세가 전반 염세 및 소금위원회 중심으로 징세조직 강화	대혁명 직전 그 중요성이 인식되었고, 19세기를 거쳐 강화됨	건국 후 재무부 역할이 강했으나 19세기 내내 약화됨
통합적 국고관리	18세기 말 통합기금법	대혁명 직전 재무총감들이 시도; 대혁명 과정에서 본 궤도에 오름	1789년 재무부 설립법에 명시

회계감사제도	19세기 중엽 하원 결산 위원회 설치 및 회계감사원법 제정	대혁명 초기 의회의 감사 권한 명시 및 의회 내 회계국 설치; 19세기 초 합의제 기관으로 회계 감사원 설치	1921년 예산회계 법으로 회계감사원 (GAO) 설치

이에 따라 이들 제도는 개인들의 경제활동을 국가의 물적 기반으로 통합시키는 역할을 할 뿐만 아니라, 개인들을 근대국가의 납세자와 공공서비스 향유자로서 권력관계(relations of power)의 분절점(nodes)에 위치시킨다. 근대국가에서의 시민은 재정·예산제도를 매개로 하여 물질적 관계의 당사자로서 국가에 포섭되며, 국가와의 경제적 관계 차원에서 자신의 권리와 의무를 정의하게 된다. 즉, 근대국가의 시민은 국가의 존재 자체 및 국가와의 물질적 관계를 전제로 하여 주체로서 형성되는 것이다. 나아가 국가는 또한 재정·예산제도의 개혁을 통해 시민들과의 관계를 재설정하기도 한다. 이는 비교적 최근에 본격화한 재정 투명성 제고를 위한 제도들, 재정·예산과정에 대한 시민들의 직접적 참여를 활성화하는 제도들에서 구체적으로 드러난다. 결론적으로, 근대국가의 재정·예산제도는 푸코의 통치성, 즉 "고도로 복잡한 권력의 행사를 가능하게 하는 제도, 절차, 분석·숙고, 계산, 기술(tactics)의 조화로운 전체"에서 가장 핵심적 위치를 점한다고 볼 수 있다. 16세기 이후 20세기 초엽에 걸쳐 영국, 프랑스, 미국은 서로 다른 역사적 경로를 거쳐 이러한 재정·예산제도를 정수로 하는 근대적 통치성을 구축해 내고 있는 것이다.

V. 결론: 연구요약 및 한계

본 장은 푸코가 1977-1979년 일련의 강의에서 제시한 근대국가의 통치성 개념을 적용하여 영국, 프랑스, 미국에서의 근대적 재정·예산제도의 형성 및 발전 양상을 시론적 수준에서 살펴보았다. 이들 국가들에서 민주적 재정·예산제도의 발전은 국가의 존속·번영에 없어서는 안 될 재원의 동원을 원활하게 했을 뿐만 아니라 개인들을 근대국가의 시민으로 정의·구성하여 권력작용의 그물망에 통합하는 데에 결정적으로 기여하였다. 영국은 비교적 일찍부터 대헌장에서 전쟁재원 등의 조달을 위한 국왕의 조세 부과에 대해 귀족의 동의를 얻도록 함으로써 근대적 재정·예산제도를 태동시켰다. 그 이후 19세기 중반까지 조세뿐만 아니라 지출에 대한 통제, 연도별 예산에 대한 사전의결, 의회에 의한 회계감사 기능, 통합적 국고관리, 중앙은행 설립, 재정관료제의 정착 등 근대국가의 재정운용을 뒷받침하는 제도적 근간들을 다른 나라들에 앞서 차근차근 구축해갔다. 이 과정이 갖는 의미는 비단 재원의 조달과 사용을 위한 공공재정운용 및 재무관리에 국한되지 않는다. 이는 귀족과 시민들이 국가기구의 작용에 필요한 재원의 조성과 사용에서 최종적인 승인권을 갖는다는 재정입헌주의 및 재정민주주의의 원칙이 실제 제도로 구현되는 과정이었다. 동시에, 이러한 제도의 구축을 통해 국가는 그 자체의 영구적 존속을 보장할 물질적 기반을 확보하고 시민들을 국가와의 경제적 물질적 관계를 통해 권력작용에 통합시켜갔다.

근대국가의 재정·예산제도가 갖는 이러한 통치성 차원의 의의가 프랑스의 사례에서 보다 더 극명하게 드러난다. 재정에 대한 민주적 통제가 부재하던 절대왕정의 시기에는 왕실재정과 공공재정이 구분되지 않았고, 이로 인해 공공재정 영역의 구분·정의와 그 관리를 위한 지식 축적 및 국가기구, 나아가 납세자에 대한 재정의 책임성 확보를 보장하는 제도적 발전이 심각하게 지체되었다. 프랑스에서 근대적인 재정·예산제도의 발전은 오직 대혁명으로 앙시앵 레짐이 붕괴함으로써 가능해졌다. 즉, 재정·예산제도의 발전은 민의를 반영하는 의회민주주의의 수립과 그 시초부터 불가분의 관계에 있었던 것이다. 미국의 경우는 건국 자체가 왕권을 부정하고 각 식민지들(colonies)의 합의에서 출발했기 때문에 건국헌법이 영국에서 이미 확립되어 가던 재정입헌주의의 원칙들을 그대로 담을 수 있었다. 그러나 건국 초기부터 19세기까지는 권력집중에 대한 우려 때문에 의회 및 행정부의 재정의사결정을 위한 거버넌스가 전반적으로 분권·분산화되어 통일적이고 일관된 재정정책 및 예산정책을 입안하고 집행할 수 없었다. 미국의 재정·예산제도의 이러한 한계는 건국 후 130여 년이 지난 1921년 대통령의 재정 권한을 획기적으로 강화함으로써 극복되었다. 즉 미국의 사례에서도 근대적 재정·예산제도 정착의 근저에 공공재정에 대한 시민들의 권한을 보장한다는 원칙이 자리하고 있었다. 시민들에 대한 국가의 지도 행동(conduct of conduct)과 시민들의 대항 행동(counter-conduct)의 길항이 재정·예산제도의 발전 및 그 역할을 근본적으로 규정하였던 것이다. 근대국가의 재정·예산제도는 거시적 권력과 미시적 권력의 일관된 작용을 통해 국가 그 자체의 존속을 보장하였을 뿐만 아니라, 경제주체로서의 시민들의 자기이익 추구가 권력의 통치목적과 그 기술에 일관되게 통합되도록 하였다.

본 장의 분석은 근대국가를 물질적으로 뒷받침한 재정·예산제도가 푸코가 제시한 근대적 통치성을 구현하는 데에 핵심적 역할을 했음을 시론적 수준에서 드러내고 있다. 하지만 본 장에서는 푸코의 통치성 개념에 입각하여 재정·예산제도가 미시적 차원에서 어떻게 시민들을 구성하고 지도·통제하는지를(conduct) 구체적으로 직접 분석하지는 못하고 있다. Foucault(2007)가 통치성 개념을 새로이 제시한 것은 푸코가 규율권력, 즉 비정상화하고(abnormalizing) 차별화하는 미시적(micro-physical) 권력에만 초점을 맞추고 있다는 비판에 대응하기 위한 것이었다. 즉 푸코는 통치성 개념을 통해 거시적(macro-physical) 권력과 미시적 권력의 작용을 통합적으로 분석하여, 근대의 개인들이 국가와의 관계에서 또 조직·개인들 간의 관계에서 어떻게 권력작용의 그물망(networks of power relations)에 포섭되어 통치 가능한 존재가 되는지를 일관되게 분석하고자 하였다. 본 논문은 통치성 개념의 내포 중 근대국가가 재정·예산제도를 통해 정부화하였다는(governmentalized) 점에 주목하면서도, 이러한 제도들이 구체적으로 어떻게 개인을 시민으로 구성하는지, 그 구체적 양태에 대해서는 분석하지 못했다. 특히, 국가가 개인의 행동에 대한 권력행사(conduct of conduct)를 위해 구체적으로 어떻게 재정·예산제도의 디자인을 바꿔나갔는지, 그리고 이에 따라 개인들이 어떻게 다른 시민성으로 구성되었는지는 비록 몇몇 연구들(Gürkan 2018; Yeomans 2018)이 다루고 있음에도 여전히 추가적이고 심도 깊은 연구가 필요하다고 하겠다.

이와 함께, 조세체계 및 세수구성이 재정국가로서의 근대국가 통치성을 분석하는 데 있어 반드시 살펴야 하는 요인임에도 불구하고 본 연구에서는 본격적으로 다루지 못했다. 가령, 영국은 관세 중심의 간접세 체제를 일찍이 확립하여 국민의 조세부담률을 높여 가면서도 조세저항이 비교적 강하지 않았던 반면, 프랑스는 토지 및 토지소출에 대한 직접세 비중이 높아 조세부담률이 낮으면서도 강한 조세저항에 직면하였다. 미국은 건국 초기 위스키·담배 소비 등에 대한 간접세를 부과하였으나, 관세 세수가 재정에서 차지하는 비율이 높았고 직접세는 20세기 초 연방 소득세에서 본격화된다. 세원 구성이 이들 나라들에서 재정관리의 집권화, 의회의 재정 권한 등 재정·예산제도가 발전해가는 경로에 중요한 영향을 미쳤을 것임은 분명하다. 또 어떤 세금을 얼마나 내는가는 납세자들에 대한 국가의 권력작용 및 지도 행동(conduct)의 중요한 결과로서, 대항 행동(counter-conduct)의 가능성에 결정적인 영향을 미칠 것이다. 즉, 국가의 권력작용을 통해 개인이 특정한 세금의 납세자로서 그리고 시민으로서 어떻게 구성되는지는 근대국가의 조세체계 및 세수구성에 따라 그 양상이 일정하게 달라질 것이다. 본 연구가 구체적으로 분석하지는 못하였으나, 이 역시 중요한 연구과제이다.

참고문헌

양동휴. 2012. "재정국가의 역사와 유로존 부채위기." 『경제논집』 51권 2호, 379-410.

옥동석. 2015. 『권력구조와 예산제도』. 서울: 21세기 북스.

윤은주. 2005. "18세기 프랑스 재정구조와 재정엘리트의 탄생." 『프랑스사 연구』 13호, 41-70.

윤은주. 2011. "근대국가의 재정혁명: 조세제도를 통해 본 영국과 프랑스의 재정비교." 『프랑스사 연구』 24호, 5-32.

이정희. 2011. "미셸 푸코의 통치성의 계보학: '국가이성'을 중심으로." 『시대와 철학』 22권 1호, 55-88.

Bates, Robert H. and Da-Hsiang D. Lien. 1985. "A Note on Taxation, Development, and Representative Government." *Politics & Society* 14(1): 53-70.

Bosher, John F. 1970. *French Finances 1770-1795: From Business to Bureaucracy*. Cambridge: Cambridge University Press.

Burchell, Graham, Colin Gordon, and Peter Miller. 1991. *The Foucault Effect: Studies in Governmentality*. Chicago: University of Chicago Press.

Burkhead, Jesse. 1956. *Government Budgeting*. New York: John Wiley & Sons, Inc.

Caiden, Naomi. 1978. *"Patterns of Budgeting: The Experience of France 987-1830."* Ph. D. Diss., University of Southern California.

Caiden, Naomi. 1989. "A New Perspective on Budgetary Reform." *Australian Journal of Public Administration* 48(1): 53-60.

Cleveland, Frederick A. 1912. "How We Have Been Getting along without a Budget." *Proceedings of the American Political Science Association* 9: 47-67.

Cleveland, Frederick A. 1915. "Evolution of the Budget Idea in the United States." *The Annals of the American Academy of Political and Social Science* 62: 15-35.

Cleveland, Frederick A. 1919. "Popular Control of Government." *Political Science Quarterly* 34(2): 237-261.

Daunton, Martin. 2012 "The Politics of British Taxation, from the Glorious Revolution to the Great War." In *The Rise of Fiscal State: A Global History, 1500-1914*, edited by Francisco Comin Comin, Bartolomé Yun-Casalilla, and Patrick K. O'Brien, 111-142. Cambridge: Cambridge University Press.

Dean, Mitchell. 2009. *Governmentality: Power and Rule in Modern Society, Second Edition*. Los Angeles: Sage Publications.

DiMaggio, Paul J. and Walter W. Powell. 1983. "The Iron Cage Revisited: Institutional Isomorphism and Collective Rationality in Organizational Fields." *American Sociological Review* 48(2): 147-160.

Foucault, Michel. 1994. ""Omnes et Singulatim": Toward a Critique of Political Reason." In *Power: The Essential Works of Foucault 1954-1984, Vol 3*, edited by James D. Faubion, 298-325. New York: The New Press.

Foucault, Michel. 2003. *"Society Must Be Defended": Lectures at the Collège de France 1975–1976*. New York: Picador.

Foucault, Michel. 2007. *Population, Territory, Security: Lectures at the Collège de France 1977–1978*. New York: Palgrave MacMillan.

Foucault, Michel. 2008. *The Birth of Biopolitics: Lectures at the Collège de France 1978–1979*. New York: Palgrave MacMillan.

Gordon, Colin. 1991. "Governmental Rationality: An Introduction." In *The Foucault Effect: Studies in Governmentality*, edited by Graham Burchell, Colin Gordon, and Peter Miller, 1-52. Chicago: University of Chicago Press.

Gürkan, Ceyhun. 2018. "Foucault, Public Finance, and Neoliberal Govern-mentality: A Critical Sociological Analysis." *Journal of Management and Economics* 25(3): 677-694.

Herb, Michael. 2003. "Taxation and Representation." *Studies in Comparative International Development* 38(3): 3-31.

Hughes, Edward. 1934. *Studies in Administration and Finance, 1558-1825, with Special Reference to the History of Salt Taxation in England.* Manchester: Manchester University Press.

Jessen, Mathias H. and Nicolai von Eggers. 2020. "Governmentality and Statification: Towards a Foucauldian Theory of the State." *Theory, Culture & Society* 37(1): 53-72.

Kim, Jungbu. 2021. "Rethinking Public Administration and the State: A Foucauldian Governmentality Perspective." *International Review of Public Administration* 26(2): 175-191.

Kiser, Edgar and Joshua Kane. 2001. "Revolution and State Structure: The Bureaucratization of Tax Administration in Early Modern England and France." *American Journal of Sociology* 107(1): 183-223.

Krüeger, Kersten. 1987. "Public Finance and Modernization: The Change from Domain State to Tax State in Hesse in the Sixteenth and Seventeenth Centuries: A Case Study." In *Wealth and Taxation in Central Europe: The History and Sociology of Public Finance,* edited by Peter-Christian Witt, 49-62. New York: Berg.

Lemke, Thomas. 2007. "An Indigestible Meal? Foucault, Governmentality and State Theory." *Distinktion: Scandinavian Journal of Social Theory* 8(2): 43-64.

Llewellyn, Jennifer and Steve Thompson. 2020. "Taxation as a Cause of Revolution." https://alphahistory.com/frenchrevolution/taxation/.

Ma, Jun and Yilin Hou. 2009. "Budgeting for Accountability: A Comparative Study of Budget Reforms in the United States during the Progressive Era and in Contemporary China." *Public Administration Review* 69: S53-S59.

Mehrotra, Ajay K. 2013. *Making the Modern American Fiscal State: Law, Politics, and the Rise of Progressive Taxation, 1877-1929.* New York: Cambridge University Press.

Mousnier, Roland E. 1979. *The Institutions of France under the Absolute Monarchy, 1598-1789: The Organs of State and Society, Volume 2,* translated by Arthur Goldhammer. Chicago: University of Chicago Press.

North, Douglass C. and Barry R. Weingast. 1989. "Constitutions and Commitment: The Evolution of Institutions Governing Public Choice in Seventeenth-Century England." *The Journal of Economic History* 49(4): 803-832.

Poterba, James M. and Jürgen von Hagen. 1999. *Fiscal Institutions and Fiscal Performance.* Chicago: The University of Chicago Press.

Rose, Nikolas and Peter Miller. 1992. "Political Power beyond the State: Problematics of Government." *The British Journal of Sociology* 43(2): 173-205.

Rose, Nikolas. 1992. "Governing the Enterprise Self." In *The Values of the Enterprise Culture: The Moral Debate,* edited by Paul Heelas and Paul Morris, 141-164. London: Routledge.

Say, Léon. 1885. "Le budget devant Les Chambres Francaises." *Revue des Deux Mondes* 67(2): 278-311.

Schick, Allen. 2002. "Can National Legislatures Regain an Effective Voice in Budget Policy?." *The OECD Journal of Budgeting* 1(3): 15-42.

Schumpeter, Joseph A. 1991[1918]. "The Crisis of the Tax State." In *The Economics and Sociology of Capitalism,* edited by Richard Swedberg, 99-140. Princeton, NJ: Princeton University Press.

Select Committee on National Expenditure. 1902. *Report from the Select*

Committee on National Expenditure: Together with the Proceedings of the Committee, Minutes of Evidence, Appendix and Index. London: Wyman & Sons.

Smith, Harold D. 1945. *The Management of Your Government.* New York: McGraw-Hill Book Company, Inc.

Stasavage, David. 2003. *Public Debt and the Birth of the Democratic State: France and Great Britain, 1688-1789.* Cambridge: Cambridge University Press.

Stourm, René. 1917. *The Budget,* translated by Walter F. MacCaleb. New York: D. Appleton & Company.

Sundelson, Jacob W. 1935. "Budgetary Principles." *Political Science Quarterly* 50(2): 236-263.

Tilly, Charles. 1975. "Reflections on the History of European State-Making." In *The Formation of National States in Western Europe, Vol. 8,* edited by Charles Tilly and Gabriel Ardant, 3-83. Princeton: Princeton University Press.

Tilly, Charles. 1985. "War Making and State Making as Organized Crime." In *Bringing the State Back In,* edited by Peter B. Evans, Dietrich Rueschemeyer, and Theda Skocpol, 169-191. Cambridge: Cambridge University Press.

Tilly, Charles. 1990. *Coercion, Capital, and European States, AD 990-1990.* Cambridge, Mass.: Basil Blackwell.

Tomlinson, Howard. 1979. "Financial and Administrative Developments in England, 1660-1688." In *The Restored Monarchy, 1660-1688,* edited by James R. Jones, 95-105. London: Rowman and Littlefield.

Wagner, Richard E. 1992. "Grazing the Federal Budgetary Commons: The Rational Politics of Budgetary Irresponsibility." *Journal of Law & Politics* 9: 105-119.

Webber, Carolyn and Aaron B. Wildavsky. 1986. *A History of Taxation and*

Expenditure in the Western World. New York: Simon & Schuster.

White, Leonard D. 1939. *Introduction to the Study of Public Administration*. New York: The Macmillan Company.

White, Leonard D. 1948. *The Federalists: A Study in Administrative History*. New York: The Macmillan Company.

White, Leonard D. 1954. *The Jacksonians: A Study in Administrative History 1829-1861*. New York: The Macmillan Company.

White, Leonard D. 1958. *The Republican Era, 1869-1901: A Study in Administrative History*. New York: The Macmillan Company.

White, Leonard D. 1959. *The Jeffersonians: A Study in Administrative History 1801-1829*. New York: The Macmillan Company.

Willoughby, William F., Westel W. Willoughby, Samuel M. Lindsay, and Frederick A. Cleveland. 1917. *The System of Financial Administration of Great Britain*. New York: D. Appleton and Company.

Yeomans, Henry. 2018. "Taxation, State Formation, and Governmentality: The Historical Development of Alcohol Excise Duties in England and Wales." *Social Science History* 42(2): 269-293.

Yun-Casalilla, Bartolomé. 2012. "Introduction: The Rise of the Fiscal State in Eurasia from a Global, Comparative and Transnational Perspective." In *The Rise of Fiscal State: A Global History, 1500-1914*, edited by Francisco Comin Comin, Bartolomé Yun-Casalilla, and Patrick K. O'Brien, 1-36. Cambridge: Cambridge University Press.

저자 소개

이동수

서울대학교 정치학과에서 학사와 석사학위를 받았고, 미국 밴더빌트대학교 (Vanderbilt University)에서 정치학 박사학위를 취득하였다. 대통령직속 녹색성장위원회 위원, 대통령실 정책자문위원, 경희대학교 공공대학원장과 교무처장을 역임하였고, 현재 경희대학교 공공대학원 교수로 재직 중이다. 『시민은 누구인가』(편저), 『한국의 정치와 정치이념』(공저), *Political Phenomenology*(공저), "지구시민의 정체성과 횡단성", "그리스 비극에 나타난 민주주의 정신", "공화주의적 통치성" 등의 저서와 논문이 있다.

윤원근

부산대학교 경영학과를 졸업하고, 동 대학원에서 사회학 석·박사학위를 받았다. 현재 〈동감문명 & 기독교 연구소〉를 운영하고 있으며, 경희대학교 후마니타스칼리지에서 중핵 교과 교수로 재직 중이다. 주요 저서로는 『마르크스 vs 베버: 호모 데우스 프로젝트』, 『기독교인도 모르는 기독교』, 『동감신학』, 『동감의 사회학』 등이 있다.

채진원

경희대학교에서 정치학 박사학위를 받았다. 경희대학교 후마니타스칼리지에서 〈시민교육〉 및 〈세계시민교육〉 전담교수를 역임했다. 현재 (사)한국정치평론학회 연구이사와 경희대학교 공공거버넌스연구소 교수로 재직 중이다. 주요 저서와 논문으로는 『무엇이 우리정치를 위협하는가』, 『공화주의와 경쟁하는 적들』, 『제왕적 대통령제와 정당』, "586 운동권그룹의 유교적 습속에 대한 시론적 연구", "주민자치의 정치학적 고찰과 함의" 등이 있다.

이화용

이화여자대학교 정치외교학과를 졸업하고, 캠브리지대학교에서 정치학 석박사학위를 받았다. 현재 경희대학교 공공대학원 교수로 재직 중이며, 동대학원장을 맡고 있다. 한국정치학회 부회장 및 한국정치사상학회 편집위원장 등을 역임한 바 있다. 주요 저서와 논문으로는 *Political Representation in the Later Middle Ages: Marsilius in Context*, 『지구화 시대의 국가와 탈국가』, "네그리와 하트의 '제국'론에 대한 재성찰", "권력과 소통의 정치학: 영국 근대사회계약 담론을 중심으로" 등이 있다.

이병택

서울대학교 정치학과에서 학사학위와 석사학위를, 럿거스대학교에서 정치학 박사학위를 받았다. 서울대학교 정치학과 BK사업단에서 연구원과 부교수를 역임했고, 경희대학교 공공거버넌스센터에서 연구교수를 역임했다. 현재 동북아역사재단에서 연구위원으로 재직 중이다. 주요 저서와 논문으로는 "밀에 나타난 관리형 제국 통치"(『정치사상사 속 제국』), "데이비드 흄이 본 영국의 헌정 논쟁: 이행적 정의를 중심으로", 편저로는 『역사화해의 이정표 I』, 『역사화해의 이정표 II』 등이 있다.

홍태영

서울대학교 정치학과를 졸업하고, 서울대학교에서 정치학 석사학위를, 파리 사회과학고등연구원에서 정치학 박사학위를 받았다. 현재 국방대학교 안보정책학과 교수로 재직 중이며, 안전보장대학원장을 역임하고 있다. 주요 저서와 논문으로는 『국민국가를 넘어서』, 『정체성의 정치학』, 『국민국가의 정치학』, "국민국가 건설과 민족주의적 통치성" 등이 있다.

임수환

고려대학교 정치외교학과를 졸업하고, 미국 남가주대학교(University of Southern California)에서 정치학 석박사학위를 받았다. 국가안보전략연구원 책임연구원을 역임했으며, 국립대만대학교 교환교수, Journal of East Asian Affairs 편집장 등으로 활동한 바 있다. 주요 저서와 논문으로는 『대한민국과 경제적 민주주의』, "박정희 시대 소농체제에 대한 정치경제학적 고찰: 평등주의, 자본주의 그리고 권위주의", "영국의 정치적 현실주의: Hedley Bull의 이론을 중심으로", "동북아 해양패권경쟁에 대한 이론적 고찰: 신현실주의와 신자유주의 시각을 중심으로" 등이 있다.

김정부

서울대학교 정치학과를 졸업하고, 서울대학교에서 행정학 석사학위를, Georgia Institute of Technology 및 Georgia State University에서 정책학 박사학위를 받았다. International Budget Partnership의 예산투명성조사 한국담당 연구자, 보건복지부 공공기관평가단 계량지표 담당 위원 등을 역임하고 있으며, 현재 경희대학교 행정학과 교수로 재직 중이다. 주요 저서와 논문으로는 『지속가능개발과 공공행정』(공저), "주민참여예산제도가 재정결과에 미치는 영향에 관한 연구: 재정투명성의 관점에서"(공저), "Rethinking Public Administration and the State: A Governmentality Perspective" 등이 있다.

서양의 근대적 통치성

발행일 1쇄 2022년 8월 31일

지은이 이동수 편
펴낸이 여국동

펴낸곳 도서출판 인간사랑
출판등록 1983. 1. 26. 제일-3호
주소 경기도 고양시 일산동구 백석로 108번길 60-5 2층
물류센타 경기도 고양시 일산동구 문원길 13-34(문봉동)
전화 031)901-8144(대표) | 031)907-2003(영업부)
팩스 031)905-5815
전자우편 igsr@naver.com
페이스북 http://www.facebook.com/igsrpub
블로그 http://blog.naver.com/igsr
인쇄 인성인쇄 **출력** 현대미디어 **종이** 세원지업사

ISBN 978-89-7418-433-9 93340